PETITE ENCYCLOPÉDIE JURIDIQUE

IX

CODE DÉPARTEMENTAL

OU

MANUEL

DES

CONSEILLERS GÉNÉRAUX

ET

D'ARRONDISSEMENT

CONTENANT

LE COMMENTAIRE DE LA LOI DU 10 AOUT 1871.

ET DES LOIS ANTÉRIEURES ET POSTÉRIEURES
QUI RÉGISSENT ACTUELLEMENT L'ORGANISATION ET LES ATTRIBUTIONS
DES CONSEILS GÉNÉRAUX ET D'ARRONDISSEMENT

LA SOLUTION PRATIQUE DES DIVERSES QUESTIONS

RELATIVES A L'ADMINISTRATION DÉPARTEMENTALE
AU BUDGET, A L'INSTRUCTION PUBLIQUE, AUX CHEMINS VICINAUX
AUX CHEMINS DE FER D'INTÉRÊT LOCAL, ETC.

LE TOUT ACCOMPAGNÉ DE FORMULES ET D'UNE TABLE ANALYTIQUE
ET ALPHABÉTIQUE DES MATIÈRES

PAR

Charles CONSTANT

Avocat à la Cour d'appel de Paris
Directeur de la *France judiciaire*, Officier d'Académie.

TOME PREMIER

PARIS

A. DURAND ET PEDONE-LAURIEL, ÉDITEURS

Libraires de la Cour d'Appel et de l'Ordre des Avocats

G. PEDONE-LAURIEL, Successeur

13, RUE SOUFFLOT, 13

1880

CODE DÉPARTEMENTAL

ou

MANUEL DES CONSEILLERS GÉNÉRAUX

ET D'ARRONDISSEMENT

OUVRAGES DU MÊME AUTEUR

CODE DES THÉATRES, à l'usage des directeurs, des artistes, des auteurs et des gens du monde ; — Paris, 1876, Pedone-Lauriel, vol. in-18 jésus.

DISCOURS ET PLAIDOYERS DE CHAIX D'EST-ANGE, avec la préface de M° Rousse, avocat à la Cour de Paris ; — Paris, 1877, Pedone-Lauriel, 2° édition, 3 vol. in-8° raisin.

MÉMOIRES DE NICOLAS GOULAS, gentilhomme de la chambre de Gaston d'Orléans, publiés pour la Société de l'Histoire de France ; — Paris, 1879, Renouard, 3 vol. in-8°. (Le premier volume seul est paru).

MOLIÈRE A FONTAINEBLEAU, suivi de la biographie du comédien de Brie, publié pour la Société d'Archéologie de Seine-et-Marne ; — Meaux, 1873, broch. in-8°.

UN CLUB JACOBIN EN PROVINCE, Fontainebleau pendant la Révolution ; — Melun, 1874, vol. petit in-12.

CODE DÉPARTEMENTAL

OU

MANUEL

DES

CONSEILLERS GÉNÉRAUX

ET

D'ARRONDISSEMENT

CONTENANT

LE COMMENTAIRE DE LA LOI DU 10 AOUT 1871

ET DES LOIS ANTÉRIEURES ET POSTÉRIEURES
QUI RÉGISSENT ACTUELLEMENT L'ORGANISATION ET LES ATTRIBUTIONS
DES CONSEILS GÉNÉRAUX ET D'ARRONDISSEMENT

LA SOLUTION PRATIQUE DES DIVERSES QUESTIONS

RELATIVES A L'ADMINISTRATION DÉPARTEMENTALE
AU BUDGET, A L'INSTRUCTION PUBLIQUE, AUX CHEMINS VICINAUX
AUX CHEMINS DE FER D'INTÉRÊT LOCAL, ETC.

LE TOUT ACCOMPAGNÉ DE FORMULES ET D'UNE TABLE ANALYTIQUE
ET ALPHABÉTIQUE DES MATIÈRES

PAR

Charles CONSTANT

Avocat à la Cour d'appel de Paris
Directeur de la *France judiciaire*, Officier d'Académie.

TOME PREMIER

PARIS

A. DURAND ET PEDONE-LAURIEL, ÉDITEURS

Libraires de la Cour d'Appel et de l'Ordre des Avocats

G. PEDONE-LAURIEL, Successeur

13, RUE SOUFFLOT, 13

—

1880

HISTORIQUE DE LA LÉGISLATION

CONCERNANT

LES CONSEILS GÉNÉRAUX

—

LES CONSEILS DÉPARTEMENTAUX AVANT 1789.

1. — L'institution d'un conseil général ou de département n'est pas nouvelle ; elle existait en France sous l'ancienne monarchie. C'est à l'établissement régulier de l'impôt que se rattache l'institution des États provinciaux, et c'est dans ces assemblées de province, composées des trois ordres de la noblesse, du clergé et du tiers, que se discutaient les impôts, et d'où partaient ces respectueuses Remontrances, dont l'histoire nous conserve de si fréquents souvenirs, lorsque les sommes d'argent, demandées par le Roi, semblaient exagérées aux députés de la province. L'on sait avec quel courage certains États provinciaux usèrent de cette prérogative; mais si leur fière attitude n'eût pas toujours pour résultat d'arrêter les dépenses royales, elle eut du moins pour effet d'arriver à une équitable répartition de l'impôt. Aussi les pays d'États jouissaient-ils d'une prospérité relative, que n'ont jamais connue les pays d'Élections, dans lesquels le vote et la répartition de l'impôt étaient abandonnés aux mains d'un intendant de province, agisssant sans conseil et sans autre contrôle que le contrôle lointain du pouvoir central.

1

2. — C'est donc bien au delà de 1789 qu'il faudrait remonter si l'on voulait retrouver des départements considérés comme personnes civiles, ou tout au moins comme communautés, ayant des intérêts distincts des intérêts du pays. C'est ainsi que, dans certaines provinces de l'ancienne France, se réunissaient des assemblées, composées généralement de membres élus qui, tout en restant soumis à la souveraineté du Roi, conservaient le droit de voter les impôts nécessaires pour les dépenses publiques, de prélever sur le produit de ces impôts la part du Roi chargé des services généraux et d'employer eux-mêmes le surplus en travaux publics et dépenses d'intérêt local.

3. — A la veille même de la Révolution, une organisation analogue fut appliquée par Louis XVI qui, frappé des heureux résultats que produisaient les assemblées d'États, résolut d'étendre à toute la France les bienfaits de cette sage institution. La réforme la plus radicale et aussi la plus populaire qu'introduisit le ministère Calonne dans notre organisation administrative, fut certainement, en 1787, la création des *Assemblées provinciales*. Dès lors, à côté de chaque intendant de province, fonctionne à des époques déterminées un conseil composé des notables de la province ; le roi devait les convoquer au moins une fois par an, fixer la durée de la cession et nommer le président. Dans ces assemblées provinciales, on devait s'occuper de tout ce qui intéressait la province, y voter les impôts et les répartir entre les diverses subdivisions administratives ; asseoir les tailles et en surveiller la perception sous l'autorité du pouvoir central ; faire exécuter les travaux publics reconnus utiles ; diriger par suite, en leur donnant des ordres, tous les agents des ponts et chaussées sans exception, exercer enfin la tutelle administrative des communes ; telles étaient les principales attributions des conseils provinciaux.

4. — Le Roi se faisait représenter dans chaque assemblée provinciale, tantôt par des commissaires spéciaux, le plus souvent par l'intendant ou le gouverneur de la province. Celui-ci ouvrait la session et faisait connaître aux membres de l'assemblée les intentions du Roi ; d'un autre côté, il se faisait l'intermédiaire entre l'assemblée et le trône, et transmettait au souverain les vœux émis par le conseil provincial. Malgré les conflits qui existèrent parfois entre l'intendant et l'assemblée provinciale, cette institution fut une des plus libérales de l'ancien régime ; elle commençait à peine à fonctionner, lorsqu'éclata la Révolution.

LES CONSÈILS DÉPARTEMENTAUX APRÈS 1789.

5. — L'assemblée nationale de 1789 qui, pour faire disparaître les anciennes provinces, divisa la France en départements, ne fut guidée dans cette réforme que par la pensée d'établir une division purement territoriale, et de faciliter ainsi l'action politique et administrative du pouvoir central. Elle ne voulait en aucune façon enlever aux citoyens la gestion de leurs affaires ; loin de là, elle voulait au contraire leur confier non-seulement la gestion des intérêts locaux, mais encore la gestion de certains intérêts généraux. La loi du 22 décembre 1789, qui rétablissait pour ainsi dire les assemblées provinciales, confia l'administration du département à des assemblées électives, investies de pouvoirs très-étendus. Ce *Conseil départemental* ordonnait les travaux et les dépenses générales du département, rendait des arrêtés, contrôlait l'administration des districts, etc. Il tenait tous les ans une session d'un mois ; nommait, avant de se séparer, un Directoire de huit membres pris dans son sein, lequel administrait le département au nom du Conseil, pendant le reste de l'année. Le conseil de département se composait de trente-six membres nommés par le corps électoral :

vingt-huit formaient *le Conseil* proprement dit, et les autres composaient *le Directoire* du département. Enfin un procureur général syndic, nommé comme les conseillers eux-mêmes par les électeurs primaires choisis parmi les citoyens payant une contribution foncière égale à la valeur de dix journées de travail, assistait à toutes les séances du conseil départemental, mais sans y avoir voix délibérative; cependant, aucun rapport ne pouvait être présenté au conseil sans lui avoir été préalablement présenté, et aucune délibération ne pouvait être prise, sur ces rapports, sans que le procureur syndic n'eût été entendu.

6. — Les conseils départementaux n'eurent pas une longue existence; le 4 décembre 1793 (14 frimaire an II), ils étaient supprimés; seuls les Directoires continuèrent de subsister. Le 17 avril 1795 (28 germinal an III), un décret rapporta celui du 4 décembre 1793, déclara que les administrations départementales reprendraient les fonctions qui leur étaient attribuées par les lois antérieures au 31 mai 1793, et rétablit la place de procureur général syndic qui avait été supprimée avec les conseils de département. Tous ces changements dans le régime administratif de la France rappellent la période la plus agitée et la plus sanglante de notre histoire; quelques mois plus tard, le 22 août 1795, la loi du 5 fructidor an III apportait encore de nouvelles modifications à l'administration départementale.

7. — Aux termes de cette législation nouvelle, le département était administré par cinq membres élus, chargés de délibérer et d'agir, renouvelés chaque année par cinquième, mais destituables par le gouvernement. Auprès de cette administration départementale, la constitution de l'an III plaçait un commissaire choisi parmi les citoyens domiciliés dans le département et dont l'office consistait à requérir l'exécution des lois. Cet état de

choses dura jusqu'à la loi du 28 pluviôse an VIII, qui
établit le régime en vigueur aujourd'hui, en composant
l'administration départementale d'un préfet, d'un conseil
de préfecture et d'un *Conseil général* du département.

8. — Jusqu'alors la distinction des objets compris dans
l'administration locale et ceux compris dans l'administration générale, n'avait pas été très-nettement posée. La
loi des 22 décembre 1789 — 8 janvier 1790 était muette
à cet égard ; et c'est à peine si, dans la loi, en forme
d'instruction, des 12-20 août 1790, l'on distingue que
certaines dépenses sont mises à la charge des départements, par exemple les dépenses relatives à la construction et à l'entretien des voies de communication,
des chemins, des canaux navigables et des ponts. Cependant la distinction entre les dépenses générales et
les dépenses locales ne va pas tarder à s'accentuer
de plus en plus, notamment dans les lois du 28 messidor an IV, du 15 frimaire an VI et du 11 frimaire
an VII.

9. — Dans la loi du 28 messidor an IV, qui divisait les
dépenses publiques, le législateur déterminait ainsi la
part des départements : « Les dépenses des administrations centrales, des corps judiciaires, de la police intérieure et locale, de l'instruction publique et des prisons,
seront à la charge des départements sous le nom de dépenses d'administration. » Ce sont toujours là les premiers chapitres d'un budget départemental ; il devait, en
l'an IV, être prévu à ces dépenses par un prélèvement
en sous additionnels. La loi du 25 frimaire an VI ne fit
qu'ajouter (art. 3) aux premières dépenses, imposées au
département par la loi du 28 messidor an IV, les dépenses d'entretien pour les édifices publics. Enfin la loi du
11 frimaire an VII prévoyait en outre (art. 13) les autres
dépenses autorisées par les lois et nécessaires au département. Mais les lois de messidor an IV et de frimaire

an VI n'étaient, il faut bien le reconnaître, que des
expédients financiers, et les départements demeuraient
toujours sans budget, sans propriétés, sans ressources
personnelles, c'est-à-dire une simple division territoriale
et administrative.

LA LOI DU 28 PLUVIOSE AN VIII.

10. — Cependant la loi du 28 pluviôse an VIII allait
apporter une importante réforme dans l'administration
du département ; à côté du préfet et du conseil de préfecture, exerçant les fonctions précédemment confiées aux
administrations et commissaires du gouvernement, le
conseil général allait être définitivement institué. Le *Conseil général du département*, disait l'article 6 de la loi du
28 pluviôse an VIII, s'assemblera chaque année et l'é-
poque de sa réunion sera déterminée par le gouvernement ; la durée de sa session ne pourra excéder quinze
jours. — Il nommera un de ses membres pour président, un autre pour secrétaire. — Il fera la répartition
des contributions directes entre les arrondissements
communaux du département. — Il statuera sur les
demandes en réductions faites par les conseils d'arrondissement, les villes, bourgs et villages. — Il déterminera, dans les limites fixées par la loi, le nombre des
centimes additionnels dont l'imposition sera demandée
pour les dépenses du département. — Il entendra le
compte annuel que le préfet rendra de l'emploi des centimes additionnels qui auront été destinés à ces dépenses.
— Il exprimera son opinion sur l'état et les besoins du
département et l'adressera au ministre de l'intérieur.

11. — Quelque restreintes que soient les attributions
confiées aux conseillers généraux par la loi de l'an VIII,
on ne peut s'empêcher de reconnaître qu'elles contenaient
en germe toutes celles qu'ils étaient destinés à conquérir
par la suite. « L'objet des conseils généraux de dépar-

tement, disait Rœderer dans l'exposé des motifs de la
loi de l'an VIII, est essentiellement d'assurer l'impartialité et la répartition de l'impôt entre les arrondissements, villes, bourgs et villages du département, et de
concilier la confiance publique à ces opérations d'où
dépend l'équité de l'assiette sur les particuliers. C'est
accessoirement à ce service que le gouvernement propose de leur attribuer l'audition du compte des deniers
levés pour les besoins particuliers du département ;
convaincu que rien, après la modération de l'impôt, ne
satisfait autant les citoyens que la certitude du bon
emploi des deniers qui en proviennent. »

12. — Telle est encore aujourd'hui la mission la plus
importante confiée aux conseils généraux des départements ; et Rœderer ajoutait avec raison : « le gouvernement a cru nécessaire de donner aux conseils généraux
de départements la faculté d'exprimer une opinion sur
l'état et les besoins des habitants ; il importe à un gouvernement ami de la liberté et de la justice de connaître
le vœu public, et surtout de le puiser à sa véritable
source ; car l'ignorance est, à cet égard, moins funeste
que les méprises. Où peut être cette source, si ce n'est
dans les réunions de propriétaires choisis sur toute la
surface du territoire, entre les notables dont les listes auront été formées par le concours de tous les citoyens?
C'est là sans doute qu'est l'opinion publique, et non dans
les pétitions dont on ne connaît ni les auteurs, ni les
provocateurs, ni les véritables motifs. » Il suffit de parcourir la vaste publication du ministère de l'intérieur
qui depuis 1800 jusqu'en 1878 n'a cessé de donner chaque année l'analyse des procès-verbaux, des votes ou
des vœux des conseils généraux, pour se convaincre
que les assemblées départementales ont largement usé
du droit que leur a conféré le législateur de l'an VIII,
« d'exprimer leur opinion sur l'état et les besoins des
habitants. »

13. — La loi du 2 ventôse an XIII (21 février 1805), sous des apparences modestes, vint bientôt accroître les pouvoirs confiés aux conseillers généraux. A partir de cette époque, les dépenses à la charge du département furent divisées en deux catégories : les dépenses fixes sur lesquelles les conseils généraux n'avaient que des avis à émettre ; les dépenses variables pour lesquelles l'article 34 de la loi de finances du 2 ventôse an XIII autorisa les conseils généraux à voter des centimes facultatifs. Ces dépenses variables n'étaient pas d'ailleurs sans importance ; elles concernaient les préfectures et sous-préfectures, l'instruction publique, les enfants trouvés, les prisons, les loyers des prétoires des tribunaux et réparations extraordinaires, les menues dépenses des tribunaux et les dépenses imprévues. Enfin l'article 34 de la loi de finances de l'an XIII contenait encore cette autre disposition qu'il n'est pas sans intérêt de relever au point de vue historique : « Les conseils généraux de département pourront proposer d'imposer jusqu'à concurrence de quatre centimes et plus, soit pour réparations, entretien de bâtiment, et supplément de frais de culte, soit pour construction de canaux, chemins et établissements publics ; Sa Majesté, en son conseil d'État, autorisera, s'il y a lieu, ladite imposition. » A partir de la loi du 2 ventôse an XIII, le département commença à disposer de ressources propres ; pour la première fois, il a véritablement un budget ; quelque temps encore, et le département, qui n'était au début qu'une simple division territoriale et administrative, va devenir peu à peu une véritable personne civile capable de posséder et d'administrer ses biens.

14. — Deux décrets de 1811 hâteront d'ailleurs cet acheminement vers la propriété, et feront du département un propriétaire, qualité qui lui a été pendant si longtemps (jusqu'en 1833) contestée par le conseil d'État. Les édifices consacrés au service des cours et tribunaux ainsi

que l'entretien des routes avaient été jusqu'alors ratta-
chés au service général de l'État; mais un décret du
9 avril 1811 fit concession aux départements, arrondissements et communes de la pleine propriété des édifices
et bâtiments nationaux occupés par les services de
l'administration, des cours et tribunaux, et de l'instruction publique, à la charge de supporter les dépenses
d'entretien et de réparation de ces bâtiments. Dès lors
les départements sont de véritables propriétaires. —
Un autre décret du 16 décembre 1811, en classant toutes
les routes de l'Empire, déclara que non-seulement les
départements continueraient à pourvoir à la construction, reconstruction et entretien des routes départementales, mais encore qu'ils contribueraient à supporter
avec le Trésor les frais occasionnés par les routes impériales de troisième classe. Le premier réseau des
routes départementales se trouvait ainsi naturellement
formé des routes impériales de troisième classe, et les
départements, personnes civiles, peuvent être dès lors,
considérés comme propriétaires du sol des routes départementales dont l'État leur avait fait remise à charge
d'entretien.

LA LOI DU 22 JUIN 1833.

18. — Deux projets de loi relatifs à l'organisation des
conseils généraux furent présentés, l'un en 1821, par
M. Siméon, l'autre en 1829, par M. de Martignac; mais
tous deux ne purent aboutir par suite de circonstances
politiques. Ce n'est qu'en 1833 que les conseils généraux
furent enfin organisés sur des bases plus complètes et
plus précises. La loi du 22 juin 1833 déclare que le conseil général doit être composé d'autant de membres qu'il
y a de cantons dans le département, sans que ce nombre puisse excéder celui de trente. Dans les départements qui ont plus de trente cantons, deux cantons
sont réunis en circonscription électorale, représentée au

conseil général par un seul membre. Un membre du conseil général est élu dans chaque canton par une assemblée électorale composée des électeurs et des membres du jury (art. 3). — Nul n'est éligible au conseil général, s'il ne jouit de ses droits civils et politiques, s'il n'est âgé de vingt-cinq ans et s'il ne paie depuis un an au moins deux cents francs de contributions directes (art. 4). — La condition du domicile dans le département n'est pas exigée. — Sont incompatibles avec les fonctions de conseiller général celles de fonctionnaire de l'ordre administratif et financier, et d'agent d'administration dans le département où l'on se propose de se faire élire (art. 5). — Nul ne peut être membre de plusieurs conseils généraux (art. 6). — Le conseiller élu dans deux départements, comme le conseiller élu dans deux cantons du même département, doit opter entre les deux départements ou les deux cantons (art. 10). — Les membres des conseils généraux sont nommés pour neuf ans, renouvelés par tiers tous les trois ans et indéfiniment rééligibles (art. 8). — La dissolution d'un conseil général ne peut être prononcée que par le roi (art. 9); en cas de dissolution, on doit procéder à de nouvelles élections avant l'époque de la session, et au plus tard dans les trois mois qui suivent la dissolution.

16. — Si nous poursuivons l'analyse de la loi du 22 juin 1833, nous voyons qu'un conseil général ne peut se réunir s'il n'a été convoqué par le préfet, en vertu d'une ordonnance du roi, qui détermine l'époque et la durée de la session (art. 12). — A l'ouverture de la session, et avant toute autre opération, les membres nouvellement élus prêtent serment entre les mains du président du conseil général. Ensuite le conseil, présidé par son doyen d'âge, le plus jeune membre faisant fonction de secrétaire, nomme au scrutin et à la majorité absolue des voix son président et son secrétaire. — Aux termes de la loi de 1833, les séan-

ces du conseil général ne sont pas publiques (art. 13);
le préfet a entrée au conseil, y est entendu quand il le
demande, et assiste aux délibérations, excepté lorsqu'il
s'agit de l'apurement de ses comptes (art. 12 *in fine*). —
Le conseil ne peut délibérer que si la moitié plus un des
conseillers sont présents; les votes sont recueillis au
scrutin secret toutes les fois que quatre au moins des
conseillers présents le demandent (art. 12). — Tout acte
ou délibération d'un conseil général, relatifs à des objets
qui ne sont pas légalement compris dans ses attributions, sont nuls et de nul effet (art. 14); la nullité en est
prononcée par ordonnance royale. — Toute 'délibération prise hors de la réunion légale du conseil est nulle
de droit (art. 15). Il est interdit à tout conseil général de
faire ou de publier toute proclamation ou adresse; en cas
d'infraction à cette disposition, le préfet peut suspendre le conseil jusqu'à ce qu'il ait été statué par le chef
de l'Etat (art. 17). — Il est également interdit à tout conseil général de se mettre en correspondance avec un ou
plusieurs conseils d'arrondissement ou de département
(art. 16). — Enfin tout éditeur, imprimeur, journaliste ou
autre qui rendra public les actes interdits au conseil
général sera passible des peines portées par l'article 123
du code pénal.

LA LOI DU 10 MAI 1838.

17. — La loi du 22 juin 1833 rendait les conseils généraux électifs et réglait avec soin leur organisation; c'est
à la loi du 10 mai 1838 qu'était réservé le soin de déterminer leurs attributions. Le droit de posséder fut alors
pleinement reconnu aux départements; ils devenaient
réellement des personnes civiles, étaient le centre d'intérêts locaux nombreux, et la loi de 1838, jointe à celle du
21 mai 1836 sur les chemins vicinaux, vint imprimer aux
travaux des conseils généraux une activité et leur donner une importance vraiment considérable dans le pays.

18. — De l'ensemble de la loi du 10 mai 1838, il résulte que les affaires d'administration départementale ne sont pas les seules dont le conseil général ait le droit de s'occuper; il est certaines matières d'intérêt général qui peuvent également faire l'objet de ses délibérations. C'est ainsi que les résolutions que peut prendre un conseil général se distinguent en quatre catégories principales : il émet des votes, prend des délibérations, donne des avis et formule des vœux. Aux termes de la loi de 1838, le conseil général opère le travail de la répartition des impôts foncier, personnel, mobilier et des portes et fenêtres, après avoir au préalable statué sur les demandes en réduction du contingent qui lui ont été présentées (art. 1). — Le conseil général prononce en outre définitivement sur les demandes en réduction du contingent formées par les communes, et préalablement soumises au conseil d'arrondissement (art. 2); il vote enfin (art. 3) les centimes additionnels dont la perception est autorisée par les lois. — Les conseils généraux portent encore leurs délibérations sur un grand nombre d'objets (art. 4), sur les impositions extraordinaires à établir et les emprunts à contracter dans l'intérêt des départements; — sur les acquisitions, aliénations et échanges de propriétés départementales; — sur le changement d'affectation ou de destination des édifices départementaux; — sur les actions à intenter ou à soutenir au nom du département; — sur l'acceptation des dons et legs faits au département; — sur le classement et la direction des routes départementales; — sur la part contributive à imposer au département : dans la dépense des travaux exécutés par l'État et intéressant le département; dans la dépense des travaux qui intéressent à la fois le département et les communes; et enfin sur la part de la dépense des aliénés et des enfants trouvés et abandonnés qui doit être mise à la charge des communes et sur les bases de la répartition à faire entre elles.

19. — Les questions sur lesquelles le conseil général est appelé, par la loi du 10 mai 1838, à donner son avis étaient les suivantes : les changements proposés à la circonscription du territoire des arrondissements, des cantons et des communes ; les difficultés survenues à propos de la répartition de la dépense des travaux intéressant plusieurs communes ; — la création des foires et marchés ; — enfin tous autres objets à propos desquels il est consulté par l'administration centrale.

20. — Quant aux vœux que le législateur de 1838 permettait au conseil général de formuler (art. 7), ils pouvaient être adressés au ministère soit directement, soit par l'intermédiaire du président du conseil, et avoir pour objet des réclamations exclusivement relatives au département. Remarquons cependant que les conseils généraux, quoique n'y étant pas autorisés par la loi, ne se sont jamais privés du droit de formuler des réclamations étrangères aux affaires départementales et que la plupart de leurs vœux ont été relatifs à des objets d'intérêt général.

LA LOI DU 3 JUILLET 1848.

21. — Telles étaient les dispositions principales des lois des 22 juin 1833 et 10 mai 1838. Rien n'y fut changé jusqu'en 1848, époque à laquelle une loi du 3 juillet décida qu'à l'avenir, dans chaque département, les conseils généraux seraient composés d'autant de membres qu'il y aurait de cantons (art. 1er) ; — que le suffrage universel serait appliqué aux élections des conseillers de déparment, et que les séances de ces assemblées départementales seraient publiques (art. 18), à moins que la majorité des membres du conseil ne demande le comité secret.

22. — La loi du 3 juillet 1848 contenait encore quelques prescriptions utiles à relever. C'est ainsi que l'article 14 de cette loi déclarait éligibles au conseil général les électeurs âgés de vingt-cinq ans au moins, domiciliés dans le département, et les citoyens ayant atteint le même âge qui, sans y être domiciliés payaient une contribution directe ; mais le nombre de ces derniers ne pouvait dépasser le quart des membres du conseil. Pour être élu membre du conseil général il suffit d'avoir obtenu la majorité relative (art. 16); néanmoins nul ne pouvait être élu s'il n'avait obtenu le cinquième des suffrages exprimés ; en cas d'égalité du nombre des suffrages, l'élection était acquise au plus âgé.

LE DÉCRET DU 25 MARS ET LA LOI DU 7 JUILLET 1852.

23. — La loi de 1848 n'était que transitoire, et dans son article 2, des lois organiques étaient promises. Un projet de loi, concernant l'organisation et les attributions des conseils généraux fut élaboré en effet en 1850 par le conseil d'État, revu et amendé par une commission de l'Assemblée législative en 1851; et ce projet allait être discuté, l'orsque l'Assemblée fut dissoute.

24. — C'est alors que fut promulguée la loi du 7 juillet 1852. Désormais nul ne peut être élu membre du conseil au premier tour de scrutin, s'il n'a réuni la majorité absolue des suffrages exprimés et un nombre de suffrages égal au quart de celui des électeurs inscrits (art. 4); les séances des conseils généraux ne sont plus publiques (art. 5) et il ne peut être rendu compte des séances des conseils autrement que par la publication des procès-verbaux communiqués par les présidents de ces conseils. (Circ. minist. d'août 1852). Enfin la loi de 1852 enlève aux conseils généraux le droit de constituer leur bureau (art. 5), et les nominations des présidents, vice-présidents et secrétaires furent réservées à l'Empereur qui, chaque année, les nommait par un décret.

25. — Le décret du 25 mars 1852, dit décret de décentralisation, n'avait pas porté directement atteinte aux attributions des conseils généraux telles que les avait déterminées la loi du 10 mai 1838 ; mais en transportant aux préfets une foule de nominations et de décisions, les assemblées départmentales demeuraient toujours comme en tutelle, et c'était l'Empire qui devait bientôt prononcer leur complet affranchissement.

LA LOI DU 18 JUILLET 1866.

26. — La loi du 18 juillet 1866 [1], une des plus libérales à coup sûr et peut-être une des meilleures qui aient été votées sous le règne de Napoléon III, vint en effet élargir le cercle des attributions du conseil général, en lui donnant une part de plus en plus large dans la discussion des affaires départementales. « Affranchir le pays des excès de la centralisation administrative, » telle fut la pensée du législateur de 1866 ; et pour la première fois le conseil général était appelé à statuer définitivement et sans appel sur un grand nombre de matières d'intérêt exclusivement départemental ; l'État ne se réservant que le droit d'annuler les délibérations entachées d'excès de pouvoir ou prises en violation de la loi.

27. — La loi de 1838 ne donnait un caractère définitif au vote des conseils généraux que dans bien peu de cas : la répartition des impôts directs entre les arrondisse-

---

[1] La commission législative chargée d'élaborer la loi du 18 juillet 1866 était ainsi composée : MM. Roques-Salvaza, *président;* Thoinet de la Turmelière et Lafond de Saint-Mûr, *secrétaires;* Busson-Billault, *rapporteur ;* de Guilloutet, Delamarre (de la Creuse), le baron Mercier, Chevandier de Valdrôme, Plichon, le comte Le Hon, de Saint-Germain, Sénéca, Lubonis, Boucaumont, le comte de la Tour, le marquis d'Havrincourt, Werlé.

ments, le jugement des demandes en réduction de contingent, l'imposition des centimes additionnels autorisés préalablement par la loi. Une loi du 21 mai 1836 avait attribué aux conseils généraux, après instruction et sur la proposition du préfet, la déclaration des chemins vicinaux de grande communication, ainsi que la détermination de leur direction et des communes appelées à concourir à leur construction ou à leur entretien. En dehors de ces affaires, les conseils généraux pouvaient seulement délibérer, et leur délibération, pour être définitive, devait être approuvée, suivant les cas, soit par le chef de l'Etat, soit par le ministre, soit par le préfet.

28. — La loi du 18 juillet 1866 apporta sur ce point, à la loi de 1838, une large modification. Le législateur de 1866 donna aux conseils généraux le droit de statuer définitivement sur les affaires suivantes : 1° Acquisitions, aliénations et échanges de propriétés départementales mobilières ou immobilières, quand ces propriétés ne sont pas affectées à un service public ; — 2° Mode de gestion des propriétés départementales ; — 3° Baux de biens donnés ou pris à ferme ou à loyer, quelle qu'en soit la durée ; — 4° Changement de destination des propriétés et des édifices départementaux, lorsque cette propriété n'est affectée à aucun service public ; — 5° Acceptation ou refus de dons et legs faits au département sans charges ni affectation immobilière, quand ces dons ne donnent pas lieu à réclamation ; — 6° Classement et direction des routes départementales, lorsque le tracé desdites routes ne se prolonge pas sur le territoire d'un autre département ; projets, plans et devis des travaux à exécuter pour la construction, la rectification ou l'entretien des routes départementales, et pour les autres travaux à exécuter sur les fonds départementaux ; — 7° Classement et direction des chemins vicinaux de grande communication ; désignation des chemins vicinaux d'intérêt commun ; désignation des communes qui

doivent concourir à la construction et à l'entretien desdits chemins; le tout sur l'avis des conseils municipaux
et d'arrondissement; enfin répartition des subventions
accordées sur les fonds départementaux aux chemins
vicinaux de grande communication ou d'intérêt commun; — 8° Offres faites par des communes, par des associations ou des particuliers pour concourir à la dépense
des routes départementales ou d'autres travaux à la
charge des départements; — 9° Déclassement des routes départementales, des chemins vicinaux de grande
communication et d'intérêt commun, lorsque leur tracé
ne se prolonge pas sur le territoire d'un ou de plusieurs départements: — 10° Désignation des services
auxquels est confiée l'exécution des travaux sur les chemins vicinaux de grande communication et d'intérêt
commun, et mode d'exécution des travaux à la charge
du département, autres que ceux des routes départementales; — 11° Emploi de fonds libres provenant d'emprunts ou de centimes extraordinaires recouvrés ou à
recouvrer dans le cours de l'exercice; — 12° Assurance
des bâtiments départementaux; — 13° Actions à intenter ou à soutenir au nom du département, sauf les cas
d'urgence dans lesquels le préfet pourra seul agir; —
14° Transactions concernant les droits des départements; — 15° Recettes et dépenses des établissements
d'aliénés appartenant aux départements; approbation
des traités passés avec des établissements privés ou publics pour le traitement des aliénés du département; —
16° Service des enfants assistés. Telles furent, sous
l'empire de la loi de 1866, les graves et importantes questions que les conseils généraux étaient appelés à résoudre directement et définitivement; leurs délibérations
sur ces matières étaient exécutoires par elles-mêmes si,
dans le délai de deux mois, à partir de la clôture de la
session, un décret impérial n'en avait pas suspendu
l'exécution, pour cause d'excès de pouvoir ou pour violation de la loi.

29. — Si toutes les attributions, conférées aux conseils généraux par la législation antérieure à 1866, étaient fort importantes, leur attribution capitale a toujours été le vote du budget départemental. Jusqu'en 1866 l'action du conseil général était fort limitée pour la création aussi bien que pour le maintien des ressources du département. La loi du 18 juillet conféra au conseil général le pouvoir de disposer de ressources considérables dont l'emploi lui était entièrement abandonné; c'est ainsi, par exemple, que les conseils généraux purent, à partir de 1866, voter, dans la limite du maximum annuellement fixé par la loi de finances, des centimes extraordinaires affectés à des dépenses extraordinaires d'utilité départementale (art. 2); ils purent également voter des emprunts départementaux, remboursables dans un délai qui ne pouvait excéder douze années.

LES CRITIQUES ADRESSÉES A LA LOI DE 1866.

30. — Tel était, dans ses traits généraux, l'ensemble de la loi du 18 juillet 1866; et malgré les bienfaits qu'elle introduisait dans notre administration départementale, des critiques nombreuses et passionnées lui furent adressées, vers la fin de l'Empire. En signalant les bienfaits de la loi du 18 juillet 1866 sur les conseils généraux et en les résumant, M. Waddington rapporteur de la loi du 10 août 1871 dont nous allons parler plus loin, a pu dire : « Pour la première fois, le conseil général est appelé à statuer définitivement et sans appel sur une foule de matières d'intérêt exclusivement départemental, et l'Etat ne se réserve plus que le droit d'annuler les délibérations entachées d'excès de pouvoir ou prises en violation de la loi. Le conseil général peut voter des centimes additionnels dans les limites fixées annuellement par la loi des finances, et conclure des emprunts départementaux remboursables en douze années ; ses budgets et ses comptes

ont été remaniés et simplifiés, les dépenses obligatoires ont été réduites aux services indispensables de
l'Etat ; en un mot, le conseil général a acquis la gestion
complète de la fortune départementale ; il est investi à
cet égard d'une véritable autonomie ; mais il n'a aucune
action directe sur l'administration ; une fois sa délibération prise, il ne peut plus intervenir, et dans l'intervalle de ses sessions annuelles, il ne peut ni contrôler
les actions du préfet, ni même lui adresser une observation. »

31. — Ainsi, suivant les critiques les plus autorisés,
la loi de 1866 eût été parfaite si le conseil général avait
pu agir directement sur l'administration, contrôler chaque jour les actions du préfet et diriger la conduite de ce
fonctionnaire en lui adressant des conseils et des observations. Mais il était d'autres critiques qu'il était de mode
de relever dans la presse libérale, vers la fin de l'Empire, contre la loi du 18 juillet 1866. Le législateur de
1833, disait-on, laissait aux conseils généraux le droit de
nommer leur président et leur secrétaire ; pourquoi le
législateur de 1866 leur a-t-il enlevé cette prérogative ?
Sans doute, ajoutait-on, ceux qu'un décret impérial
charge de présider les assemblées départementales sont
des hommes éminents, mais la plupart approchent de
trop près la personne du souverain, et n'est-il pas à
craindre qu'à leur insu et involontairement ils ne nui-
sent à la liberté de discussion. Enfin pourquoi ne pas
rendre publiques les séances des conseils généraux ?
est-ce que ces assemblées n'ont pas pour mission principale de voter des centimes additionnels et des impositions extraordinaires, et dès lors le contribuable n'a-t-il
pas le droit incontestable de savoir quel emploi l'on fait
de ses deniers ? La République de 1848 avait rendu la
publicité aux assemblées départementales ; quand le
progrès nous pousse en avant pourquoi le gouvernement remonte-t-il en arrière ? En supprimant la publicité,

nous sommes revenus à la loi du 22 juin 1833; par la nomination des présidents, nous remontons plus haut encore, aux beaux jours de 1787 [1].

32. — A ces critiques, le gouvernement de l'Empereur répondit, le 7 mars 1870, par la présentation, au Corps législatif, d'un projet de loi qui apportait deux modifications importantes à la législation des conseils généraux : 1° l'élection du bureau par le conseil général ; 2° le droit pour le conseil général de faire son règlement et de déterminer tout ce qui concerne la rédaction et la publication de ses procès-verbaux. Le projet sanctionnait en outre un droit, qui était d'ailleurs généralement pratiqué : celui pour tout habitant ou contribuable du département de prendre copie, sans déplacement, des délibérations du conséil général.

33. — Le Cōrps législatif, saisi de l'examen de ce projet, avait d'abord voulu ajouter aux dispositions précédentes deux nouvelles et sérieuses innovations : 1° donner aux conseils généraux le droit d'émettre des vœux politiques; 2° prescrire la publicité des séances. Mais le Sénat ne voulut pas s'associer à ces deux dernières innovations, et le gouvernement impérial, tout en déclarant adhérer aux dispositions de loi telles que les avait rédigées le Sénat, se réserva de reproduire ultérieurement, s'il le jugeait à propos, sans qu'on pût, à aucune époque et en aucune manière, lui opposer l'abandon qu'il en faisait alors : 1° la disposition relative à l'admission du public aux séances des conseils généraux ; 2° la disposition se rapportant aux vœux politiques. C'est sous les mêmes réserves que le Corps législatif a adopté, le 20 juillet 1870, à l'unanimité de 224 voix, le nouveau projet qui allait devenir la loi des 23-26 juillet 1870.

---

[1] Dictionnaire universel du xıx° siècle, de Larousse : v° *Conseil général.*

LA LOI DES 23-26 JUILLET 1870.

34. — La loi des 23-26 juillet 1870 ne comprenait
que sept articles, et elle réglait, en ces termes, certaines des modifications qui étaient réclamées comme
un complément nécessaire de la loi, déjà si libérale, de
1866, sur les conseils généraux. — A l'ouverture de
chaque session, le plus âgé des membres présents du
conseil général est appelé à remplir les fonctions de
président; le plus jeune celles de secrétaire; et immédiatement il est procédé à l'élection du président, des
vice-présidents et des secrétaires. Cette élection a lieu
à la majorité absolue des suffrages : si les deux premiers
tours de scrutin n'ont pas donné de résultat, il est procédé à un scrutin de ballottage entre les deux candidats qui ont obtenu le plus de voix; en cas d'égalité de
suffrages, le plus âgé est nommé (art. 1er). — Le conseil
général règle l'ordre de ses délibérations; il peut, s'il
le juge convenable, adopter un règlement intérieur; il
décide tout ce qui concerne la rédaction et le mode de
publication de ses procès-verbaux. Un compte rendu
quotidien des séances est rédigé sous la surveillance du
président; ce compte rendu sommaire est le seul qui
puisse être publié par la presse : toute contravention à cette
disposition est punie d'une amende de cinq cents à mille
francs. De plus les procès-verbaux et les comptes-
rendus mentionnent les noms des membres qui ont pris
part aux discussions. Enfin le conseil général peut se
former en comité secret; et dans ce cas, ses délibérations ne sont pas publiées (art. 2). — Tout habitant ou
contribuable du département a le droit de demander
communication sans déplacement et de prendre copie
des délibérations (art. 3). — Enfin ne peuvent être nommés membres des conseils généraux, les juges de paix
dans les cantons où ils exercent leurs fonctions (art. 4).
— les trois autres articles ne contenaient que des dis-

positions concernant le conseil général de la Seine et
les conseils d'arrondissements auxquels l'article 1er, les
paragraphes 1 et 2 de l'article 2 et l'article 3 étaient déclarés applicables.

LES DÉCRETS DES 25 DÉCEMBRE 1870 ET 29 MARS 1871.

35. — On pouvait croire qu'après avoir ainsi répondu aux désirs de la presse libérale qui faisait alors
opposition à l'Empire, l'œuvre du législateur de 1870
n'aurait plus qu'à subir de légers remaniements pour
être complète, le jour où libéraux et républicains par-
viendraient au pouvoir. Il n'en a rien été ; et les partisans avoués, non-seulement des libertés dites nécessaires, mais de toutes les libertés, n'hésitèrent pas,
après le 4 septembre, à anéantir l'œuvre libérale de
l'Empire pour y substituer l'arbitraire. Un décret du 25
décembre 1870, émané des membres du gouvernement
de la Défense nationale, délégués pour représenter le
Gouvernement et en exercer les pouvoirs, contient en
effet les deux articles suivants : 1° Les conseils généraux sont dissous ; 2° les conseils généraux seront remplacés par des commissions départementales dont les
membres seront nommés par le Gouvernement, sur la
proposition d'urgence des préfets.

36. — Le temps a manqué fort heureusement aux
membres de la Défense nationale pour permettre la mise
en pratique du décret du 25 décembre ; quelques commissions départementales furent cependant composées
d'urgence par les préfets ; mais un décret de l'Assemblée
nationale, en date du 29 mars 1871, abrogea le décret de
la Délégation de Bordeaux, et annonça qu'il serait procédé à la réélection des conseillers généraux dans le
mois qui suivrait la réélection des conseillers municipaux. Le décret du 29 mars 1871 ajoutait (art. 3) que les
juges de paix, dans les cantons où ils exercent leurs

fonctions, et les membres amovibles et inamovibles des tribunaux civils de première instance dans l'arrondissement de ces tribunaux, ne pourraient être élus membres des conseils généraux.

37. — Lorsque fut publié le décret du 29 mars 1871, l'Assemblée nationale était déjà saisie, à la date du 26 mars, de deux propositions de loi, présentées par MM. Magnin et Bethmont, et relatives : la première, à l'organisation des départements ; la seconde, aux attributions des conseils généraux [1]. Le 27 avril suivant, un nouveau projet de loi relative à l'organisation et aux attributions des conseils généraux, fut présenté par M. Savary [2]. Enfin, le 29 avril, M. Raudot présenta un projet de loi sur la décentralisation [3]. Ce sont ces diverses propositions qui, renvoyées à une commission parlementaire de trente membres [4], donnèrent lieu d'abord à un rapport très-complet, puis à trois autres rapports supplémentaires, présentés tous par M. Waddington [5], au nom de la *Commission dite de décentralisation*. Le projet de loi qui formait la suite et comme la conclusion

---

[1] Voir ces projets de loi dans le *Journal officiel* des 27 mars, 1er, 5 avril 1871.

[2] Voir ce projet dans le *Journal officiel* des 28 avril, 12, 13 et 17 juin 1871.

[3] Voir ce projet dans le *Journal officiel* des 30 avril, 24, 27, 29 et 30 mai 1871.

[4] Cette commission était composée de : MM. Moulin, *président ;* Raudot, *vice-président ;* Bethmont, Amédée Lefèvre-Pontalis, de Chabrol, de Lacombe, *secrétaires ;* Waddington, *rapporteur ;* Beulé, de Talhouët, de Jouvencel, de Cumont, Montjaret, de Kerjégu, Ernoul, Lenoël, Lucet de la Bassetière, Christophle, Bocher, Target, Reverchon, Rivet, Magnin, d'Andelarre, Foubert, Johnston, de Barante, duc de Cazes, Lucien Brun, de Bonald et Fresneau.

[5] Voir ces rapports au *Journal officiel* des 15 juin, 1er, 2, 3, 19 et 26 juillet, 11, 13, 19 et 21 août 1871.

du rapport était le fruit, disait M. Waddington, d'un long et consciencieux travail : « Il résume et coordonne la plupart des dispositions contenues dans les projets émanés de MM. Magnin et Bethmont, Raudot et Savary, et il en ajoute de nouvelles ; il laisse de côté toutes les propositions prématurées ou dépassant les limites d'une sage décentralisation ; il agrandit la sphère d'action des conseils généraux, sans diminuer en rien les légitimes attributions du pouvoir central ; il favorise le développement de l'initiative locale, qui est une des forces vives de la nation ; il apporte et enseigne la responsabilité et les devoirs qu'elle impose à des hommes qui s'en déchargeaient volontiers sur l'État ; en un mot, notre projet est une loi de liberté féconde et de progrès utile. »

LA LOI DU 10 AOUT 1671 ET LES CRITIQUES DONT ELLE A DÉJA ÉTÉ L'OBJET.

38. — Sans examiner ici la loi des 10-29 août 1871 qui va faire l'objet de notre commentaire, il ne nous semble pas sans intérêt de rechercher tout d'abord et par une vue d'ensemble, si la loi du 10 août 1871 a été véritablement, comme l'espérait M. Waddington, « une loi de liberté féconde et de progrès utile. » Disons de suite que l'application de cette loi a soulevé, dès son apparition, des difficultés incessantes, parfois même des conflits regrettables ; jamais loi organique n'encombra le conseil d'État d'un plus grand nombre de pourvois et de demandes d'avis ; jamais questions d'interprétation ne s'étaient présentées sous des aspects plus variés et plus multiples qu'à l'occasion de la mise en pratique de la loi du 10 août. Non-seulement cette loi, loin d'être parfaite, présente des lacunes et des défectuosités, mais elle a aussi créé, dans bien des départements, un antagonisme perpétuel et des revendications réciproques entre le préfet et la Commission départementale, ces

.deux pouvoirs rivaux et parallèles que le législateur de 1871 n'a pas craint d'organiser dans chaque préfecture de France.

39. — Le législateur de 1871 n'a pas seulement continué, dans une large mesure, le système de décentralisation inauguré sous l'Empire pour les affaires départementales ; il a de plus attribué aux conseils généraux la connaissance de certaines questions concernant ce que l'on appelle vulgairement la tutelle administrative des communes; il a enfin, et surtout, créé une commission de permanence, choisie par le conseil général dans son sein, chargée de contrôler l'exécution des délibérations de ce corps électif, de le remplacer dans les limites du mandat conféré, pendant l'intervalle des sessions, et d'exercer certains pouvoirs propres qu'elle tient directement de la loi.

40. — Les trois grands principes qui dominent la législation nouvelle des conseils généraux — extension de leurs attributions, tutelle administrative des communes, commissions départementales — ont été déjà l'objet de vives critiques. On a généralement approuvé cependant l'extension donnée aux attributions des conseillers généraux, et sur cette question l'on s'est borné à présenter des observations de détail. En augmentant le nombre des cas dans lesquels les conseils généraux peuvent statuer définitivement (art. 46); en remplaçant par une approbation tacite l'approbation expresse que le gouvernement devait donner, avant la loi de 1871, aux délibérations ordinaires des conseils généraux, pour les rendre exécutoires (art. 49), l'on peut dire que le législateur de 1871 a été bien inspiré en continuant et développant ainsi le système de la loi de 1866. Mais lorsqu'on recherche dans la loi du 10 août comment se trouvent organisés les recours contre les illégalités que peuvent commettre les assemblées départementales, on est frappé de leur insuffisance, et l'on déplore l'impuissance dans laquelle le législateur de 1871 a laissé le gouvernement, qui ne peut atteindre d'une façon nette, sûre, indiscutable, et réprimer les conseils généraux, tentés de violer la loi qui détermine et précise leurs attributions.

41. — Aux termes de l'article 47 de la loi du 10 août 1871, les préfets peuvent attaquer pour excès de pouvoir ou violation de la loi les délibérations prises définitivement par les conseils généraux ; aux termes de l'article 49, l'exécution des autres délibérations dites ordinaires peut être suspendue par décret, mais les délais légaux de vingt jours et de trois mois accordés pour exercer ces recours contre les illégalités des conseils généraux, ont été, dans la pratique, reconnus trop courts ; il nous paraîtrait donc utile de faire disparaître une distinction subtile entre la violation de la loi et l'incompétence, en décidant, par modification de l'article 33, qu'une délibération du conseil général, entachée d'incompétence, ou de violation de la loi, peut toujours être atteinte par le gouvernement, sauf le respect des droits acquis si la délibération a déjà reçu un commencement d'exécution.

42. — Mais ce ne sont là que critiques de détail, auxquelles une simple révision de texte pourrait donner satisfaction. Il n'en est pas de même des critiques qui peuvent s'élever sur les paragraphes 24, 25 et 26 de l'article 46, et sur le numéro 5 de l'article 48, aux termes desquels il a été dérogé au principe de l'attribution au pouvoir central de la tutelle administrative des communes [1].

---

[1] Voir notamment le résumé des critiques faites à la loi du 10 août 1871, présenté à la conférence Tocqueville par **M.** Chabrol, auditeur au Conseil d'État (Travaux de la Conférence Tocqueville, 1874).

43. — La question de savoir à qui la tutelle administrative des communes doit appartenir n'a pas été d'ailleurs franchement abordée et discutée par l'Assemblée nationale de 1871, qui l'a réservée et ajournée jusqu'à la discussion de la loi municipale que nous attendons toujours depuis cette époque. Mais le fait même de réserver la solution générale de cette grave question aurait dû rendre le législateur de 1871 plus circonspect et l'engager à ne rien préjuger, comme il a eu le tort de le faire, en attribuant aux conseils généraux le droit de statuer définitivement sur les délibérations des conseils municipaux en matière d'octroi, de circonscription de communes, de foires et marchés.

44. — Quand on recherche les causes réelles qui ont décidé le législateur à placer les communes sous une sorte de tutelle, il nous paraît impossible de ne pas reconnaître combien il est indispensable de conserver cette tutelle au pouvoir central. Il ne s'agit pas en effet, comme on le répète à tort bien souvent, de protéger les conseils municipaux contre leur inexpérience, leurs prodigalités et leurs entraînements, et de garantir ainsi la fortune communale ; le but réellement poursuivi, en plaçant les communes comme en tutelle, c'est d'empêcher qu'une mauvaise administration communale vienne compromettre la prospérité même de l'État, épuiser les forces contributives de tous les citoyens et tarir les sources de la fortune publique. S'il en est ainsi, quel doit être le protecteur naturel de cet intérêt public de premier ordre, si ce n'est le pouvoir central lui-même, et par quels raisonnements spécieux parviendrait-on à persuader que les conseils généraux doivent, en matière de tutelle administrative, se substituer pour ainsi dire au chef du gouvernement et se constituer les défenseurs des intérêts de l'État ? Le maintien absolu au gouvernement de la tutelle administrative des communes est, pour nous, un de ces principes salutaires dont on ne saurait s'écar-

ter sans ébranler les bases essentielles de notre droit
public administratif. Les paragraphes 24, 25 et 26 de
l'article 46 et 4 de l'article 48 nous paraissent devoir être
utilement modifiés en ce sens, et la tutelle administrative restituée sans aucune exception et énergiquement
maintenue au pouvoir central, à l'Etat, protecteur naturel
aussi bien des intérêts généraux que des intérêts communaux, intérêts qui se confondent si souvent et ne forment
en réalité qu'un seul intérêt, celui du pays tout entier.

45. — Quant à la commission départementale, c'est
sur elle que se sont concentrées toutes les plaintes et les
récriminations. L'antagonisme qui a existé, dans beaucoup de départements, entre le préfet et la commission départementale, les luttes et les conflits, toujours nuisibles
à la bonne gestion des affaires départementales, nés
de ces deux pouvoirs rivaux, n'ont pas été sans ins-
pirer le désir de réformer, sinon de supprimer l'institution des commissions départementales, cette grave
innovation, qui constitue l'œuvre capitale et le côté vraiment caractéristique de la loi du 10 août 1871.

46. — Les attributions de la commission départementale disait le rapporteur de la loi du 10 août, peuvent se
diviser en trois classes : « Tantôt la commission exerce
sur les actes du préfet un contrôle qui se manifeste soit
par des avis, soit par une autorisation préalable et nécessaire ; tantôt elle agit en vertu d'une délégation du
conseil général ; tantôt enfin, elle statue en vertu de pouvoirs propres qui lui sont conférés par la loi. » Les attributions de contrôle pourraient être conservées, sans
grand inconvénient, dans une loi d'organisation des
conseils généraux si l'on tenait absolument à maintenir l'institution d'une commission départementale, mais
les attributions exercées par délégation ont fait déjà
naître trop de conflits et de difficultés pratiques pour
qu'elles puissent être maintenues.

47. — C'est ainsi, par exemple, que des conseils généraux ont cru pouvoir déléguer à leurs commissions départementales le droit de statuer, d'une manière générale, sur toutes les affaires qui pourraient se présenter dans l'intervalle des sessions. C'était une véritable abdication de la part des conseils généraux, et le conseil d'Etat a vu, avec raison, dans cette façon d'interpréter la loi de 1871, une violation de ses termes formels. La commission départementale, a dit le conseil d'Etat, doit régler les affaires qui lui sont renvoyées par le conseil général, dans les limites de la délégation qui lui est faite (art. 77); cette délégation ne peut donc s'appliquer qu'à des affaires déterminées dont le conseil général a été et est lui-même saisi et dont il pourra par suite apprécier l'importance et les difficultés. L'article 77 appelle une réforme; et ce ne serait pas encore sans danger que le législateur permettrait aux conseils généraux de déléguer à leurs commissions départementales le droit, par exemple, de répartir des contributions directes, de voter le budget, des emprunts ou des contributions extraordinaires, d'apurer les comptes départementaux, etc.; de substituer ainsi les commissions départementales dans l'étude et la solution des questions capitales qui sont la raison même de l'existence des conseils généraux.

48. — Quant aux pouvoirs propres qui composent la troisième catégorie des attributions de la commission départementale, loin de vouloir les accroître et les étendre à toutes les affaires de tutelle administrative des communes et des établissements publics, comme on le demandait lors de l'élaboration de la loi du 10 août 1871, il nous semble qu'il faudrait les restreindre de plus en plus. On a déjà réclamé avec raison la suppression des attributions des commissions départementales relatives aux chemins vicinaux ordinaires et celles qui consistent dans l'approbation des tarifs des évaluations cadastrales.

49. — Enfin, l'organisation des recours contre les décisions des commissions départementales est une des parties qui nous a toujours semblé la plus défectueuse et la plus obscure de la loi du 10 août. Les articles 86, 87 et 88 ont donné lieu, devant le conseil d'État, à des discussions et à des controverses qui établissent surabondamment la nécessité d'une réforme.

50. — Sans vouloir pousser plus loin la recherche des principales critiques adressées à la loi du 10 août 1871 par de forts bons esprits, dont nous nous sommes bornés le plus souvent à nous faire ici l'écho, il nous semble que la loi du 10 août ne constitue pas « un progrès utile » sur la législation antérieure de 1866 et de 1870, et qu'elle a été surtout, jusqu'ici du moins, féconde en controverses et en discussions de tout genre. Nous allons voir maintenant les modifications que cette loi a déjà subies.

LES LOIS DES 15 FÉVRIER 1872 ET 2 AOUT 1875.

51. — Lorsque le législateur de 1871 disait (art. 51) que « tous vœux politiques étaient interdits aux conseils généraux. » Il était sans doute loin de penser au rôle éventuel que la loi du 15 février 1872 allait bientôt réserver aux conseils généraux dans des cas exceptionnels, au rôle permanent et si prépondérant que la loi organique du 2 août 1875 allait attribuer à chaque conseiller général, appelé désormais à participer directement et personnellement à l'élection des sénateurs.

52. — Ces deux attributions nouvelles transforment la mission du conseiller général ; naguère simples et utiles administrateurs des intérêts départementaux, les conseillers généraux deviennent aujourd'hui des hommes politiques, tenant en échec, par leurs votes, les plus graves intérêts du pays, appelés même à remplacer les députés et les sénateurs le jour où ceux-ci viendraient à

être dispersés ou empêchés de se réunir, seuls alors
chargés de pourvoir au maintien de la tranquillité publique et de l'ordre légal. Que l'Assemblée nationale actuelle ou celles qui lui succéderont viennent à être illégalement dissoutes ou empêchées de se réunir, et les
conseillers généraux s'assemblent alors immédiatement,
de plein droit, sans qu'il soit besoin de convocation
spéciale, au chef-lieu de chaque département (art. 1, loi
du 15 février 1872). Ils peuvent s'assembler partout ailleurs dans le département, si le lieu habituel de leurs
séances ne leur paraît pas offrir des garanties suffisantes
pour la liberté de leurs délibérations (art. 1, § 2). Bien
plus, chaque conseil général doit alors élire deux délégués ; ceux-ci se réunissent immédiatement dans le lieu
où se seront rendus les membres du gouvernement légal (art. 3) et composent une assemblée qui devient
chargée de prendre pour toute la France, les mesures
urgentes que nécessite le maintien de l'ordre et de pourvoir provisoirement à l'administration générale du pays
(art. 4). Il était impossible d'accorder aux conseillers
généraux des pouvoirs plus étendus, et de donner à leur
mission un rôle plus politique : l'avenir dira s'il n'eût
pas été préférable de leur laisser des attributions purement administratives, au lieu d'agiter toutes les passions politiques, ce qui devient désormais une nécessité, autour des élections des administrateurs départementaux.

LA LOI DU 7 JUIN 1873.

33. — Depuis la loi du 10 août 1871, les conseillers généraux n'ont pas seulement vu étendre leurs attributions,
au point de vue politique par les lois des 15 février 1872 et
2 août 1875, le mode de vérifier leurs pouvoirs a également reçu des modifications par la loi du 31 juillet
1875. Une loi des 7-10 juin 1873, relative aux membres
des conseils généraux qui se refuseraient à remplir

certaines de leurs fonctions a été également promulguée.

34. — La loi du 7 juin 1873 est due à l'initiative de
M. Pâris qui exprimait ainsi, dans son rapport déposé le
8 mars[1], l'objet de son projet de loi : « Les lois relatives
aux conseils généraux, disait-il, ont pris soin, en réglant
les attributions de ces assemblées, de réprimer les actes
illégaux qui pourraient sortir de leurs délibérations ;
comme aussi de veiller à ce que la négligence de quel-
qu'un de leurs membres n'apportât point obstacle à l'action du corps tout entier. C'est ainsi que les résolutions
prises en dehors des réunions légales ou relatives à des
objets étrangers aux attributions des corps délibérants
sont frappées de nullité ; c'est ainsi que le pouvoir exécutif est investi du droit de suspension et de dissolution
collective à l'égard des conseils, et que, enfin, un conseiller général peut être déclaré démissionnaire lorsque,
sans excuse valable, il a manqué aux sessions pendant
un temps déterminé. — Mais en dehors des attributions
générales qu'ils tiennent des lois organiques, les corps
électifs chargés de coopérer à l'administration sont investis de fonctions particulières que leurs membres
remplissent individuellement ; ainsi par exemple, les
conseillers généraux ont le devoir de concourir à la
confection des listes du jury ; ils font partie des conseils
de révision en matière de recrutement, et des comités
d'arrondissement préposés à l'instruction primaire. On
ne peut douter que ces mandats spéciaux, confiés aux
membres des administrations locales, deviendront de
plus en plus multiples, par l'effet d'une sage décentralisation qui, sans diminuer en rien la force du pouvoir

---

[1] Voir ce rapport dans le *Journal officiel* des 9 et 15 mars
1873.

central, fera participer un plus grand nombre de citoyens
aux affaires du pays. Qu'arrivera-t-il, cependant, si des
conseillers généraux, ainsi investis de fonctions dont
l'accomplissement intéresse au plus haut point la chose
publique se refusent à les remplir, sous un prétexte plus
ou moins plausible et même sans prétexte? Leur abstention volontaire, systématique, sera-t-elle considérée
comme indifférente? La désobéissance à la loi ne saurait
demeurer impunie, alors qu'elle émane de ceux-là qui
sont chargés de mettre la loi en œuvre.

84 bis. — « Telle est la pensée qui a donné naissance
à la proposition déposée dans la séance du 16 janvier
1873 : « Tout membre d'un corps électif ou d'une admi-
« nistration municipale qui, au mépris de la loi, refusera
« de remplir un des devoirs que ses attributions com-
« portent, sera réputé démissionnaire. Il ne pourra
« être élu aux mêmes fonctions avant le délai d'un
« an. »Votre commission, est-il besoin de le dire, a été
unanime à reconnaître combien il serait contraire à
l'ordre qu'un membre d'un corps électif, appelé par ses
concitoyens à remplir un mandat dont la loi détermine
la nature et l'étendue, pût, à son gré, remplir tel de ses
devoirs et répudier tel autre. On aboutirait en effet, à
une véritable anarchie et à la condamnation du suffrage
universel, si l'on tolérait que l'autorité puisée dans un
scrutin local, fractionné, restreint dans son objet, fût
employée à résister à la loi, expression régulière de la
volonté générale, manifestée par les élus de la nation. »

85. — La discussion du projet de loi de M. Páris, qui
eut lieu dans les séances des 6 et 7 juin 1873, modifia
quelque peu la rédaction primitive, et l'article 1er de la loi
du 7-10 juin 1873 dispose : que tout membre d'un conseil
général de département qui, sans excuse valable, aura
refusé de remplir une des fonctions qui lui sont dévo-

lues par les lois, sera déclaré démissionnaire. Cette privation du mandat de conseiller général, devenant la conséquence du refus formel d'accomplir une des obligations qu'il comporte, a paru une mesure excessive, et pour en justifier la rigueur, la commission, chargée d'élaborer la loi du 7 juin 1873, a cru devoir expliquer : « que le conseiller général se chargeant librement d'un mandat, ne pouvait, à sa guise, pas plus que ses électeurs ne le pourraient eux-mêmes, en étendre ou en restreindre l'étendue, circonscrite par la volonté souveraine du législateur. » Cette mesure ne crée pas d'ailleurs dans nos lois une rigueur sans précédent : aux termes de la loi du 10 août 1871, art. 19, le conseiller général qui a manqué, sans excuse légitime, à une session ordinaire, est déclaré démissionnaire par le conseil général ; et la pénalité est la même pour les conseillers d'arrondissement (loi du 22 juin 1833, art. 7 et 26), ou les conseillers municipaux (loi du 21 mars 1831, art. 26) qui, sans excuses légitimes ou empêchement admis par le Conseil, manquent à deux sessions ou à trois convocations consécutives.

86. — Afin d'éviter toute interprétation arbitraire, l'article 2 de la loi des 7-10 juin 1873 prend soin de déterminer les caractères du refus dont parle l'article premier : il ne résultera que d'une déclaration expresse ou d'une abstention persistante après mise en demeure. Enfin, dit l'article 3, le conseiller général ainsi démissionnaire ne pourra être réélu avant le délai d'un an.

87. — En principe, la démission d'un conseiller général a pour conséquence la convocation des électeurs dans un délai plus ou moins rapproché ; le conseiller « déclaré démissionnaire » devait-il être immédiatement rééligible ? — La minorité de la commission, chargée d'élaborer la loi du 7-10 juin 1873, était d'avis que le conseiller général « déclaré démissionnaire, » devait être immé-

diatement rééligible ; renvoyé devant ses électeurs,
disait-on, il comparaît devant ses juges ; c'est aux man-
dants qu'il appartient d'apprécier la conduite du mandataire et de le condamner ou de l'absoudre. Mais, à
une grande majorité, la commission rejeta cette opinion.
Reconnaître aux électeurs réunis pour une élection départementale le droit d'examiner si leur délégué a bien
ou mal agi en refusant d'obéir à la loi, ce serait, a-t-on
dit, leur conférer le droit de faire le procès à la loi elle-
même, les placer au-dessus du législateur et associer
peut-être le corps électoral tout entier à un acte jugé
répréhensible et puni comme tel ; et pour éviter de créer
ainsi l'anarchie, le législateur de 1873 a décidé que le
membre du conseil général, déclaré démissionnaire
pour s'être refusé à remplir certaines de ses fonctions,
ne pourrait être réélu avant le délai d'un an. Ce n'était
pas là non plus une disposition législative qui constituait
une innovation ; les maires et adjoints déclarés démissionnaires ne sont pas, aux termes de la loi du 14 avril
1871 article 9, rééligibles pendant une année ; et aux
termes de la loi du 10 août 1871, article 34, les membres
des conseils généraux condamnés, par suite de délibérations prises illégalement hors session, pour usurpation
de fonctions, en vertu de l'article 258 du code pénal, sont
frappés d'inégibilité pendant trois ans.

88. — Enfin, pour en finir avec l'analyse de la loi du
7-10 juin 1873, l'appréciation des excuses prévues par
l'article premier de cette loi, et l'examen des éléments ca-
ractéristiques du refus formel, déterminées dans l'article 2, soulèvent une question contentieuse ; quel en sera
le juge ? On ne pouvait laisser au conseil général lui-
même le soin de statuer, encore moins en constituer
juge le préfet ; tout d'abord, c'est le conseil de préfecture, sauf appel au conseil d'État, qui avait été choisi,
par la commission, pour appliquer les dispositions de la
loi du 7-10 juin 1873 ; mais à la séance du 7 juin, l'As-

semblée nationale attribua directement la compétence au conseil d'État (art. 4 de la loi). Dans tous les cas, c'est sur avis transmis au préfet par l'autorité qui aura donné l'avertissement suivi de refus, que le ministre de l'intérieur saisira le conseil d'État dans le délai de trois mois, à peine de déchéance. La contestation sera instruite et jugée sans frais dans le délai de trois mois.

LA LOI DU 31 JUILLET 1875.

59. — En modifiant la législation antérieure (loi du 22 juin 1833, art. 51) en matière de recours contre les opérations électorales, en accordant aux conseils généraux (loi du 10 août 1871, art. 16) le droit de vérifier, sans recours contre leurs décisions, les pouvoirs de leurs membres, le législateur de 1871 avait permis que la politique, et la politique seule, présidât en maître aux décisions des conseils généraux en cette matière. Il est vrai que la politique, qui devrait être, comme sous l'Empire, absolument bannie des assemblées départementales, et qui devrait rester étrangère aux élections des conseils généraux, les domine au contraire, nous venons de le voir, de par notre nouvelle constitution républicaine (loi du 24 février 1875), et suit inévitablement l'élu au sein de l'assemblée départementale. C'est surtout lorsqu'il s'agit de consacrer le droit de l'électeur dans son expression même, dans le choix de son mandataire, que la politique est malheureusement apparue avec toutes ses passions, ses haines, ses rancunes et ses manœuvres inévitables, et que dans un grand nombre de départements, sous l'empire de la loi du 10 août 1871 (art. 15 et 16), des incidents regrettables, parfois même de véritables scandales, ont marqué les vérifications d'élections au conseil général.

60. — C'est pour remédier à cet état de choses que M. Talon présenta le 2 mars 1875 un projet, qui devint la

loi du 31 juillet-4 août 1875, et aux termes de laquelle les
articles 15, 16 et 17 de la loi du 10 août 1871 ont été profondément modifiés. Désormais, par un retour aux sages
principes de la loi du 22 juin 1833 dont les articles 50 et
suivants ont consacré la compétence des conseils de
préfecture, sauf appel au conseil d'Etat, toutes réclamations en matière d'élections au conseil général sont
portées directement au conseil d'Etat. Observons toutefois que la loi du 31 juillet 1875 a déjà été battue en
brèche par la Chambre des députés de 1876, qui, le
16 mai, prenait en considération une proposition de
M. Lisbonne ayant pour objet de restituer aux conseils généraux la vérification des pouvoirs de leurs
membres.   .

LOI DU 30 JUILLET 1874.

61. — Signalons, en terminant l'énumération des lois
sur les conseils généraux qui ont suivi celle du 10 août
1871, la loi du 30 juillet 1874 qui eut pour objet de re-
tarder jusqu'au 17 octobre suivant la session ordinaire
des conseils généraux qui devait, suivant l'usage, avoir
lieu le 17 août. Mais la loi du 30 juillet 1874 n'avait qu'un
but, celui de permettre que les élections pour le renouvellement triennal et partiel des conseils généraux pussent se faire, conformément à l'article 6 de la loi du
10 août 1871, sur les listes électorales dressées pour les
élections municipales, et dont la confection, ordonnée
par une loi du 7 juillet 1874, ne pouvait être immédiatement effectuée.

LOI DU 12 AOUT 1876.

62. — Enfin, une loi du 12 août 1876 modifia le paragraphe 3 de l'article 23 de la loi du 10 août 1871. Au lieu de
laisser au conseil général, comme l'avait voulu le législateur de 1871, le soin de fixer lui-même, dans sa session

d'août, la date de sa seconde session annuelle, le législateur de 1874 a fixé une date uniforme, le second lundi qui suit le jour de Pâques, pour la première session annuelle des conseils généraux. Mais en 1878, la date de la session de Pâques a été modifiée, en raison de l'exposition universelle, dont l'ouverture a eu lieu le 1er mai : au lieu de s'ouvrir le 29 avril, la première session de 1878 a été ouverte le 8 avril : « La France a convié toutes les nations à cette fête de travail et de la paix, a dit M. Émile Labiche, sénateur, dans son rapport ; ne serait-il pas regrettable que le plus grand nombre de nos représentants, retenus dans les conseils généraux, fussent dans l'impossibilité d'assister à l'inauguration de ce mémorable concours. » Quoi qu'il en soit, il nous semble que la faculté avec laquelle on ne craint pas de déplacer, à chaque instant, les époques légalement fixées pour les sessions des conseils généraux, est regrettable, et peut être nuisible aux intérêts d'une bonne administration départementale.

63.—Depuis le 8 avril 1878, aucune autre loi, relative aux conseils généraux, n'a été promulguée, et la loi du 10 août 1871, avec les modifications apportées par les lois postérieures, demeure actuellement la loi organique des conseils généraux.

Voici cette loi :

LOI ORGANIQUE

DU

10 Août 1871.

(Promulguée au *Journal officiel* du 29 août 1871.)

———

TITRE PREMIER.

Dispositions générales.

Art. 1. — Il y a dans chaque département un conseil général.

Art. 2. — Le conseil général élit dans son sein une commission départementale.

Art. 3. — Le préfet est le représentant du pouvoir exécutif dans le département.

Il est, en outre, chargé de l'instruction préalable des affaires qui intéressent le département, ainsi que de l'exécution des décisions du conseil général et de la commission départementale, conformément aux dispositions de la présente loi.

TITRE II.

De la formation des Conseils généraux.

Art. 4. — Chaque canton du département élit un membre du conseil général.

Art. 5. — L'élection se fait au suffrage universel, dans chaque commune, sur les listes dressées pour les élections municipales.

Art. 6. — Sont éligibles au conseil général tous les citoyens inscrits sur une liste d'électeurs ou justifiant qu'ils devaient y être inscrits avant le jour de l'élection, âgés de vingt-cinq ans accomplis, qui sont domiciliés dans le département ; et ceux qui, sans y être domiciliés, y sont inscrits au rôle d'une des contributions directes, au 1er janvier de l'année dans laquelle se fait l'élection, ou justifient qu'ils devaient y être inscrits à ce jour, ou ont hérité depuis la même époque, d'une propriété foncière dans le département.

Toutefois, le nombre des conseillers généraux non domiciliés ne pourra dépasser le quart du nombre total dont le conseil doit être composé.

Art. 7. — Ne peuvent être élus au conseil général, les citoyens qui sont pourvus d'un conseil judiciaire.

Art. 8. — Ne peuvent être élus membres du conseil général :

1° Les préfets, sous-préfets, secrétaires généraux et conseillers de préfecture, dans le département où ils exercent leurs fonctions ;

2° Les procureurs généraux, avocats généraux et

substituts du procureur général près les cours d'appel, dans l'étendue du ressort de la cour ;

3° Les présidents, vice-présidents, juges titulaires, juges d'instruction et membres du parquet des tribunaux de première instance, dans l'arrondissement du tribunal ;

4° Les juges de paix, dans leurs cantons ;

5° Les généraux commandant les divisions ou les subdivisions territoriales, dans l'étendue de leurs commandements ;

6° Les préfets maritimes, majors généraux de la marine et commissaires de l'inscription maritime, dans les départements où ils résident ;

7° Les commissaires et agents de police, dans les cantons de leur ressort ;

8° Les ingénieurs en chef de département et les ingénieurs ordinaires d'arrondissement, dans le département où ils exercent leurs fonctions ;

9° Les ingénieurs du service ordinaire des mines, dans les cantons de leur ressort ;

10° Les recteurs d'académie, dans le ressort de l'académie ;

11° Les inspecteurs d'académie et les inspecteurs des écoles primaires, dans le département où ils exercent leurs fonctions ;

12° Les ministres des différents cultes, dans les cantons de leur ressort ;

13° Les agents et comptables de tout ordre, employés à l'assiette, à la perception et au recouvrement des contributions directes ou indirectes, et au payement des dépenses publiques de toute nature, dans le département où ils exercent leurs fonctions ;

14° Les directeurs et inspecteurs des postes, des télégraphes et des manufactures de tabac, dans le département où ils exercent leurs fonctions ;

15° Les conservateurs, inspecteurs et autres agents des eaux et forêts, dans les cantons de leur ressort :

16° Les vérificateurs des poids et mesures, dans les cantons de leur ressort ;

Art. 9. — Le mandat de conseiller général est incompatible, dans toute la France, avec les fonctions énumérées aux numéros 1 et 7 de l'article 8.

Art. 10. — Le mandat de conseiller général est incompatible, dans le département, avec les fonctions d'architecte départemental, d'agent voyer, d'employé des bureaux de la préfecture ou d'une sous-préfecture, et généralement de tous les agents salariés ou subventionnés sur les fonds départementaux.

La même incompatibilité existe à l'égard des entrepreneurs des services départementaux.

Art. 11. — Nul ne peut être membre de plusieurs conseils généraux.

Art. 12. — Les colléges électoraux sont convoqués par le Pouvoir exécutif.

Il doit y avoir un intervalle de quinze jours francs au moins entre la date du décret de convocation et le jour de l'élection qui sera toujours un dimanche. Le scrutin est ouvert à sept heures du matin et clos le même jour à six heures. Le dépouillement a lieu immédiatement.

Lorsqu'un second tour de scrutin est nécessaire, il y est procédé le dimanche suivant.

Art. 13. — Immédiatement après le dépouillement du scrutin, les procès-verbaux de chaque commune, arrêtés et signés, sont portés au chef-lieu du canton par deux membres du bureau. Le recensement général des votes est fait par le bureau du chef-lieu, et le résultat est proclamé par son président, qui adresse tous les procès-verbaux et les pièces au préfet.

Art. 14. — Nul n'est élu membre du conseil général au premier tour de scrutin, s'il n'a réuni :

1° La majorité absolue des suffrages exprimés ;

2° Un nombre de suffrages égal au quart de celui des électeurs inscrits.

Au second tour de scrutin, l'élection a lieu à la majorité relative, quel que soit le nombre des votants. Si plusieurs candidats obtiennent le même nombre de suffrages, l'élection est acquise au plus âgé.

Art. 15 (*modifié par la loi du 31 juillet 1875*)[1]. — Les élections pourront être arguées de nullité par tout électeur du canton, par les candidats et par les membres du conseil général.

Si la réclamation n'a pas été consignée au procès-verbal, elle doit être déposée, dans les dix jours qui suivent l'élection, soit au secrétariat de la section du contentieux du conseil d'État, soit au secrétariat général de la préfecture du département où l'élection a eu lieu. Il

---

[1] Les articles 15, 16 et 17 de la loi du 10 août 1871 étaient ainsi conçus :

ART. 15. — Les élections peuvent être arguées de nullité par tout électeur du canton.

Si la réclamation n'a pas été consignée au procès-verbal, elle doit être déposée au secrétariat de la préfecture. Il en est donné récépissé.

ART. 16. — Le conseil général vérifie les pouvoirs de ses membres. Il n'y a pas de recours contre ses décisions.

ART. 17. — Le conseiller général élu dans plusieurs cantons est tenu de déclarer son option au président du conseil général, dans les trois jours qui suivront la vérification de ses pouvoirs. A défaut d'option dans ce délai, le conseil général détermine en séance publique et par voie de sort à quel canton le conseiller appartiendra.

Lorsque le nombre des conseillers non domiciliés dans le département dépasse le quart du conseil, le conseil général procède de la même façon pour désigner celui ou ceux dont l'élection doit être annulée.

en sera donné récépissé. La réclamation sera, dans tous les cas, notifiée à la partie intéressée dans le délai d'un mois, à compter du jour de l'élection. Le préfet transmettra au conseil d'Etat, dans les dix jours qui suivront leur réception, les réclamations consignées au procès-verbal ou déposées au secrétariat général de la préfecture.

Le préfet aura, pour réclamer contre les élections, un délai de vingt jours, à partir du jour où il aura reçu les procès-verbaux des opérations électorales. Il enverra sa réclamation au conseil d'Etat ; elle ne pourra être fondée que sur l'inobservation des conditions et formalités prescrites par les lois.

Art. 16. — Les réclamations sont examinées au conseil d'Etat, suivant les formes adoptées pour le jugement des affaires contentieuses. Elles seront jugées sans frais, dispensées du timbre et du ministère des avocats au conseil d'Etat ; elles seront jugées dans le délai de trois mois, à partir de l'arrivée des pièces au secrétariat du conseil d'Etat. Lorsqu'il y aura lieu à renvoi devant les tribunaux, le délai de trois mois ne courra que du jour où la décision judiciaire sera devenue définitive.

Le débat ne pourra porter que sur les griefs relevés dans les réclamations, à l'exception des moyens d'ordre public, qui pourront être produits en tout état de cause.

Lorsque la réclamation est fondée sur l'incapacité légale de l'élu, le conseil d'Etat surseoit à statuer jusqu'à ce que la question préjudicielle ait été jugée par les tribunaux compétents, et fixe un bref délai dans lequel la partie qui aura élevé la question préjudicielle doit justifier de ses diligences. S'il y a appel, l'acte d'appel doit, sous peine de nullité, être notifié à la partie dans les dix jours du jugement, quelle que soit la distance des lieux. Les questions préjudicielles seront jugées sommairement par les tribunaux et conformément au paragraphe 4 de l'article 33 de la loi du 19 avril 1831.

Art 17. — Le conseiller général élu dans plusieurs cantons est tenu de déclarer son option au président du conseil général, dans les trois jours qui suivront l'ouverture de la session, et, en cas de contestation, à partir de la notification de la décision du conseil d'Etat. A défaut d'option dans ce délai, le conseil général déterminera, en séance publique et par la voie du sort, à quel canton le conseiller appartiendra.

Lorsque le nombre des conseillers non domiciliés dans le département dépasse le quart du conseil, le conseil général procède de la même façon pour désigner celui ou ceux dont l'élection doit être annulée.

Si une question préjudicielle s'élève sur le domicile, le conseil général surseoit et le tirage au sort est fait par la commission départementale pendant l'intervalle des sessions.

Art. 18. — Tout conseiller général qui, par une cause survenue postérieurement à son élection, se trouve dans un des cas prévus par les articles 7, 8, 9 et 10, ou se trouve frappé de l'une des incapacités qui font perdre la qualité d'électeur, est déclaré démissionnaire par le conseil général, soit d'office, soit sur la réclamation de tout électeur.

Art. 19. — Lorsqu'un conseiller général aura manqué à une session ordinaire, sans excuse légitime admise par le conseil, il sera déclaré démissionnaire par le conseil général, dans la dernière séance de la session [1].

---

[1] Cet article doit être complété par les dispositions de la loi du 26 juin 1873, relative aux membres des conseils généraux·

Art. 20. — Lorsqu'un conseiller général donne sa démission, il l'adresse au président du conseil général ou au président de la commission départementale, qui en donne immédiatement avis au préfet.

Art. 21. — Les conseillers généraux sont nommés pour six ans; ils sont renouvelés par moitié tous les trois ans, et indéfiniment rééligibles. En cas de renouvellement intégral, à la session qui suit ce renouvellement, le conseil général divise les cantons du département en deux séries, en répartissant autant que possible dans une proportion égale les cantons de chaque arrondissement dans chacune des séries, et il procède ensuite à un tirage au sort pour régler l'ordre de renouvellement des séries.

Art. 22. — En cas de vacance par décès, option, démission, par une des causes énumérées aux arti-

---

des conseils d'arrondissements et des conseils municipaux qui se refusent à remplir certaines de leurs fonctions.

ARTICLE 1er. — Tout membre d'un conseil général de département, d'un conseil d'arrondissement ou d'un conseil municipal qui, sans excuse valable, aura refusé de remplir une des fonctions qui lui sont dévolues par les lois sera déclaré démissionnaire.

ART. 2. — Le refus résultera soit d'une déclaration expresse adressée à qui de droit ou rendue publique par son auteur, soit de l'abstention persistante, après avertissement de l'autorité chargée de la convocation.

ART. 3. — Le membre ainsi démissionnaire ne pourra être réélu avant le délai d'un an.

ART. 4. — Les dispositions qui précèdent seront appliquées par le conseil d'État, sur l'avis transmis au préfet par l'autorité qui aura donné l'avertissement suivi du refus. Le ministre de l'intérieur saisira le conseil d'État dans le délai de trois mois à peine de déchéance. — La contestation sera instruite et jugée, sans frais, dans le délai de trois mois.

cles 17, 18 et 19, ou par toute autre cause, les électeurs devront être réunis dans le délai de trois mois.

Toutefois, si le renouvellement légal de la série à laquelle appartient le siége vacant doit avoir lieu avant la prochaine session ordinaire du conseil général, l'élection partielle se fera à la même époque.

La commission départementale est chargée de veiller à l'exécution du présent article. Elle adresse ses réquisitions au préfet, et, s'il y a lieu, au ministre de l'intérieur.

TITRE III.

Des sessions des Conseils généraux.

Art. 23. — Les conseils généraux ont chaque année deux sessions ordinaires.

La session, dans laquelle sont délibérés le budget et les comptes, commence de plein droit le premier lundi qui suit le 15 août, et ne pourra être retardée que par une loi [1].

L'ouverture de la première session annuelle aura lieu de plein droit le second lundi qui suit le jour de Pâques [2].

---

[1] Loi du 31 juillet 1875 : « Art. 4. — Par dérogation à l'article 23 de la loi du 10 août 1871, la session ordinaire qui doit suivre le 15 août commence de plein droit dans le département de la Corse, le dernier lundi de septembre. »

[2] Ainsi modifié par la loi du 12 août 1876. — Le texte primitif du § 3 était ainsi conçu : « L'ouverture de l'autre session a lieu au jour fixé par le conseil général dans la session du mois d'août précédent. Dans le cas où le conseil général se serait séparé sans avoir pris aucune décision à cet égard, le jour sera fixé et la convocation sera faite par la commission départementale, qui en donnera avis au préfet.

Art. 24. — Les conseils généraux peuvent être réunis extraordinairement :

1° Par décret du chef du pouvoir exécutif;

2° Si les deux tiers des membres en adressent la demande écrite au président.

Dans ce cas, le président est tenu d'en donner avis immédiatement au préfet, qui devra convoquer d'urgence.

La durée des sessions extraordinaires ne pourra excéder huit jours.

Art. 25. — A l'ouverture de la session d'août, le conseil général, réuni sous la présidense du doyen d'âge, le plus jeune membre faisant fonctions de secrétaire, nomme au scrutin secret et à la majorité absolue son président, un ou plusieurs vice-présidents, et ses secrétaires.

Leurs fonctions durent jusqu'à la session d'août de l'année suivante.

Art. 26. — Le conseil général fait son règlement intérieur.

Art. 27. — Le préfet a entrée au conseil général, il est entendu quand il le demande, et assiste aux délibérations, excepté lorsqu'il s'agit de l'apurement de ses comptes.

Art. 28. — Les séances des conseils généraux sont publiques.

Néanmoins, sur la demande de cinq membres, du président ou du préfet, le conseil général, par assis et levé, sans débats, décide s'il se formera en comité secret.

Art. 29. — Le président a seul la police de l'assemblée.

Il peut faire expulser de l'auditoire ou arrêter tout individu qui trouble l'ordre.

En cas de crime ou de délit, il en dresse procès-verbal, et le procureur de la République en est immédiatement saisi.

Art. 30. — Le conseil général ne peut délibérer si la moitié plus un des membres dont il doit être composé n'est présente.

Les votes sont recueillis au scrutin public, toutes les fois que le sixième des membres présents le demande. En cas de partage, la voix du président est prépondérante.

Néanmoins, les votes sur les nominations et sur les validations d'élections contestées ont toujours lieu au scrutin secret.

Le résultat des scrutins publics, énonçant les noms des votants, est reproduit au procès-verbal.

Art. 31. — Les conseils généraux devront établir jour par jour un compte rendu sommaire et officiel de leurs séances, qui sera tenu à la disposition de tous les journaux du département, dans les quarante-huit heures qui suivront la séance.

Les journaux ne pourront apprécier une discussion du conseil général sans reproduire en même temps la portion du compte rendu afférente à cette discussion.

Toute contravention à cette disposition sera punie d'une amende de cinquante à cinq cents francs.

Art. 32. — Les procès-verbaux des séances, rédigés par un des secrétaires, sont arrêtés au commencement de chaque séance, et signés par le président et le secrétaire.

Ils contiennent les rapports, les noms des membres qui ont pris part à la discussion et l'analyse de leurs opinions.

Tout électeur .ou contribuable du département a le droit de demander la communication sans déplacement et de prendre copie de toutes les délibérations du conseil général, ainsi que des procès-verbaux des séances publiques, et de les reproduire par la voie de la presse.

Art. 33. — Tout acte et toute délibération d'un conseil général relatifs à des objets qui ne sont pas légalement compris dans ses attributions sont nuls et de nul effet.

La nullité est prononcée par un décret rendu dans la forme des règlements d'administration publique.

Art. 34. — Toute délibération prise hors des réunions du conseil général, prévues ou autorisées par la loi, est nulle et de nul effet.

Le préfet, par un arrêté motivé, déclare la réunion illégale, prononce la nullité des actes, prend toutes les mesures nécessaires pour que l'assemblée se sépare immédiatement et transmet son arrêté au procureur général du ressort pour l'exécution des lois et l'application, s'il y a lieu, des peines déterminées par l'article 258 du code pénal. En cas de condamnation, les membres condamnés sont déclarés par le jugement exclus du conseil et inéligibles pendant les trois années qui suivront la condamnation.

Art. 35. — Pendant les sessions de l'Assemblée nationale, la dissolution d'un conseil général ne peut être prononcée par le chef du pouvoir exécutif, que sous l'obligation expresse d'en rendre compte à l'Assemblée dans le plus bref délai possible. En ce cas, une loi fixe la date de la nouvelle élection, et décide si la commission départementale doit conserver son mandat jusqu'à la réunion du nouveau conseil général, ou autorise le pouvoir exécutif à en nommer provisoirement une autre.

Art. 36. — Dans l'intervalle des sessions de l'Assemblée nationale, le chef du pouvoir exécutif peut prononcer la dissolution d'un conseil général pour des causes spéciales à ce conseil.

Le décret de dissolution doit être motivé.

Il ne peut jamais être rendu par voie de mesure générale. Il convoque en même temps les électeurs du département pour le quatrième dimanche qui suivra sa date. Le nouveau conseil général se réunit de plein droit le deuxième lundi après l'élection et nomme sa commission départementale.

TITRE IV.

Des Attributions des conseils généraux.

Art. 37. — Le conseil général répartit chaque année à sa session d'août les contributions directes, conformément aux règles établies par les lois.

Avant d'effectuer cette répartition, il statue sur les demandes délibérées par les conseils compétents en réduction de contingent.

Art. 38. — Le conseil général prononce définitivement sur les demandes en réduction de contingent formées par les communes, et préalablement soumises au conseil compétent.

Art. 39. — Si le conseil général ne se réunissait pas, ou s'il se séparait sans avoir arrêté la répartition des contributions directes, les mandements des contingents

seront délivrés par le préfet, d'après les bases de la répartition précédente, sauf les modifications à porter
dans le contingent en exécution des lois.

Art. 40. — Le conseil général vote les centimes
additionnels, dont la perception est autorisée par les
lois.

Il peut voter des centimes extraordinaires dans la
limite du maximum fixé annuellement par la loi de
finances.

Il peut voter également les emprunts départementaux
remboursables, dans un délai qui ne pourra excéder
quinze années, sur les ressources ordinaires et extraordinaires.

Art. 41. — Dans le cas où le conseil général voterait une contribution extraordinaire ou un emprunt au-
delà des limites déterminées dans l'article précédent,
cette contribution ou cet emprunt ne pourrait être autorisé que par une loi.

Art. 42. — Le conseil général arrête chaque année,
à sa session d'août, dans les limites fixées annuellement par la loi de finances, le maximum du nombre des
centimes extraordinaires que les conseils municipaux
sont autorisés à voter, pour en affecter le produit à des
dépenses extraordinaires d'utilité communale.

Si le conseil général se sépare sans l'avoir arrêté, le
maximum fixé pour l'année précédente est maintenu
jusqu'à la session d'août de l'année suivante.

Art. 43. — Chaque année, dans sa session d'août,
le conseil général, par un travail d'ensemble comprenant toutes les communes du département, procède à
la révision des sections électorales et en dresse le tableau.

Art. 44. — Le conseil général opère la reconnaissance, détermine la largeur et prescrit l'ouverture et le redressement des chemins vicinaux de grande communication et d'intérêt commun. Les délibérations qu'il prend à cet égard produisent les effets spécifiés aux articles 15 et 16 de la loi du 21 mai 1836.

Art. 45. — Le conseil général, sur l'avis motivé du directeur et de la commission de surveillance, pour les écoles normales, du proviseur ou du principal et du bureau d'administration, pour les lycées ou collèges, du chef d'institution pour les institutions d'enseignement libre, nomme et révoque les titulaires des bourses entretenues sur les fonds départementaux.

L'autorité universitaire ou le chef d'institution libre peut prononcer la révocation dans les cas d'urgence : ils en donnent avis immédiatement au président de la commission départementale, et en font connaître les motifs.

Le conseil général détermine les conditions auxquelles seront tenus de satisfaire les candidats aux fonctions rétribuées exclusivement sur les fonds départementaux, et les règles des concours d'après lesquels les nominations devront être faites.

Néanmoins sont maintenus les droits des archivistes paléographes, tels qu'ils sont réglés par le décret du 4 février 1850 [1].

Art. 46. — Le conseil général statue définitivement sur les objets ci-après désignés, savoir :

---

[1] La loi du 10 août 1871, telle qu'elle a été expédiée et promulguée, portait « *ordonnance de 1833.* » Mais une résolution prise par l'Assemblée nationale, dans sa séance du 12 décembre 1871, a reconnu que c'était là une erreur et qu'il fallait remplacer les mots : *Ordonnance de 1833* par ceux-ci : *le décret du 4 février 1850.*

1° Acquisition, aliénation et échange des propriétés départementales mobilières ou immobilières, quand ces propriétés ne sont pas affectées à l'un des services énumérés au n° 4.

2° Mode de gestion des propriétés départementales.

3° Baux de biens donnés ou pris à ferme ou à loyer, quelle qu'en soit la durée.

4° Changement de destination des propriétés et des édifices départementaux autres que les hôtels de préfecture et de sous-préfectures, et des locaux affectés aux cours d'assises, aux tribunaux, aux écoles normales, au casernement de la gendarmerie et aux prisons.

5° Acceptation ou refus de dons et legs faits au département, quand ils ne donnent pas lieu à réclamation.

6° Classement et direction des routes départementales.

Projets, plans et devis des travaux à exécuter pour la construction, la rectification ou l'entretien desdites routes.

Désignation des services qui seront chargés de leur construction et de leur entretien.

7° Classement, direction et fixation de la largeur des chemins vicinaux de grande communication et d'intérêt commun ; désignation des communes qui doivent concourir à la construction et à l'entretien desdits chemins, et fixation du contingent annuel de chaque commune, le tout sur l'avis des conseils compétents.

Répartition des subventions accordées sur les fonds de l'État ou du département aux chemins vicinaux de toute catégorie.

Désignation des services auxquels sera confiée l'exécution des travaux sur les chemins vicinaux de grande communication et d'intérêt commun, et mode d'exécution des travaux à la charge du département.

Taux de la conversion en argent des journées de prestation.

8° Déclassement des routes départementales, des chemins vicinaux de grande communication et d'intérêt commun.

9° Projets, .plans et devis de tous autres travaux à exécuter sur les fonds départementaux et désignation des services auxquels ces travaux seront confiés.

10° Offres faites par les communes, les associations ou les particuliers pour concourir à des dépenses quelconques d'intérêt départemental.

11° Concessions à des compagnies ou à des particuliers de travaux d'intérêt départemental.

12° Direction des chemins de fer d'intérêt local , mode et conditions de leur construction, traités et dispositions nécessaires pour en assurer l'exploitation.

13° Etablissement et entretien des bacs et passages d'eau sur les routes et chemins à la charge du département ; fixation des tarifs de péage.

14° Assurance des bâtiments départementaux.

15° Actions à intenter ou à soutenir au nom du département, sauf le cas d'urgence, dans lesquels la commission départementale pourra statuer.

16° Transactions concernant les droits des départements.

17° Recettes de toute nature et dépenses des établissements d'aliénés appartenant au département; approbation des traités passés avec des établissements privés ou publics pour le traitement des aliénés du département.

18° Service des enfants assistés.

19° Part de la dépense des aliénés et des enfants assistés, qui sera mise à la charge des communes, et base de la répartition à faire entre elles.

20° Créations d'institutions départementales d'assistance publique, et service de l'assistance publique dans les établissements départementaux.

21° Etablissement et organisation des caisses de retraite ou de tout autre mode de rémunération en faveur des employés des préfectures et des sous-préfec-

tures et des agents salariés sur les fonds départementaux.

22° Part contributive du département aux dépenses
des travaux qui intéressent les départements et les communes.

23° Difficultés élevées relativement à la répartition de
la dépense des travaux qui intéressent plusieurs communes du département.

24° Délibérations des conseils municipaux ayant pour
but l'établissement, la suppression ou les changements
de foires et marchés.

25° Délibérations des conseils municipaux ayant pour
but la prorogation des taxes additionnelles d'octroi actuellement existantes, ou l'augmentation des taxes principales au-delà d'un décime, le tout dans les limites du
maximum des droits et de la nomenclature des objets
fixés par le tarif général, établi conformément à la loi du
24 juillet 1867.

26° Changements à la circonscription des communes
d'un même canton et à la désignation de leurs chefs-
lieux, lorsqu'il y a accord entre les conseils municipaux.

Art. 47. — Les délibérations par lesquelles les conseils généraux statuent définitivement sont exécutoires
si, dans le délai de vingt jours, à partir de la clôture de
la session, le préfet n'en a pas demandé l'annulation,
pour excès de pouvoir ou pour violation d'une disposition de la loi ou d'un règlement d'administration publique.

Le recours formé par le préfet doit être notifié au président du conseil général et au président de la commission départementale. Si, dans le délai de deux mois à
partir de la notification, l'annulation n'a pas été prononcée, la délibération est exécutoire.

Cette annulation ne peut être prononcée que par un

décret rendu dans la forme des règlements d'administration publique.

Art. 48. — Le conseil général délibère :

1° Sur l'acquisition, l'aliénation et l'échange des propriétés départementales affectées aux hôtels de préfecture et de sous-préfectures, aux écoles normales, aux cours d'assises et tribunaux, au casernement de la gendarmerie et aux prisons ;

2° Sur le changement de destination des propriétés départementales affectées à l'un des services ci-dessus énumérés ;

3° Sur la part contributive à imposer au département dans les travaux exécutés par l'Etat qui intéressent le département ;

4° Sur les demandes des conseils municipaux, 1° pour l'établissement ou le renouvellement d'une taxe d'octroi sur des matières non comprises dans le tarif général indiqué à l'article 46 ; 2° pour l'établissement ou le renouvellement d'une taxe excédant le maximum fixé par ledit tarif ; 3° pour l'assujettissement à la taxe d'objets non encore imposés dans le tarif local ; 4° pour les modifications aux règlements ou aux périmètres existants ;

5° Sur tous les autres objets sur lesquels il est appelé à délibérer par les lois et règlements, et généralement sur tous les objets d'intérêt départemental dont il est saisi, soit par une proposition du préfet, soit sur l'initiative d'un de ses membres.

Art. 49. — Les délibérations prises par le conseil général sur les matières énumérées à l'article précédent sont exécutoires si, dans le délai de trois mois à partir de la clôture de la session, un décret motivé n'en a pas suspendu l'exécution.

Art. 50. — Le conseil général donne son avis :

1º Sur les changements proposés à la circonscription du territoire du département, des arrondissements, des cantons et des communes, et à la désignation des chefs-lieux, sauf le cas où il statue définitivement conformément à l'article 46, nº 26 ;

2º Sur l'application des dispositions de l'article 99 du code forestier relatives à la soumission au régime forestier des bois, taillis ou futaies appartenant aux communes, et à la conversion en bois de terrains en pâturages ;

3º Sur les délibérations des conseils municipaux relatives à l'aménagement, au mode d'exploitation, à l'aliénation et au défrichement des bois communaux.

Et généralement sur tous les objets sur lesquels il est appelé à donner son avis, en vertu des lois et règlements, ou sur lesquels il est consulté par les ministres.

Art. 81. — Le conseil général peut adresser directement au ministre compétent, par l'intermédiaire de son président, les réclamations qu'il aurait à présenter dans l'intérêt spécial du département, ainsi que son opinion sur l'état et les besoins des différents services publics en ce qui touche le département.

Il peut charger un ou plusieurs de ses membres de recueillir sur les lieux les renseignements qui lui sont nécessaires pour statuer sur les affaires qui sont placées dans ses attributions.

Tous vœux politiques lui sont interdits. Néanmoins il peut émettre des vœux sur toutes les questions économiques et d'administration générale.

Art. 82. — Les chefs de service des administrations publiques dans les départements sont tenus de fournir verbalement ou par écrit tous les renseignements qui leur seraient réclamés par le conseil général, sur les questions qui intéressent le département.

Art. 53. — Le préfet accepte ou refuse les dons et legs faits au département, en vertu, soit de la décision du conseil général, quand il n'y a pas de réclamations des familles, soit de la décision du gouvernement, quand il il y a réclamation.

Le préfet peut toujours, à titre conservatoire, accepter les dons et legs. La décision du conseil général ou du gouvernement, qui intervient ensuite, a effet du jour de cette acceptation.

Art. 54. — Le préfet intente les actions en vertu de la décision du conseil général, et il peut, sur l'avis conforme de la commission départementale, défendre à toute action intentée contre le département.

Il fait tous actes conservatoires et interruptifs de déchéance.

En cas de litige entre l'Etat et le département, l'action est intentée ou soutenue, au nom du département, par un membre de la commission départementale, désigné par elle.

Le préfet, sur l'avis conforme de la commission départementale, passe les contrats au nom du département.

Art. 55. — Aucune action judiciaire, autre que les actions possessoires, ne peut, à peine de nullité, être intentée contre un département, qu'autant que le demandeur a préalablement adressé au préfet un mémoire exposant l'objet et les motifs de réclamation.

Il lui en est donné récépissé.

L'action ne peut être portée devant les tribunaux que deux mois après la date du récépissé, sans préjudice des actes conservatoires.

La remise du mémoire interrompra la prescription, si elle est suivie d'une demande en justice dans le délai de trois mois.

Art. 56. — A la session d'août, le préfet rend compte

au conseil général, par un rapport spécial et détaillé, de la situation du département et de l'état des différents services publics.

A l'autre session ordinaire, il présente au conseil général un rapport sur les affaires qui doivent lui être soumises pendant cette session.

Ces rapports sont imprimés et distribués à tous les membres du conseil général huit jours au moins avant l'ouverture de la session.

TITRE V.

Du budget et des comptes du département

Art. 87. — Le projet du budget du département est préparé et présenté par le préfet, qui est tenu de le communiquer à la commission départementale, avec les pièces à l'appui, dix jours au moins avant l'ouverture de la session d'août.

Le budget, délibéré par le conseil général, est définitivement réglé par décret.

Il se divise en budget ordinaire et budget extraordinaire.

Art. 88. — Les recettes du budget ordinaire se composent :

1º Du produit des centimes ordinaires additionnels dont le nombre est fixé annuellement par la loi de finances ;

2º Du produit des centimes autorisés pour les dépenses des chemins vicinaux et de l'instruction primaire, par les lois des 11 mai 1836, 15 mars 1850 et 10 avril 1867, dont l'affectation spéciale est maintenue ;

3° Du produit des centimes spéciaux affectés à la confection du cadastre par la loi du 2 août 1829;

4° Du revenu et du produit des propriétés départementales;

5° Du produit des expéditions d'anciennes pièces ou d'actes de la préfecture déposés aux archives;

6° Du produit des droits de péage des bacs et passages d'eau sur les routes et chemins à la charge du département, des autres droits de péage et tous autres droits concédés au département par les lois;

7° De la part allouée au département sur le fonds inscrit annuellement au budget du ministère de l'intérieur, et réparti, conformément à un tableau annexé à la loi de finances, entre les départements qui, en raison de leur situation financière, doivent recevoir une allocation sur les fonds généraux du budget;

8° Des contingents de l'Etat et des communes pour le service des aliénés et des enfants assistés, et de toute autre subvention applicable au budget ordinaire;

9° Du contingent des communes et autres ressources éventuelles pour le service vicinal et pour les chemins de fer d'intérêt local.

Art. 59. — Les recettes du budget extraordinaire se composent:

1° Du produit des centimes extraordinaires votés annuellement par le conseil général, dans les limites déterminées par la loi de finances, ou autorisés par des lois spéciales;

2° Du produit des emprunts;

3° Des dons et legs;

4° Du produit des biens aliénés;

5° Du remboursement des capitaux exigibles et des rentes rachetées;

6° De toutes autres recettes accidentelles.

Sont comprises définitivement parmi les propriétés départementales les anciennes routes impériales de troi-

4

sième classe, dont l'entretien a été mis à la charge des départements par le décret du 16 décembre 1811 ou postérieurement.

Art. 60. — Le budget ordinaire comprend les dépenses suivantes :

1° Loyer, mobilier et entretien des hôtels de préfecture et de sous-préfectures, du local nécessaire à la réunion du conseil départemental d'instruction publique et du bureau de l'inspecteur d'académie ;

2° Casernement ordinaire des brigades de gendarmerie.

3° Loyer, entretien, mobilier et menues dépenses des cours d'assises, tribunaux civils et tribunaux de commerce, et menues dépenses des justices de paix ;

4° Frais d'impression et de publication des listes pour les élections consulaires, frais d'impression des cadres pour la formation des listes électorales et des listes du jury ;

5° Dépenses ordinaires d'utilité départementale ;

6° Dépenses imputées sur les centimes spéciaux établis en vertu des lois des 2 août 1829, 21 mai 1836, 15 mars 1850 et 10 avril 1867.

Néanmoins, les départements qui, pour assurer le service des chemins vicinaux et de l'instruction primaire, n'auront pas besoin de faire emploi de la totalité des centimes spéciaux, pourront en appliquer le surplus aux autres dépenses de leur budget ordinaire. L'affectation de l'excédant du produit des trois centimes spéciaux de l'instruction primaire à des dépenses étrangères à ce service ne pourra avoir lieu qu'à l'une des sessions de l'année suivante, et lorsque cet excédant aura été constaté en fin d'exercice.

Les départements qui seraient en situation d'user de la faculté autorisée par le paragraphe précédent, et qui n'en feraient pas usage, ne pourront recevoir aucune allocation sur le fonds mentionné au numéro 7 de l'article 58.

Art. 61. — Si un conseil général omet d'inscrire au budget un crédit suffisant pour l'acquittement des dépenses énoncées aux numéros 1, 2, 3 et 4 de l'article précédent, ou pour l'acquittement des dettes exigibles, il y est pourvu au moyen d'une contribution spéciale, portant sur les quatre contributions directes, et établie par un décret si elle est dans les limites du maximum fixé annuellement par la loi des finances, ou par une loi, si elle doit excéder ce maximum.

Le décret est rendu dans la forme des règlements d'administration publique et inséré au *Bulletin des lois*.

Aucune autre dépense ne peut être inscrite d'office dans le budget ordinaire, et les allocations qui y sont portées par le conseil général ne peuvent être ni changées ni modifiées par le décret qui règle le budget.

Art. 62. — Le budget extraordinaire comprend les dépenses qui sont imputées sur les recettes énumérées à l'article 58.

Art. 63. — Les fonds qui n'auront pu recevoir leur emploi dans le cours de l'exercice seront reportés, après clôture, sur l'exercice en cours d'exécution, avec l'affectation qu'ils avaient au budget voté par le conseil général.

Les fonds libres, provenant d'emprunts, de centimes ordinaires et extraordinaires recouvrés ou à recouvrer dans le cours de l'exercice, ou de toute autre recette, seront cumulés, suivant la nature de leur origine, avec les ressources de l'exercice en cours d'exécution, pour recevoir l'affectation nouvelle qui pourra leur être donnée par le conseil général dans le budget rectificatif de l'exercice courant.

Les conseils généraux peuvent porter au budget un crédit pour dépenses imprévues.

Art. 64. — Le comptable chargé du recouvrement des ressources éventuelles est tenu de faire, sous sa responsabilité, toutes les diligences nécessaires pour la rentrée de ces produits.

Les rôles et états des produits sont rendus exécutoires par le préfet, et par lui remis au comptable.

Les oppositions, lorsque la matière est de la compétence des tribunaux ordinaires, sont jugées comme affaires sommaires.

Art. 65. — Le comptable chargé du service des dépenses départementales ne peut payer que sur les mandats délivrés par le préfet, dans la limite des crédits ouverts par les budgets du département.

Art. 66. — Le conseil général entend et débat les comptes d'administration qui lui sont présentés par le préfet, concernant les recettes et les dépenses du budget départemental.

Les comptes doivent être communiqués à la commission départementale, avec les pièces à l'appui, dix jours au moins avant l'ouverture de la session d'août.

Les observations du conseil général sur les comptes présentés à son examen sont adressées directement par son président au ministre de l'intérieur.

Ces comptes, provisoirement arrêtés par le conseil général, sont définitivement réglés par décret.

A la session d'août, le préfet soumet au conseil général le compte annuel de l'emploi des ressources municipales affectées aux chemins de grande communication et d'intérêt commun.

Art. 67. — Les budgets et les comptes du département définitivement réglés sont rendus publics par la voie d'impression.

Art. 68. — Les secours pour travaux concernant les églises et presbytères,

Les secours généraux à des établissements et institutions de bienfaisance,

Les subventions aux communes pour acquisitions, construction et réparation de maisons d'école et de salles d'asile.

Les subventions aux comices et associations agricoles ne pourront être alloués, par le ministre compétent, que sur la proposition du conseil général du département.

A cet effet, le conseil général dressera un tableau collectif des propositions en les classant par ordre d'urgence.

TITRE VI.

De la commission départementale.

Art. 69. — La commission départementale est élue chaque année, à la fin de la session d'août.

Elle se compose de quatre membres au moins et de sept au plus, et elle comprend un membre choisi, autant que possible, parmi les conseils élus ou domiciliés dans chaque arrondissement.

Les membres de la commission sont indéfiniment rééligibles.

Art. 70. — Les fonctions de membre de la commission départementale sont incompatibles avec celles de

4.

maire du chef-lieu du département et avec le mandat de député et de sénateur([1]).

Art. 71. — La commission départementale est présidée par le plus âgé de ses membres. Elle élit elle-même son secrétaire. Elle siège à la préfecture et prend, sous l'approbation du conseil général et avec le concours du préfet, toutes les mesures nécessaires pour assurer son service.

Art. 72. — La commission départementale ne peut délibérer si la majorité de ses membres n'est présente.

Les décisions sont prises à la majorité absolue des voix.

En cas de partage, la voix du président est prépondérante.

Il est tenu procès-verbal des délibérations. Les procès-verbaux font mention du nom des membres présents.

Art. 73. — La commission départementale se réunit au moins une fois par mois, aux époques et pour le nombre de jours qu'elle détermine elle-même, sans préjudice du droit qui appartient à son président et au préfet de la convoquer extraordinairement.

Art. 74. — Tout membre de la commission départementale qui s'absente des séances pendant deux mois consécutifs, sans excuse légitime admise par la commission, est réputé démissionnaire.

Il est pourvu à son remplacement à la plus prochaine session du conseil général.

[1] Les mots : Et de sénateurs, doivent être ajoutés par suite de la loi du 19 décembre 1876.

Art. 75. — Les membres de la commission départementale ne reçoivent pas de traitement.

Art. 76. — Le préfet ou son représentant assiste aux séances de la commission; ils sont entendus quand ils le demandent.

Les chefs de service des administrations publiques dans le département sont tenus de fournir, verbalement ou par écrit, tous les renseignements qui leur seraient réclamés par la commission départementale, sur les affaires placées dans ses attributions.

Art. 77. — La commission départementale règle les affaires qui lui sont renvoyées par le conseil général, dans les limites de la délégation qui lui est faite.

Elle délibère sur toutes les questions qui lui sont déférées par la loi, et elle donne son avis au préfet sur toutes les questions qu'il lui soumet, ou sur lesquelles elle croit devoir appeler son attention dans l'intérêt du département.

Art. 78. — Le préfet est tenu d'adresser à la commission départementale, au commencement de chaque mois, l'état détaillé des ordonnances de délégation qu'il a reçues et des mandats de payement qu'il a délivrés pendant le mois précédent, concernant le budget départemental

La même obligation existe pour les ingénieurs en chef, sous-ordonnateurs délégués.

Art. 79. — A l'ouverture de chaque session ordinaire du conseil général, la commission départementale lui fait un rapport sur l'ensemble de ses travaux, et lui soumet toutes les propositions qu'elle croit utiles.

A l'ouverture de la session d'août, elle lui présente

dans un rapport sommaire ses observations sur le budget proposé par le préfet.

Ces rapports sont imprimés et distribués, à moins que la commission n'en décide autrement.

Art. 80. — Chaque année, à la session d'août, la commission départementale présente au conseil général le relevé de tous les emprunts communaux et de toutes les contributions extraordinaires communales qui ont été votés depuis la précédente session d'août, avec indication du chiffre des centimes extraordinaires et des dettes dont chaque commune est grevée.

Art. 81. — La commission départementale après avoir entendu l'avis ou les propositions du préfet :

1° Répartit les subventions diverses, portées au budget départemental, et dont le conseil général ne s'est pas réservé la distribution, le fonds provenant des amendes de police correctionnelle, et les fonds provenant du rachat des prestations en nature, sur les lignes que ces prestations concernent ;

2° Détermine l'ordre de priorité des travaux à la charge du département, lorsque cet ordre n'a pas été fixé par le conseil général ;

3° Fixe l'époque et le mode d'adjudication ou de réalisation des emprunts départementaux, lorsqu'ils n'ont pas été fixés par le conseil général ;

4° Fixe l'époque de l'adjudication des travaux d'utilité départementale.

Art. 82. — La commission départementale assigne à chaque membre du conseil général et aux membres des autres conseils électifs le canton pour lequel ils devront siéger dans le conseil de révision.

Art. 83. — La commission départementale vérifie

l'état des archives et celui du mobilier appartenant au département.

Art. 84. — La commission départementale peut charger un ou plusieurs de ses membres d'une mission relative à des objets compris dans ses attributions.

Art. 85. — En cas de désaccord entre la commission départementale et le préfet, l'affaire peut être renvoyée à la plus prochaine session du conseil général, qui statuera définitivement.

En cas de conflit entre la commission départementale et le préfet, comme aussi dans le cas où la commission aurait outrepassé ses attributions, le conseil général sera immédiatement convoqué conformément aux dispositions de l'article 24 de la présente loi, et statuera sur les faits qui lui auront été soumis.

Le conseil général pourra, s'il le juge convenable, procéder dès lors à la nomination d'une nouvelle commisssion départementale.

Art. 86. — La commission départementale prononce, sur l'avis des conseils municipaux, la déclaration de vicinalité, le classement, l'ouverture et le redressement des chemins vicinaux ordinaires, la fixation de la largeur et de la limite desdits chemins.

Elle exerce à cet égard des pouvoirs conférés au préfet par les articles 15 et 16 de la loi du 21 mai 1836.

Elle approuve les abonnements relatifs aux subventions spéciales pour la dégradation des chemins vicinaux, conformément au dernier paragraphe de l'article 14 de la même loi.

Art. 87. — La commission départementale approuve le tarif des évaluations cadastrales, et elle exerce à cet égard les pouvoirs attribués au préfet en conseil de préfecture par la loi du 15 septembre 1807 et le règlement du 15 mars 1827.

Elle nomme les membres des commissions syndicales, dans le cas où il s'agit d'entreprises subventionnées par le département, conformément à l'article 23 de la loi du 21 juin 1865.

Art. 88. — Les décisions prises par la commission départementale sur les matières énumérées aux articles 86 et 87 de la présente loi, seront communiquées au préfet en même temps qu'aux conseils municipaux ou aux parties intéressées.

Elles pourront être frappées d'appel devant le conseil général, pour cause d'inopportunité ou de fausse appréciation des faits, soit par le préfet, soit par les conseils municipaux ou par toute autre partie intéressée. L'appel doit être notifié au président de la commission, dans le délai d'un mois à partir de la communication de la décision. Le conseil général statuera définitivement à sa plus prochaine session.

Elles pourront aussi être déférées au conseil d'Etat, statuant au contentieux, pour cause d'excès de pouvoir, ou de violation de la loi ou d'un réglement d'administration publique.

Le recours au conseil d'Etat doit avoir lieu dans le délai de deux mois, à partir de la communication de la décision attaquée. Il peut être formé sans frais, et il est suspensif dans tous les cas.

TITRE VII.

Des intérêts communs à plusieurs départements.

Art. 89. — Deux ou plusieurs conseils généraux peuvent provoquer entre eux, par l'entremise de leurs présidents et après en avoir averti les préfets, une entente sur les objets d'utilité départementale compris dans leurs attributions et qui intéressent à la fois leurs départements respectifs.

Ils peuvent faire des conventions, à l'effet d'entreprendre ou de conserver à frais communs des ouvrages ou des institutions d'utilité commune.

Art. 90. — Les questions d'intérêt commun seront débattues dans les conférences, où chaque conseil général sera représenté, soit par sa commission départementale, soit par une commission spéciale nommée à cet effet.

Les préfets des départements intéressés pourront toujours assister à ces conférences.

Les décisions qui y seront prises ne seront exécutoires qu'après avoir été ratifiées par tous les conseils généraux intéressés, et sous les réserves énoncées aux articles 47 et 49 de la présente loi.

Art. 91. — Si des questions autres que celles que prévoit l'article 92 étaient mises en discussion, le préfet du département où la conférence a lieu déclarerait la réunion dissoute.

Toute délibération, prise après cette déclaration, donnerait lieu à l'application des dispositions et pénalités énoncées à l'article 34 de la présente loi.

Dispositions spéciales et transitoires.

Art. 92. — Sont et demeurent abrogés les titres premier et second de la loi du 22 juin 1833, le titre premier de la loi du 10 mai 1838, la loi du 18 juillet 1866, et généralement toutes les dispositions de lois ou de règlements contraires à la présente loi.

Art. 93. — Les articles 86 et 87 et le 2ᵉ paragraphe de l'article 23 de la présente loi ne seront exécutoires qu'à partir du 1ᵉʳ janvier 1872.

Art. 94. — La présente loi n'est pas applicable au département de la Seine. Il sera statué à son égard par une loi spéciale.

CHAPITRE PREMIER.

De l'Administration départementale.

64. — Le titre-premier de la loi du 10 août 1871 indique, dans ses trois premiers articles, les trois autorités qui se trouvent désormais placées à la tête de l'administration départementale. Ces trois autorités sont : *le conseil général, — la commission départementale, — le préfet.*

65. — De ces trois autorités, il en est deux, le conseil général et le préfet, dont l'existence n'est pas nouvelle et que la loi de 1871 ne fait que confirmer. C'est la loi du 22 juin 1833 (art. 1er), qui a créé l'assemblée départementale, connue depuis sous le nom de *conseil général de département;* c'est la loi du 28 pluviôse an VIII (art. 2 et 3), qui a créé, dans chaque département, le fonctionnaire appelé *préfet.* Seule, la création de la *commission départementale* constitue une innovation dans l'administration du département, et introduit réellement un élément nouveau dans notre organisation administrative.

66. — Le préfet, d'après la loi de 1871, demeure, en principe du moins, ce qu'il était auparavant. « Il était l'agent du pouvoir exécutif central, disait M. Beulé, en

parlant de l'article 3 de la loi de 1871 [1], il l'est toujours ;
il était en même temps le pouvoir exécutif du conseil
général lui-même, il l'est toujours ; il faisait exécuter
les lois votées par l'Assemblée nationale et les décrets
du gouvernement, il continuera à les faire exécuter ; il
faisait exécuter les votes émis par le conseil général, il
continuera à remplir le même rôle. » Seulement le préfet, qui autrefois décidait et exécutait dans maintes questions intéressant le département, n'est plus désormais
chargé que de l'instruction préalable des affaires départementales, et de l'exécution des décisions du conseil
général et de la commission départementale.

67. — Il avait été question, lors de l'élaboration de
la loi de 1871, de remplacer purement et simplement le
préfet, pour toutes les affaires départementales, par un
administrateur élu par le conseil général [2] ; mais ce
système trop radical, ce dédoublement des fonctions du
préfet, n'a pas été admis par la commission chargée
d'élaborer la loi du 10 août ; le pays n'aurait pas compris une semblable réforme, ne s'y serait peut-être pas
associé, et tout en ménageant les intérêts et les habi-
tudes des populations, le législateur de 1871 a cru devoir se contenter de séparer aussi complètement que
possible la gestion des affaires départementales de celle
des affaires de l'Etat [3].

68. — C'est pour atteindre ce but que fut créée la *commission départementale*, chargée, comme délégation du
conseil général, de contrôler et de guider le préfet dans

---

[1] *Journal officiel*, 1871, p. 1832.

[2] Projet de MM. Bethmont, Magnin et Raudot. *Journal
officiel*, 1871, p. 1428.

[3] Rapport de la commission, n°° 9 et suiv.

les intervalles des sessions, et investie en outre, directement par la loi, d'attributions importantes, précédemment confiées au préfet et au conseil de préfecture. La commission départementale, imitée dans une certaine mesure, soit de la commission intermédiaire qui fonctionnait dans les pays d'Etat de l'ancienne France, soit de la délégation permanente du conseil provincial de Belgique [1] est une délégation, et, en quelque sorte, la permanence du conseil général. Le conseil général, disait M. Beulé [2], disséminé, convoqué à de longs intervalles, ne peut exercer régulièrement le contrôle qui lui est attribué ; il choisit dans son sein une commission d'hommes compétents.

69. — Cette commission a trois sortes de pouvoirs : elle est une délégation du conseil général, par conséquent elle le continue ; elle veille, elle exécute dans ses détails les décisions du conseil général ; elle n'innove rien, elle ne fait que se conformer à ce que l'assemblée du conseil général a voté ; elle a le contrôle de certains actes du préfet ; elle a enfin des pouvoirs propres qui lui sont conférés par la loi ; mais aucune de ses attributions n'est politique, aucune n'affaiblit et ne touche en rien l'action politique du préfet.

70. — Cette définition de la commission départementale, produite à la tribune par M. Beulé, n'était pas inutile pour bien connaître les attributions de cette commission. MM. Target et de Jouvenel avaient demandé que cette définition passât dans le texte même de la loi, afin

---

[1] Voir l'ouvrage de M. Flourens, maître des requêtes au conseil d'Etat, sur l'*Organisation judiciaire et administrative de la France et de la Belgique* (1875),

[2] *Journal officiel,* 1871. p. 1832.

d'éviter toute confusion sur ce point, et ils formulaien ainsi leur requête : « La commission départementale est chargée de contrôler, pendant l'intervalle des sessions, l'exécution des décisions du conseil général et de donner son avis au préfet sur toutes les affaires qui intéressent le département. » Cet amendement qui ne donnait à la commission départementale qu'un pouvoir de contrôle et de conseil, a été l'objet d'une longue discussion, mais il finit par être repoussé dans les séances des 8 et 10 juillet 1871.

71. — D'autres membres de l'Assemblée nationale, MM. Duvergier de Hauranne et Berthauld notamment, voulaient remplacer la commission départementale par trois commissions spéciales : « Le conseil général, disaient-ils, se subdivisera chaque année en trois commissions spéciales : une commission des finances ; une commission des travaux publics ; une commission des affaires diverses. Chacune de ces commissions sera chargée de surveiller, dans l'intervalle des sessions, l'exécution des décisions prises par le conseil général, et pourra déléguer un de ses membres à cet effet. » Mais cet amendement fut également repoussé, et l'article 2 de la loi du 10 août 1871 fut définitivement adopté, tel qu'il est actuellement rédigé, dans les séances des 31 juillet et 1er août 1871.

72. — Mettre en présence, dans chaque préfecture, un préfet et une commission départementale, tous deux armés de pouvoirs rivaux et parallèles, c'était préparer, dans un grand nombre de départements, un antagonisme perpétuel et créer à chaque instant des conflits. Nous verrons plus loin quels conflits regrettables l'application notamment des articles 69 et suivants de la loi du 10 août 1871 a soulevés, et que de fois le conseil d'Etat a dû intervenir pour permettre à la nouvelle loi de produire ses effets logiques et voulus ; et peut-être trouvera-t-on que M. Beulé se nourrissait de quelques illusions, lorsqu'il disait [1] : « Je vous assure que plus on y réfléchit, moins les éléments d'opposition, d'hosti- lité entre le préfet et la commission départementale offrent de vraisemblance. On voit bien plutôt pour l'avenir les conditions d'une bonne intelligence néces- saire, un besoin réciproque, des intérêts communs, une nécessité d'efforts parallèles, qui seront autant de con- ditions d'harmonie. Ma commission sera un appui pour le préfet qu'elle contrôle, le préfet un initiateur pour la commission dès ses premiers essais. »

CHAPITRE II.

Des élections au Conseil général.

1. — DU NOMBRE DES CONSEILLERS.

73. — Chaque canton du département élit un membre au conseil général (art. 4, loi de 1871). Déjà la loi du 3 juillet 1848 le voulait ainsi, et c'est d'ailleurs la consé- cration d'un principe, admis par l'usage, qui veut que chaque canton soit représenté au chef-lieu du dépar- tement par un conseiller général.

74. — Quelques membres de l'Assemblée nationale, notamment M. Palotte et M. le duc Decazes, avaient pensé que le conseil départemental serait utilement composé, non-seulement d'autant de membres qu'il y a de can-

---

[1] *Journal officiel,* 1871, p. 1832.

tons dans le département, mais aussi d'un certain nombre de membres, tels que les députés élus dans le département, qui, pendant toute la durée de leur mandat, auraient fait partie de droit du conseil général. Hâtons-nous de dire que l'amendement Palotte a été repoussé, et ajoutons qu'il eût été fâcheux d'introduire dans le sein du conseil général deux classes de membres ayant une origine différente et nommés pour remplir des mandats différents. Repoussé par la commission, l'amendement Palotte se reproduisit cependant devant l'Assemblée, sous le patronage de M. Paul Besson ; mais combattu énergiquement par M. Moulin, qui condamna « ce système aussi contraire à la liberté qu'à une bonne administration, » il fut définitivement rejeté dans la séance du 11 juillet 1871.

75. — Le système qui a prévalu et qui veut que le conseil général soit composé d'autant de membres qu'il y a de cantons dans le département, n'est pas exempt d'objections sérieuses. La représentation n'est pas en effet proportionnelle au nombre des habitants qui composent un canton ; les cantons sont diversement peuplés, et lorsque chacun ne doit élire qu'un conseiller général, il arrive parfois qu'une minorité d'électeurs, représentée par une majorité de conseillers généraux, prévaut contre la majorité numérique réelle des électeurs, représentée par la minorité des conseillers[1]. Faut-il donc que le nombre des conseillers généraux soit proportionnel au chiffre de la population de chaque canton ?

76. — Il est certain que si les conseillers généraux devaient jamais jouer un rôle politique, — leur participa-

---

[1] Discours de M. Malens ; *Journal officiel*, 12 juillet 1871, p. 1921.

tion dans l'élection des sénateurs et le rôle accidentel que les appelle à remplir la loi Tréveneuc, indiquent déjà une fâcheuse tendance en ce sens — si, disons-nous, les conseillers généraux étaient appelés à jouer un rôle plus politique qu'administratif, il serait juste de rendre leur nombre proportionnel au chiffre de la population qu'ils ont à représenter. Mais si le législateur a la sagesse de maintenir les conseillers généraux dans leurs attributions administratives, les intérêts cantonaux n'étant surtout que des intérêts de groupes, le budget des chemins constituant les quatre cinquièmes ou les cinq sixièmes des budgets départementaux, qui ne voit que les intérêts sont les mêmes pour les cantons peu peuplés que pour les villes, et que le canton soit grand ou petit, que la ville soit grande ou petite, l'intérêt est essentiellement le même dans les deux cas, peut-être plus grand encore pour le canton ; dès lors la représentation cantonale, sans avoir égard au chiffre de la population, est équitable, et doit être préférée à tout autre [1] ; la représentation numérique n'a, dans ces circonstances, que peu de raison d'être.

77. — Chaque canton ayant un conseiller général, voici le nombre des conseillers généraux dans chaque département :

NOMBRE DES CONSEILLERS GÉNÉRAUX
DANS CHAQUE DÉPARTEMENT.

	Membres.		Membres.
Haut-Rhin (territoire de Belfort	6	Cantal, Indre, Eure-et-Loir	23
Pyrénées-Orientales	17	Hautes-Alpes, Indre-et-Loire, Loir-et-Cher, Lozère, Tarn-et-Garonne.	24
Ariége	20		
Vaucluse	22		

---

[1] Voir sur cette question la séance du 11 juillet, *Journal officiel*, p. 1221 et suiv.

Alpes-Maritimes, Creuse, Nièvre	25	Lot - et - Garonne, Oise, Tarn	35
Aube, H^{tes}-Pyrénées	26	Ain, Côte-d'Or, Eure, Hérault, Orne, Seine-et-Oise	36
Bouch^{es}-du-Rhône, Doubs, Mayenne, H^{te}-Vienne, Meurthe-et-Moselle	27	Aisne, Morbihan, Yonne.	37
Allier, Landes, Haute-Loire, Meuse, Haute-Marne, Haute-Saône, Haute-Savoie, Var	28	Haute-Garonne, Calvados.	38
		Charente-Inférieu^{re}, Gard. Basses-Pyrénées	40
Charente, Cher, Corrèze, Drôme, Gers, Lot, Savoie, Rhône, Seine-et-Marne	29	Somme	41
		Aveyron	42
		Ille-et-Vilaine, Finistère	43
		Pas-de-Calais	44
Basses-Alpes, Loire, Vendée, Vosges	30	Isère, Loire-Inférieure,	45
		Dordogne	47
Ardèche, Ardennes, Aude, Loiret, Deux-Sèvres, Vienne	31	Côtes-du-Nord, Gironde, Manche	48
		Puy-de-Dôme, Saône-et-Loire	50
Jura, Marne	32	Seine-Inférieure	51
Sarthe	33	Nord	61
Maine-et-Loire	34	Corse	62

Le département de la Seine, soumis à une législation spéciale, compte 88 conseillers généraux ; l'Algérie en compte 91, dont 33 pour le département d'Alger, 28 pour celui d'Oran, et 30 pour celui de Constantine. Ce qui porte à 2,888 le nombre des conseillers généraux en France et en Algérie.

2. — DES LISTES ÉLECTORALES.

78. — Malgré les attributions politiques que la loi du 24 février 1875 confère aux conseillers généraux, en les faisant participer à l'élection des sénateurs ; malgré le rôle éventuel des conseillers généraux dans des circonstances exceptionnelles prévues par la loi du 15 février 1872 ; il est convenu, — les discussions auxquelles l'article 5 de la loi du 10 août 1871 a donné lieu en font foi, — que le conseil général n'a pas, à proprement parler, d'attribution politique et ne s'occupe que d'intérêts purement locaux. C'est pourquoi les listes dressées pour les élections municipales servent à l'élection des conseils généraux. « Il n'y avait aucune raison, a-t-on dit, de faire nommer ceux-ci par un corps électoral différent de celui qui prend part aux élections municipales [1]. » Quoi qu'il en soit, l'article 5 de la loi du 10 août 1871 est d'un laconisme tel que nous devons essayer de le compléter en empruntant à la loi du 7 juillet 1874, relative à l'électorat municipal, ses principales dispositions.

79. — Aux termes de la législation nouvelle, ce n'est plus le maire seul qui prépare les listes électorales ; ce travail est confié à une commission composée de trois membres, savoir : le maire, un délégué du conseil municipal élu à cet effet par le conseil, et un délégué de l'administration choisi par le préfet. Ce dernier délégué peut être pris en dehors des électeurs de la commune et même du canton. Dans les communes divisées en sections électorales [2], les listes électorales sont préparées également par sections, et dans chaque section fonctionne une commission composée de trois membres ; le maire étant alors remplacé par son adjoint ou par un conseiller municipal dans l'ordre du tableau.

80. — Le travail préparatoire de ces commissions [3]

---

[1] Voir la discussion au sujet de l'article 5. *Journal officiel*, 1871, p. 2379 et 2380.

[2] Cette division s'opère par les soins du conseil général (art. 43 de la loi du 10 août 1871).

[3] On consultera avec intérêt, sur les divers travaux auxquels doivent se livrer les commissions chargées d'établir les listes électorales municipales, l'ouvrage de M. Ambroise Rendu : *Code municipal ou Manuel des conseillers municipaux*, t. I, p. 51 et suiv. (Paris, 1879, A. Durand et Pedone-Lauriel, 2 vol. in-18.)

peut être l'objet de réclamations ; c'est pour, en quelque sorte, les solliciter, que le tableau de la liste électorale doit être en permanence, déposé au secrétariat de la commune, et tenu à la disposition de tout requérant, qui peut le recopier et le reproduire par la voie de l'impression [1].

81. — Les réclamations, que tout intéressé peut avoir à formuler contre la confection des listes électorales municipales, doivent être produites dans le délai de vingt jours à partir de la publication des listes, conformément au décret du 13 janvier 1866. Dans la pratique, le tableau de la liste électorale est déposé au secrétariat de la mairie, le 15 janvier de chaque année ; c'est à partir du lendemain 16, que court le délai de vingt jours pendant lequel toute réclamation peut se produire. Les demandes en radiation ou en inscription doivent être déposées au secrétariat de la mairie, même dans les villes ou communes divisées en plusieurs sections électorales [2].

82. — Les listes électorales doivent demeurer en permanence à la disposition de tous les habitants de la commune. Le fait, par un maire, de refuser communication à un électeur de la liste électorale peut-il entraîner l'annulation des opérations électorales qui auraient suivi ? — En aucune façon, dit le conseil d'Etat, à moins que ce refus ne constitue une manœuvre et ait pu, en fait, exercer une influence sur le résultat de l'élection [3]. C'est ainsi, par exemple, que le refus du

---

[1] Voir l'article 1er de la loi du 7 juillet 1874.

[2] Article 2 du décret réglementaire du 2 février 1852 et 18 du décret organique du 1 février 1852.

[3] Circulaire ministérielle du 12 juillet 1874.

maire constitue un excès de pouvoir et est de nature
à entraîner l'annulation des opérations électorales,
lorsqu'il a eu pour conséquence d'entraver la distribution des bulletins de vote et des circulaires du
candidat[1].

83. — Sous l'empire du décret organique du 2 février 1852 (art. 13), et du décret réglementaire du même
jour (art. 2), qui chargeaient les maires seuls de la confection et de la révision annuelle des listes électorales,
les réclamations contre la confection des listes électorales étaient portées devant une commission municipale composée du maire et de deux membres du
conseil municipal désignés par ce conseil[2]. Sous l'empire de la loi du 7 juillet 1874, il en est à peu près de
même ; c'est la commission de trois membres, qui prépare la liste électorale, qui sera juge désormais des
contestations que ce travail fait naître[3]; deux délégués
nommés par le conseil municipal, seront seulement
adjoints à la première commission[4], pour opérer la révision de la liste électorale, s'il y a lieu. Remarquons
qu'il n'est pas nécessaire que les deux délégués, adjoints
pour composer la commission de révision, soient membres du conseil municipal ; ils peuvent être pris en
dehors de son sein. Enfin, si le conseil municipal venait
à être dissous ou suspendu, les deux délégués du conseil municipal devraient alors être remplacés par deux
délégués de la commission municipale faisant fonction
de ce conseil.

---

[1] Conseil d'État, 12 novembre 1875. — Élection de Tarascon.

[2] Décret organique du 2 février 1852, article 20.

[3] Loi du 7 juillet 1874, article 2.

[4] Circulaire ministérielle du 12 juillet 1874.

84. — Les commissions, chargées de statuer sur les réclamations que peut faire naître la publicité des listes électorales, ne statuent pas sans appel ; et c'est devant le juge de paix que doit être porté l'appel des décisions rendues par les commissions dont nous venons de parler. Le juge de paix, en cette matière, doit statuer conformément aux dispositions du décret organique du 2 février 1852 [1]. Le délai, accordé aux parties intéres-

---

[1] Les dispositions du décret organique du 2 février 1852, qui règlent l'appel devant le juge de paix, sont les articles 21, 22, 23 et 24 ; ces articles sont ainsi conçus :

ART. 21. — Notification de la décision sera, dans les trois jours, faite aux parties intéressées par le ministère d'un agent assermenté.

Elles pourront interjeter appel dans les cinq jours de la notification.

ART. 22. — L'appel sera porté devant le juge de paix du canton ; il sera formé par simple déclaration au greffe ; le juge de paix statuera dans les dix jours, sans frais ni forme de procédure, et sur simple avertissement, donné trois jours à l'avance à toutes les parties intéressées.

Toutefois, si la demande portée devant lui implique la solution préjudicielle d'une question d'état, il renverra préalablement les parties à se pourvoir devant les juges compétents et fixera un bref délai dans lequel la partie qui aura élevé la question préjudicielle devra justifier de ses diligences.

Il sera procédé, en ce cas, conformément aux articles 855, 856 et 858 du code de procédure.

ART. 53. — La décision du juge de paix est en dernier ressort, mais elle peut être déférée à la Cour de cassation.

Le pourvoi n'est recevable que s'il est formé dans les dix jours de la notification de la décision.

Il n'est pas suspensif.

Il est formé par simple requête dénoncée aux défendeurs dans les dix jours qui suivent, il est dispensé de l'intermédiaire d'un avocat à la Cour, et jugé d'urgence sans frais ni consignation d'amende.

Les pièces et mémoires fournis par les parties, sont transmis sans frais par le greffier de la justice de paix au greffier de la Cour de cassation.

sées, pour en appeler devant le juge de paix, est de cinq
jours, à partir de la notification de la décision rendue
par la commission de révision (art. 21 du décret de 1852).
Pour les tiers qui n'ont pas figuré dans le débat devant
les commissions et auxquels, par conséquent, les décisions de ces commissions ne sont pas notifiées, la loi
n'a pas fixé de délai. La cour de cassation avait depuis
longtemps [1] suppléé à cette lacune, en adoptant le délai
de dix jours ; mais une jurisprudence plus récente a
porté ce délai de dix à vingt jours, en se fondant sur ce
que le délai ouvert aux réclamations avait été lui-
même porté de dix à vingt jours [2]. Ainsi, les tiers,
et par conséquent le préfet, lorsqu'il n'a pas été
partie dans la première instance, peuvent aujourd'hui
former utilement appel devant le juge de paix, dans les
vingt jours qui suivent la décision des commissions
dites de révision des listes électorales [3].

85. — La décision rendue par le juge de paix, en
cette matière, est en dernier ressort ; mais elle peut être
déférée à la cour de cassation. Ces pourvois doivent être
formés dans les dix jours de la notification de la sen-

La Chambre des requêtes de la Cour de cassation statue
définitivement sur le pourvoi.

Art. 24. — Tous les actes judiciaires sont, en matière
électorale, dispensés du timbre et enregistrés gratis.

Les extraits des actes de naissance nécessaires pour établir
l'âge des électeurs sont délivrés gratuitement, sur papier
libre, à tout réclamant. Ils portent en tête de leur texte
l'énonciation de leur destination spéciale, et ne peuvent
servir à aucune autre.

[1] Cass. req., 15 mars 1870. Affaire de Chergé.

[2] Circ. min., 21 août 1876.

[3] Circ. min., 12 juillet 1876.

tence du juge de paix ; ils ne sauraient d'ailleurs retar-
der la clôture des listes électorales qui seront toujours,
aux termes de l'article 4 du décret du 11 juillet 1874, définitivement arrêtées le 27 septembre de chaque année [1].

86. — Après le travail préparatoire de la commission chargée de la confection des listes électorales,
après le travail de la commission de révision, les listes
électorales se trouvent définitivement dressées. Tout
électeur qui aura été l'objet d'une radiation d'office de
la part de la première de ces deux commissions,
ou dont l'inscription aura été contestée devant la seconde, devra être averti, sans frais, par le maire et
sera admis à présenter ses observations (art. 4 de la loi
du 7 juillet 1874). Lors de la discussion de cette disposition de loi, devant l'Assemblée nationale, un député,
M. Marcou, avait demandé que le maire fût obligé de
prévenir tous les électeurs inscrits sur les dernières
listes qui n'auraient point été portés d'office sur les nouvelles. L'amendement de M. Marcou a été repoussé [2], et
il en résulte que si l'article 4 de la loi du 7 juillet 1874
exige qu'un avis soit donné à tout électeur *rayé d'office*,
par les commissions chargées de la préparation des listes, cette disposition n'a d'application que pour les opérations ultérieures de la révision annuelle.

87. — Les décisions de la commission de révision,
dit le paragraphe 2 de l'article 4 de la loi du 7 juillet
1874, seront notifiées dans les trois jours de leur date,
par écrit et à domicile, par les soins de l'administration
municipale. La loi de 1874 n'exige pas, comme le décret organique du 2 février 1852, l'intervention d'un

---

[1] Circ. min., 31 août 1876.
[2] *Journal officiel*, 8 juillet 1874.

agent assermenté; mais comme il est utile que la date de la notification, qui fait courir le délai d'appel, soit fixée d'une manière certaine, les maires feront bien d'employer, autant que possible, comme par le passé, un agent assermenté, ou, à défaut, d'exiger un reçu des notifications[1].

88. — Enfin, aux termes de l'article 4, paragraphe 3 de la loi du 7 juillet 1874, les listes électorales sont réunies en un registre et conservées dans les archives de la commune ; tout électeur, tout habitant même de la commune, peut en prendre communication et en faire prendre copie. Le principe de la permanence des listes électorales est ainsi consacré ; de plus, ce registre électoral permanent demeure toujours à la disposition de tout requérant, qui peut se le faire communiquer, qui peut le reproduire, conformément à la jurisprudence du conseil d'Etat, par voie d'impression ou par tout autre moyen de publicité auquel il lui plaira de recourir. Chaque citoyen peut copier, faire copier, imprimer ou faire imprimer tout ou partie du registre électoral ; c'est l'application pure et simple des dispositions des articles 2 et 7 du décret réglementaire du 2 février 1852[2].

89. — *Inscriptions sur la liste électorale.* — En modifiant les conditions de l'électorat municipal, la loi du 7 juillet 1874 a établi une distinction entre les électeurs qui doivent être *inscrits d'office*, par les commissions chargées de la confection des listes électorales, et ceux qui ne peuvent être *inscrits*

---

[1] *Journal officiel*, 2 juillet 1874.

[2] Loi du 7 juillet 1874, art. 5, § 1er, — Circulaire ministérielle du 12 juillet 1874.

que sur réclamation; mais il est certaines conditions de capacité électorale qui s'appliquent à ces deux
catégories d'électeurs; ils doivent tous : 1° être de
nationalité française; 2° avoir l'âge de vingt-et-un ans
accomplis; 3° enfin jouir des droits civils et politiques.

90. — Lorsqu'on exige de tout électeur qu'il soit de
nationalité française, il n'y a pas à distinguer entre les
Français d'origine ou les étrangers naturalisés français;
mais il est certain que l'étranger, admis seulement à
jouir en France des droits civils, et qui n'a point encore
reçu ses lettres de naturalisation, ne saurait être valablement inscrit sur la liste électorale.

91. — Quant à l'âge requis pour être électeur, beaucoup de bons esprits ont été tentés de le fixer à vingt-
cinq ans et non à vingt-et-un ans, comme il l'a toujours
été jusqu'ici. L'âge de vingt-cinq ans, n'est-ce pas l'époque de la véritable et complète émancipation du citoyen? Si la loi l'exige, lorsqu'il s'agit de décider sur
son propre sort, n'est-elle pas en droit de l'imposer à
celui qui, par son vote, prononce sur le sort de son
pays? Enfin, la loi militaire, en imposant à tous les citoyens le service obligatoire jusqu'à vingt-cinq ans, la
loi du 27 juillet 1872, article 5, relative au recrutement
de l'armée, en déclarant que le militaire présent au
corps ne prend part à aucun vote, ne doit-elle pas avoir
pour conséquence nécessaire de remettre à vingt-cinq
ans l'exercice du droit de suffrage pour tous les citoyens? — Ces considérations, qui avaient justement
impressionné les membres de la commission chargée d'élaborer la loi du 7 juillet 1874 [1], n'arrêtèrent pas

---

[1] *Journal officiel* des 11 juin et 2 juillet 1874.

les membres de l'Assemblée nationale ; c'était supprimer,
a-t-on dit, près de 1,200,000 électeurs, et le législateur ne
se sentit pas alors la force de faire ce sacrifice : l'âge
requis pour être électeur resta fixé à vingt-et-un ans.
Ajoutons qu'il suffit que l'électeur ait vingt-et-un ans
accomplis au jour de la clôture définitive des listes électorales, c'est-à-dire au 31 mars.

92. — Enfin, tout électeur doit jouir de ses droits
civils et politiques. C'est encore ici le décret organique
du 2 février 1852 qui doit servir de base, la loi de
1874 n'ayant apporté, sur ce point, aucune modification
à la législation antérieure [1]. (Circulaire ministériellle du
12 juillet 1874.)

---

[1] Les articles 15 et 16 du décret de 1852 sont ainsi conçus :

ART. 15. — Ne doivent pas être inscrits sur les listes électorales :

1° Les individus privés de leurs droits civils et politiques
par suite de condamnations, soit à des peines afflictives ou
infamantes, soit à des peines infamantes seulement ;

2° Ceux auxquels les tribunaux, jugeant correctionnelle-
ment, ont interdit le droit de vote et d'élection, par application des lois qui autorisent cette interdiction:

3° Les condamnés pour crime à l'emprisonnement, par
application de l'article 463 du code pénal ;

4° Ceux qui ont été condamnés à trois mois de prison par
application des articles 318 et 423 du code pénal ;

5° Les condamnés pour vol, escroquerie, abus de confiance,
soustraction commise par les dépositaires de deniers publics,
ou attentat aux mœurs, prévus par les articles 330 et 334 du
code pénal, quelle que soit la durée de l'emprisonnement
auquel ils ont été condamnés ;

6° Les individus qui, par application de l'article 8 de la loi
du 17 mai 1819, et de l'article 3 du décret du 11 août 1848,
auront été condamnés pour outrage à la morale publique et
religieuse ou aux bonnes mœurs, et pour attaque contre le
principe de la propriété et les droits de la famille;

7° Les individus condamnés à plus de trois mois d'empri-

93. — *Inscriptions d'office.* — A côté des conditions générales de nationalité, d'âge et de capacité, requises pour être électeur, il est encore d'autres conditions spéciales qu'il faut remplir pour être inscrit sur la liste électorale municipale. Et d'abord, indiquons les conditions qui donnent droit à une inscription d'office. La naissance dans la commune

---

sonnement en vertu des articles 31, 33, 34, 35, 36, 38, 39, 40, 41, 42, 45, 46 de la présente loi ;

8° Les notaires, greffiers et officiers ministériels destitués en vertu de jugements ou décisions judiciaires ;

9° Les condamnés pour vagabondage ou mendicité ;

10° Ceux qui auront été condamnés à trois mois de prison au moins, par application des articles 439, 443, 444, 445, 446, 447 et 454 du Code pénal ;

11° Ceux qui auront été déclarés coupables des délits prévus par les articles 410 et 411 du code pénal, et par la loi du 21 mai 1836 portant prohibition des loteries ;

12° Les militaires condamnés au boulet ou aux travaux publics ;

13° Les individus condamnés à l'emprisonnement par application des articles 38, 41, 43 et 45 de la loi du 21 mars 1832, sur le recrutement de l'armée ;

14° Les individus condamnés à l'emprisonnement par application de l'article 1er de la loi du 28 mars 1851 ;

15° Ceux qui ont été condamnés pour délit d'usure ;

16° Les interdits ;

17° Les faillis non réhabilités dont la faillite a été déclarée par les tribunaux français, soit par jugements rendus à l'étranger, mais exécutoires en France.

ART. 18. — Les condamnés à plus d'un mois d'emprisonnement pour rebellion, outrages et violences envers les dépositaires de l'autorité ou de la force publique, pour outrages publics envers un juré à raison de ses fonctions, ou envers un témoin à raison de sa déposition, pour délits prévus par la loi sur les attroupements et la loi sur les clubs, et pour infraction à la loi sur le colportage, ne pourront pas être inscrits sur la liste électorale pendant cinq ans, à dater de l'expiration de leur peine.

est un fait capital qui confère le droit de vote municipal ;
c'est, en effet, à son domicile d'origine que chacun paraît
le plus apte à exercer ce droit ; il est à présumer que le
citoyen né dans une commune, qui ne l'a pas quittée ou
qui est venu s'y établir de nouveau, possède les notions
nécessaires pour émettre un vote éclairé sur les affaires
locales ; il est connu de ceux qui l'entouraient, d'autres
que lui portent son nom, et l'attention éveillée sur ses
actes ne peut manquer de le retenir et de le guider [1] ;
aussi doivent être inscrits d'office sur la liste des électeurs municipaux, tous les citoyens qui, remplissant
les conditions générales que nous avons indiquées plus
haut (nᵒˢ 89 et suiv.), sont nés dans la commune (art. 5,
§ 1ᵒ de la loi du 7 juillet 1874). Dans le cas où les personnes ont quitté la commune depuis leur naissance, il
suffit qu'elles y aient établi leur résidence depuis six
mois au moins avant la clôture définitive des listes.

94. — Le fait d'avoir été inscrit sur le tableau de recrutement équivaut au fait de la naissance (art. 5, § 1ᵒ) ;
et il suffira à l'électeur qui aurait satisfait dans une
commune à la loi militaire, mais qui n'y aurait pas conservé sa résidence, d'y être venu s'y établir de nouveau
depuis six mois, pour avoir le droit d'être porté d'office
sur la liste électorale municipale [2].

95. — Ceux qui sont nés dans la commune ou qui
y ont satisfait à la loi du recrutement composent la première catégorie des électeurs municipaux qui doivent
être inscrits d'office sur les listes ; la seconde catégorie
comprend les étrangers à la commune, qui se sont atta-

---

[1] Rapport de M. Chabrol, *Journal officiel*, 1873.
[2] Rapport de la commission et circulaire ministérielle du
12 juillet 1874.

chés cependant à elle par des liens permanents. C'est ainsi que les personnes qui, bien que n'étant pas nées dans la commune et n'y ayant pas satisfait à la loi du recrutement, y sont depuis un an inscrites au rôle d'une des quatre contributions directes et y résident, doivent être également portées d'office au nombre des électeurs municipaux (art. 5, § 2°, loi du 7 juillet 1874), c'est l'application de ce principe incontestable, à savoir que tous ceux qui, par l'impôt, supportent une portion des charges communales, doivent prendre quelque part à son administration.

96. — Il faut, dit la loi, être inscrit au rôle d'une des quatre contributions directes ou au rôle des prestations en nature, depuis une année au moins ; le délai d'inscription ne saurait, en effet, être moindre, pour permettre la confection des rôles et pour acquérir la connaissance des hommes et des choses de l'association communale. Mais, dans la pratique, ce délai d'une année est beaucoup plus long, car pour être inscrit depuis une année au rôle des contributions, et pour être, en vertu de cette inscription, porté sur la liste électorale, il faut, sauf dans des cas exceptionnels, une résidence de près de deux ans. Les rôles, en effet, sont établis au mois de janvier ; les citoyens qui y figurent sont déjà depuis quelque temps habitants de la commune ; et ce n'est que l'année suivante, au 31 mars, que les listes électorales sont définitivement arrêtées.

97. — Il n'est pas nécessaire que le contribuable, porté au rôle d'une des quatre contributions directes, réside dans la commune, pour être inscrit sur la liste électorale municipale ; mais s'il réside hors de la commune, il n'est plus porté d'office sur la liste des électeurs, et pour y être inscrit, il est indispensable qu'il déclare par écrit qu'il entend exercer ses droits électoraux dans la commune qu'il spécifie. C'est que le

payement d'un impôt dans la commune donnant droit
d'y être électeur, il n'en résulte pas qu'on aura le suffrage dans toutes les communes où l'on est imposé
comme propriétaire ou comme patenté ; et pour éviter
qu'un contribuable ne se trouve porté sur plusieurs
listes électorales, il a été décidé que l'inscription d'office
n'aurait lieu en sa faveur que s'il réside dans la commune ; s'il ne réside pas dans la commune, il devra déclarer qu'il entend y être électeur[1].

98. — Enfin, aux termes de l'article 5, § 2 de la loi du
7 juillet 1874, seront également inscrits sur la liste électorale municipale, les membres de la famille des mêmes
électeurs compris dans la cote de la prestation en nature, alors même qu'ils n'y sont pas personnellement
portés, et les habitants qui, en raison de leur âge ou de
leur santé, auraient cessé d'être soumis à cet impôt. Il est
bien entendu que, par ces mots : *membres de la famille*,
le législateur de 1874 n'a pas voulu étendre aux servi-
teurs le bénéfice de la disposition finale de l'article 5 ;
un amendement présenté dans ce sens, par M. Latrade,
a été repoussé après une vive discussion[2]. Par *membres de la famille*, il faut entendre les fils et gendres,
les petits-fils, les neveux ou les frères, c'est-à-dire les
parents ou alliés vivant sous le même toit, et qui sont
compris numériquement dans la cote des prestations
portée au nom du chef de famille.

99. — Dans les communes qui libèrent les prestations
au moyen d'un vote de fonds, et où, par suite, il n'y a
pas de rôle de prestataires, les dispositions finales de
l'article 5, paragraphe 2, ne reçoivent pas d'application.

---

[1] Rapport de la commission et circulaire du 12 juillet 1874.

[2] Séances des 12 juin, 3 et 4 juillet 1874.

C'est ce qui résulte de la discussion qui eut lieu, dans la séance du 12 juin 1874, à propos des deux amendements de MM. Marcou et Jules Ferry, relatifs au rôle de la contribution personnelle et mobilière, amendements qui tous deux ont été repoussés.

100. — Nous arrivons maintenant à de nouvelles catégories d'électeurs municipaux; et d'abord à ceux qui se sont mariés dans la commune et qui justifient qu'ils y résident depuis un an au moins (loi du 7 juillet 1874, art. 5, § 3); — puis viennent les Alsaciens-Lorrains qui ont opté pour la nationalité française, en vertu de l'article 2 du traité de paix du 10 mai 1871, et ont en outre déclaré fixer leur résidence dans la commune, conformément à la loi du 19 juin 1871; — enfin les fonctionnaires publics et les ministres des cultes, qui sont assujettis à une résidence obligatoire dans la commune où ils exercent leur ministère ou leurs fonctions. Tous ces électeurs, de nature différente, sont portés d'office sur les listes électorales municipales; mais remarquons, en ce qui concerne les fonctionnaires publics, qu'ils ne sont électeurs que là où ils ont une *résidence obligatoire;* il en est de même pour les ministres des cultes reconnus par l'Etat, et c'est ainsi qu'un membre d'une congrégation, enseignant dans une institution privée, ne serait pas électeur; sa résidence dans la commune n'est en effet obligatoire qu'en vertu des engagements particuliers qui le lient à son supérieur ecclésiastique, et non en vertu d'une fonction instituée ou reconnue par la loi[1].

101. — *Inscriptions sur demande.* — Pour tous ceux qui ne se trouvent pas dans une des conditions que

---

[1] Discussion relative à une question posée par M. Jozon, dans la séance du 6 juillet 1874.

nous venons de rappeler, c'est-à-dire ceux que ne désignent pas les paragraphes 1, 2, 3, 5 et 6 de l'article 5
de la loi du 7 juillet 1874, une résidence de deux
années consécutives dans la commune est la condition
essentielle. Les électeurs appartenant à cette catégorie
ne doivent être inscrits ni d'office, ni sur demande d'un
tiers ; il est nécessaire qu'ils demandent par eux-mêmes
ou par mandataires, à être portés sur la liste électorale ;
ils devront, en outre, déclarer le lieu et la date de leur
naissance. Mais il va sans dire que l'électeur qui aura
été porté sur la liste une fois, sur sa demande, continuera à y être porté jusqu'à ce que, pour une cause quelconque, il ait dû en être effacé ; l'électeur n'aura donc
pas à faire, tous les ans, une démarche à l'effet d'être
inscrit sur la liste électorale.

102.—Nous venons de dire que l'inscription d'un électeur de cette catégorie ne pouvait avoir lieu par l'entremise d'un tiers non muni de pouvoir à cet effet ; il a été
jugé en effet que les individus compris dans le paragraphe 4 de l'article 5 étant tenus de faire personnellement la demande de leur inscription, cette demande ne
pouvait être valablement faite, sans un mandat exprès,
par un maître pour ses domestiques [1].

103. — Enfin, la demande d'inscription sur la liste
électorale municipale doit-elle être faite toujours par écrit,
peut-on au contraire ne la présenter que verbalement ?
Le ministre de l'intérieur, dans sa circulaire du 21 juil-
jet 1874, avait décidé que « bien que la loi ne l'exige pas
formellement, cette demande devait être formée par
écrit ; » mais dans sa circulaire du 1er août suivant, le
ministre est revenu sur sa première décision, et sans

---

[1] Cassation, chambre criminelle du 1er octobre 1874.

insister pour la demande écrite, il a admis que, pour les citoyens qui demanderaient à être dispensés de cette formalité, il suffira de relater leur démarche sur le registre tenu dans chaque mairie, conformément à l'article 19 du décret organique du 2 février 1852 [1]. La mention faite sur ce registre sera signée par l'électeur, qui, s'il ne peut écrire, tracera une croix. Cette simple constatation, ajoute le ministre dans sa circulaire, servira de preuve s'il est nécessaire d'appliquer les pénalités édictées par la loi contre les auteurs de fausses déclarations. Nous ne saurions donc trop recommander aux citoyens de rédiger eux-mêmes leur demande ou de la faire rédiger par quelques-uns de leurs amis, lorsqu'ils le pourront; une demande d'inscription écrite est toujours plus précise et prévient les fausses déclarations.

104. — Reste maintenant l'inscription des militaires sur les listes électorales, le dernier paragraphe de l'article 5 de la loi du 7 juillet 1874 y a pourvu. L'absence de la commune résultant du service militaire ne porte aucune atteinte aux droits que les jeunes gens appelés sous les drapeaux peuvent avoir à être inscrits sur les listes électorales, et le décret du 2 février 1852 leur est applicable. En conséquence, les militaires en activité de service et les hommes retenus pour le service des ports ou de la flotte, en vertu de leur immatriculation sur les rôles de l'inscription maritime, doivent être portés sur les listes des communes où ils étaient domiciliés avant leur départ. Pour les jeunes gens entrés dans l'armée en vertu de l'appel, le domicile est celui du recrutement;

---

[1] Cet article est ainsi conçu : « Art. 19... § 4. Il sera ouvert, dans chaque mairie, un registre sur lequel les réclamations (en matière de liste électorale) seront inscrites par ordre de date. Le maire devra donner récépissé de chaque réclamation. »

pour les engagés volontaires, le domicile de départ est le domicile mentionné dans l'acte d'engagement.

3. — DE LA CONVOCATION DES ÉLECTEURS.

105. — Les électeurs, pour les élections départementales, étaient autrefois convoqués par le préfet, en vertu des dispositions de l'article 34 de la loi du 22 juin 1833, maintenues par le décret du 3 juillet 1848 et la loi du 7 juillet 1852, combinés avec le décret réglementaire du 2 février de la même année; le gouvernement n'intervenait que dans les cas de renouvellements partiels ou triennaux. Aujourd'hui, les colléges électoraux sont toujours convoqués par un décret du pouvoir exécutif, aux termes de l'article 12, paragraphe 1er de la loi du 10 août 1871.

106. — Il doit y avoir un intervalle de quinze jours francs au moins, entre la date du décret de convocation et le jour de l'élection. Sous l'empire du décret du 2 février 1852, il devait y avoir un intervalle de vingt jours entre la *promulgation du décret* de convocation pour l'élection des députés et les opérations électorales; mais le conseil d'Etat avait plusieurs fois décidé que ce décret n'était pas applicable aux élections départementales. L'article 12 de la loi du 10 août 1871 comble cette lacune, en exigeant un intervalle de quinze jours — M. Lambreckt avait proposé un intervalle de vingt jours, — entre la *date du décret* de convocation et les élections; mais le législateur de 1871 a omis d'indiquer combien de jours à l'avance ce décret devait être porté à la connaissance des électeurs. Il a bien été expliqué, il est vrai, au sein de la commission, que le décret de convocation n'existant que du *jour de sa promulgation*, comme mesure exécutoire, c'est à partir seulement de ce jour que devait courir le délai de quinze jours francs; mais le conseil d'Etat apprécie toujours, d'après les

6

circonstances, si l'intervalle entre le décret de convocation et l'élection a été, en fait, suffisant, et c'est ainsi qu'il a annulé (décision du 4 février 1876, élections de Mondovi) des opérations électorales, alors que le décret de convocation n'avait été porté à la connaissance des électeurs que quatre jours seulement avant l'élection. Remarquons toutefois que cette décision a été prise contrairement aux conclusions du ministre de l'intérieur, qui faisait observer que cinquante affiches avaient été apposées dans les quatre communes qui avaient à procéder à l'élection, et que les électeurs avaient été suffisamment avertis de l'élection, puisque sur 309 inscrits, 252 au premier tour, et 262 au second, avaient pris part au vote.

107. — Pour le renouvellement triennal des conseils généraux, les décrets de convocation des électeurs ont toujours été promulgués, depuis la loi de 1871, vingt jours au moins avant le jour de l'élection. Ainsi les élections du 4 octobre 1874 ont eu lieu en vertu du décret de convocation en date du 11 septembre, et celles du 4 novembre 1877 en vertu du décret du 12 octobre précédent.

108. — Lorsqu'il ne s'agit pas du renouvellement triennal des conseils généraux, mais seulement d'élire des conseillers généraux invalidés, décédés ou démissionnaires, ou bien encore de pourvoir à une vacance par suite d'option entre deux colléges électoraux, les électeurs doivent être convoqués dans le délai de trois mois, à partir de la vacance, du décès ou de la démission, ainsi que le prescrit l'article 22 de la loi du 10 août 1871, mais le décret de convocation doit être encore promulgué et porté à la connaissance des électeurs, quinze jours au moins avant l'élection.

109. — D'après l'article 11 de la loi du 22 juin 1833, la nouvelle élection devait avoir lieu dans les deux mois ; mais, dans la pratique, cette disposition avait été souvent violée, parce qu'elle fixait un délai trop court et qu'aussi elle manquait de sanction. En étendant le délai à trois mois, le législateur a remédié au premier inconvénient de la législation antérieure ; il a également pallié le second, en chargeant la commission départementale de veiller à l'exécution de l'article 22 de la loi du 10 août, et de requérir en tant que de besoin, non-seulement auprès du préfet, mais aussi auprès du ministre de l'intérieur, la convocation des électeurs dans le délai légal. Le refus du ministre engagerait nécessairement sa responsabilité.

110. — Il peut arriver qu'une vacance vienne à se produire presque à la veille du renouvellement légal d'une série du conseil général ; dans ce cas, il faudrait différer l'élection partielle jusqu'au moment du renouvellement légal de la série, si ce renouvellement devait avoir lieu avant la prochaine session ordinaire du conseil. Il était en effet inutile de convoquer les électeurs dans le but de procéder à un vote dont le résultat serait annulé avant que le membre ait pu siéger dans le conseil général.

111. — Dans le cas de renouvellement, en cas de modification dans la limite des cantons, l'article 22 de la loi du 10 août 1871, comme l'article 11 de la loi du 22 juin 1833, n'a porté aucune sanction relativement à l'observation du délai fixé pour les élections complémentaires. Or, le conseil d'État a jugé, sous l'empire de l'ancienne législation (13 août 1840, affaire Galabert) que les élections faites après ce délai n'étaient pas entachées de nullité. La même jurisprudence serait sans doute encore appliquée aujourd'hui.

112. — Beaucoup de préfets tardent à faire connaître au ministre de l'intérieur les vacances survenues
dans les assemblées départementales, et les propositions
de l'autorité préfectorale en vue de la convocation des
électeurs, ne parviennent que deux ou trois jours seulement avant que s'ouvre le délai légal de quinze jours
prévu par l'article 12 de la loi de 1871 ; une circulaire
ministérielle du 11 octobre 1875 a signalé aux préfets
les inconvénients de ces retards et les a invités à veiller
à ce que toute demande, à fin de convocation d'électeurs
soit adressée au ministre, au plus tard, à la fin de la
semaine qui précède celle où le décret de convocation
doit être rendu.

113. — La loi du 10 août 1871 n'étant applicable au
conseil général de la Seine que pour la partie du titre II
qui concerne les conditions d'électorat et d'éligibilité
(art. 2, § 2 de la loi du 16 septembre 1871), c'est au
préfet de la Seine et non au chef du pouvoir exécutif,
qu'il appartient, dans tous les cas, de convoquer les
électeurs pour les élections départementales de la Seine.
Pour tout ce qui concerne le conseil général de ce
département, il faut se référer aux lois des 22 juin 1833,
10 mai 1838 et 18 juillet 1866 ; or, aux termes de l'article 34 de la loi de 1833, les assemblées électorales sont
convoquées par le préfet. C'est ce qui résulte en outre
d'une décision du ministre de l'intérieur du 27 août
1873.

4. — DE LA DISTRIBUTION DES BULLETINS DE VOTE.

114. — La distribution des cartes électorales se
fait par les soins du maire et de ses employés, mais la
distribution des bulletins de vote et des circulaires des
candidats ne se fait que par les soins de ceux-ci ; cependant ne serait pas une cause de nullité des opérations
électorales la distribution des bulletins de vote faite par

les soins du maire de la commune, soit avec les cartes électorales, soit par le garde champêtre. Peut-être, trouverait-on dans cette manière d'opérer la distribution des bulletins d'un candidat un fait regrettable, mais il est bien certain qu'il n'entrainerait pas la nullité de l'élection, alors surtout qu'il n'a exercé aucune influence sur le résultat des opérations électorales. (Conseil d'Etat, 12 novembre 1875 et 11 février 1876.)

115. — Mais si le conseil d'Etat ne condamne, en fait, les actes des administrations locales, leur ingérence dans les opérations électorales, qu'autant que ceux-ci auraient été de nature à modifier le résultat du scrutin, la loi du 30 novembre 1875 sur l'élection des députés, s'exprime ainsi dans son article 3 : « Il est interdit à tout agent de l'autorité publique ou municipale de distribuer des bulletins de vote, professions de foi et circulaires des candidats; » et plus loin, article 22 : « Toute infraction aux dispositions prohibitives de l'article 3, paragraphe 3, sera punie d'une amende de 16 francs à 300 francs. » Le législateur de 1875 a voulu ainsi condamner la jurisprudence admise sous l'Empire, aux termes de laquelle l'administration avait le droit de faire soutenir par ses agents la candidature de ceux qu'elle agréait.

116. — Si la distribution des bulletins de vote par les gardes champêtres, punissable aux termes de la loi du 30 novembre 1875, n'entraîne en rien la nullité des élections, même sous l'empire de la législation nouvelle, il est hors de doute que ces agents de l'autorité ne pourraient aller jusqu'à accompagner les candidats chez les électeurs et les recommander ainsi aux suffrages de la commune. Il y a dans ce fait une atteinte à la liberté des électeurs, et c'est avec sagesse que le conseil d'Etat a annulé (11 février 1876), les opérations électorales de la commune de Beaurainville qui s'étaient accomplies dans de semblables conditions.

6.

117. — Mais l'intervention des maires en faveur d'un candidat ne saurait être une cause d'annulation de l'élection, lorsqu'ils sont intervenus à titre pure-ment personnel, que l'administration est restée complè-tement neutre, et qu'aucun des maires n'a usé de ses fonctions pour exercer une pression sur les électeurs. (Conseil d'Etat, 19 août 1876, élections de Lannion.) Et en effet, le maire n'est pas seulement un fonction-naire du gouvernement; c'est avant tout, en matière d'élections, un habitant du pays, un électeur auquel on ne peut interdire de manifester et de justifier ses préféren-ces personnelles, en recommandant à ses concitoyens le candidat de son choix, qui possède toutes ses sympathies.

5. — DE LA FORMATION DES BUREAUX DE VOTE.

118. — L'article 3, paragraphe 2 de la loi du 7 juillet 1852, n'a pas été abrogé par la loi de 1871, et en conséquence les préfets ont conservé la faculté d'établir des bureaux de vote pour la commodité des électeurs, partout où ils reconnaissent la nécessité de rapprocher ceux-ci de l'urne électorale. Mais ce droit de division demeure personnel aux préfets, et ne saurait être délégué ni aux sous-préfets ni aux maires; le droit exclusif du préfet en cette matière a été reconnu par décret du 19 mars 1872 annulant une délibération du con-seil général de la Lozère ; la plus grande publicité doit en outre être donnée aux arrêtés préfectoraux qui pres-crivent ces divisions en sections électorales.

119. — Les bureaux de chaque collège électoral ou de chaque section sont composés d'un président, de quatre assesseurs et d'un secrétaire choisi par eux parmi les électeurs. Dans les délibérations du bureau, le secrétaire n'a que voix consultative (décret de 1852, art. 12), s'il n'y a qu'un bureau, la présidence appartient au maire, et, à son défaut, à un de ses adjoints ou aux conseillers municipaux suivant l'ordre du tableau. S'il y a deux bureaux, le maire préside le premier, l'adjoint ou le conseiller municipal qui le remplace préside le second. A défaut, d'adjoint et de conseillers municipaux, les présidents sont désignés par le maire parmi les électeurs. (Décret de 1852, art. 13). Les assesseurs sont pris suivant l'ordre du tableau, parmi les conseillers municipaux; à leur défaut, les deux plus âgés et les deux plus jeunes électeurs présents sont appelés au bureau. Enfin, les présidents désignés par le maire, de même que les assesseurs choisis parmi les conseillers municipaux ou parmi les électeurs, doivent savoir lire et écrire. (Décret de 1852, art. 13 et 14.

120. — Le président du collége électoral ou de la section a seul la police de l'assemblée. Nulle force armée ne peut, sans son autorisation, être placée dans la salle des séances ni aux abords du lieu où se tient l'assemblée. Les autorités civiles et les commandants militaires sont tenus de déférer à ses réquisitions.

121. — Le bureau prononce provisoirement, par des décisions motivées, sur les difficultés qui s'élèvent touchant les opérations du collége électoral ou de la section. Les décisions du bureau sont inscrites au procès-verbal à la suite des réclamations; les pièces ou bulletins qui s'y rapportent sont annexés au procès-verbal, après avoir été paraphés par le bureau.

6. — DES ASSEMBLÉES ÉLECTORALES.

122. — *Durée du scrutin.* — Une autre innovation de la loi du 10 août 1871 consiste dans la suppression de la distinction, faite par l'article 3 de la loi du 7 juillet 1852, entre les communes de vingt-cinq mille âmes et au-dessus, par rapport à la durée du scrutin. Sous l'empire de la législation de 1852 (art. 3, § 4), dans les communes de deux mille cinq cents âmes et plus, le scrutin durait deux jours ; il était ouvert le samedi et clos le dimanche ; sous l'empire de la législation nouvelle (loi du 10 août 1871, art. 12, § 2), dans toutes les communes de France, quel que soit le chiffre de leur population, le scrutin ne doit durer qu'un seul jour, et ce jour ne peut être qu'un dimanche.

123. — Le scrutin est ouvert à sept heures du matin et clos le même jour à six heures. La loi de 1871 ayant eu soin de fixer l'heure d'ouverture et de fermeture du scrutin, non seulement les maires (circulaire ministérielle du 19 septembre 1871), mais encore les préfets ou le ministre ne peuvent la modifier (décision ministérielle du 22 juillet 1873). Cependant, l'ouverture tardive et la fermeture anticipée des opérations, n'entraînent pas nécessairement leur annulation, et l'élection peut être maintenue si les heures auxquelles le scrutin a été effectivement ouvert et fermé, étaient indiquées sur les cartes électorales, et si aucun électeur ne s'est plaint de n'avoir pu voter par suite de l'ouverture tardive ou de la fermeture anticipée du scrutin. (Conseil d'État, 12 nov. 1875, élections de Neuilly-le-Réal.) La fermeture anticipée du scrutin n'entraînerait la nullité des élections qu'autant qu'elle aurait eu pour résultat de priver de l'exercice de leurs droits un nombre d'électeurs suffisant pour déplacer la majorité. (Conseil d'État, 20 nov. 1856).

124. — Lorsque la durée du scrutin est fixée par le législateur, comme dans l'article 12 de la loi du 10 août 1871, il est bien certain que l'irrégularité commise atteint une gravité exceptionnelle, et souvent le conseil d'Etat a prononcé plusieurs annulations sans même déclarer que le résultat des opérations électorales avait pu être modifié, notamment les 12 avril 1847 et 22 mai 1861 ; mais les juges de la validité des élections n'ont à se prononcer sur les irrégularités commises, qu'autant qu'elles ont pu diminuer les garanties données aux électeurs ou influer sur le résultat des opérations électorales, en sorte qu'il ne saurait y avoir, en cette matière, de jurisprudence absolue.

125. — Toutefois, lorsque les cartes électorales contiennent une mention spéciale indiquant la durée précise du scrutin, cette mention exclue nécessairement toute idée de fraude, et milite en faveur de la validité du scrutin dont la durée, bien qu'illégale, a été parfaitement connue de tous les électeurs. Le conseil d'Etat attribue d'ailleurs avec raison une si grande importance aux indications portées sur les cartes électorales, principalement consultées par tous les électeurs, qu'il a annulé une élection où le scrutin avait eu la durée fixée par un arrêté préfectoral, mais une durée moindre que celle qui avait été indiquée sur les cartes délivrées aux électeurs. (Conseil d'Etat, 7 août 1856 et 14 juin 1861.)

126. — *Tenue de l'assemblée électorale.* — A l'appel de son nom, chaque électeur doit remettre son bulletin fermé au président, qui le dépose dans l'urne après que le vote a été constaté par un des assesseurs sur la liste d'émargement. Remarquons, toutefois, que l'inobservation de cette prescription (décret du 2 février 1852, art. 23), qui veut que le vote de chaque électeur soit constaté par la signature ou le paraphe d'un des membres du bureau sur la liste électorale, n'est pas une cause d'annulation des opérations, lorsque les électeurs ont été inscrits dans l'ordre où ils se présentaient au bureau, sur une liste signée par tous les membres du bureau, et que le nombre des inscriptions est égal à celui des suffrages exprimés. (Conseil d'Etat, 7 avril 1876. Election d'Aubin.)

127. — Pendant toute la durée des opérations, une copie de la liste des électeurs, certifiée par le maire, contenant les noms, domicile, qualification de chacun des inscrits, reste déposée sur la table autour de laquelle siége le bureau. Tout électeur inscrit sur cette liste a le droit de prendre part au vote. Néanmoins, ce droit est suspendu pour les détenus, les accusés contumaces et pour les personnes non interdites, mais retenues, en vertu de la loi du 30 juin 1838, dans un établissement public d'aliénés.

128. — Nul ne peut être admis à voter s'il n'est inscrit sur la liste; toutefois, seront admis à voter, quoique non inscrits, les électeurs porteurs d'une décision du juge de paix ordonnant leur inscription, ou d'un arrêt de cassation annulant un jugement qui aurait prononcé leur radiation. (Décret de 1852, art. 17, 18 et 19).

129. — Les électeurs apportent leurs bulletins préparés en dehors de l'assemblée; le papier du bulletin doit être blanc et sans signe extérieur. Remarquons, toutefois, que le président ne saurait refuser de recevoir les bulletins qui lui sont remis, par le motif qu'ils ne seraient pas sur papier blanc ou qu'ils présenteraient une particularité extérieure de nature à être considérée comme un signe de reconnaissance. Il devra se borner à rappeler, d'une manière générale, les prescriptions légales au commencement du scrutin et à plusieurs reprises pendant sa durée, s'il le juge convenable.

130. — Enfin, trois membres du bureau au moins doivent être présents pendant tout le cours des opérations du collége électoral ou de la section.

131. — *Dépouillement du scrutin.* — Aux termes de la loi du 10 août 1871 (art. 12), le dépouillement des bulletins de vote doit suivre immédiatement la clôture du scrutin ; le bureau ne serait donc plus autorisé à le remettre au lendemain (circ. min. du 19 septembre 1871). Il est procédé à cette opération de la manière suivante : La boîte du scrutin est ouverte et le nombre des bulletins vérifié. Si ce nombre est plus grand ou moindre que celui des votants, il en est fait mention au procès-verbal. Le bureau désigne, parmi les électeurs présents, un certain nombre de scrutateurs sachant lire et écrire, lesquels se divisent par table de quatre au moins. Le président répartit entre les diverses tables les bulletins à vérifier. A chaque table, un des scrutateurs lit chaque bulletin à haute voix et le passe à un autre scrutateur ; les noms portés sur les bulletins sont relevés sur des listes préparées à cet effet. Le président et les membres du bureau surveillent l'opération du dépouillement. Ils peuvent y procéder eux-mêmes s'il y a moins de trois cents votants. Les tables sur lesquelles s'opère le dépouillement du scrutin sont disposées de telles sorte que les électeurs puissent circuler alentour. (Décret de 1852, art. 27, 28 et 29.)

132. —*Incinération des bulletins.*— Après le dépouillement du scrutin, le résultat est rendu public, et les bulletins autres que ceux qui doivent être annexés au procès-verbal sont brûlés en présence des électeurs.

133. — *Recensement des votes.* — Pour les colléges divisés en plusieurs sections, le dépouillement du scrutin se fait dans chaque section. Le résultat est immé-

diatement arrêté et signé par le bureau ; il est ensuite porté par le président au bureau de la première
section, qui, en présence des présidents des autres sections, opère le recensement général des votes et en
proclame le résultat. Les procès-verbaux des opérations
électorales de chaque commune sont rédigés en double.
L'un de ces doubles reste déposé au secrétariat de la
mairie. L'autre double doit, immédiatement après le
dépouillement, être porté *au chef-lieu de canton* par
deux membres du bureau. Le concours de la gendarmerie ne devra être requis que pour transporter les résultats numériques qui lui seront fournis par les maires.
(Circulaire télégraphique du ministre de l'intérieur, du
3 octobre 1874). Le bureau du chef-lieu de canton procède au recensement général des votes en présence des
délégués des bureaux de chaque commune, et le président, après avoir proclamé le résultat définitif, adresse
tous les procès-verbaux et les pièces au préfet. (Loi du
10 août 1871, art. 13 [1].)

134. — *Calcul de la majorité*. — Nul n'est élu au
premier tour de scrutin s'il n'a réuni : 1° la majorité

---

[1] Le procès-verbal fait-il foi jusqu'à inscription de faux ou
seulement jusqu'à preuve contraire ? Le ministre de l'intérieur
a discuté cette question devant le conseil d'Etat le 23 août
1843 (élection de Giromagny) « Plusieurs ordonnances royales,
a-t-il dit, ont décidé que les membres du bureau d'une assemblée électorale qui avaient signé le procès-verbal n'étaient pas
admissibles à en contredire les énonciations par déclarations
postérieures.

« L'assimilation des procès-verbaux d'élections aux actes
authentiques mentionnés dans l'article 1319, C. civ., et des
membres du bureau d'une assemblée électorale aux notaires,
n'est ni fondée ni admissible. (Voir dans ce sens plusieurs
arrêts du conseil d'Etat et notamment 23 juillet 1838, aff. de
Castillon ; — 14 février 1842, aff. de Jollonges.)

absolue des suffrages exprimés; 2° un nombre de suffrages égal au quart de celui des électeurs inscrits.
(Loi du 10 août 1871, art. 14.)

135. — Les bulletins blancs ou illisibles, ceux qui ne
contiennent pas une désignation suffisante ou dans lesquels les votants se font connaître, n'entrent pas en
compte dans le résultat du dépouillement, mais ils sont
annexés au procès-verbal. (Décret de 1852, art. 30.) Les
bulletins inscrits sur papier de couleur entrent en compte
pour fixer le nombre des suffrages exprimés et la majorité absolue, quoiqu'ils ne puissent être attribués au
candidat qui y est désigné; mais le bureau devra les
annexer au procès-verbal. On procédera de la même
manière à l'égard des bulletins qui porteraient un signe
extérieur. On ne doit pas non plus, dans le calcul de la
majorité absolue, compter comme suffrages exprimés les
bulletins trouvés en sus du nombre de votants, et il y a
lieu de déduire du nombre des suffrages obtenus par
chaque candidat un nombre égal à celui de ces bulletins.

136. — *Deuxième tour de scrutin.* — Dans le cas où
la majorité exigée pour la validité de l'élection n'a pas
été atteinte par les candidats, il est procédé à un nouveau tour de scrutin le dimanche suivant. A cette seconde opération, qui a lieu dans la même forme que la
première, l'élection se fait à la majorité relative, quel
que soit le nombre des votants. Si plusieurs candidats
obtiennent le même nombre de suffrages, l'élection est
acquise au plus âgé. (Loi du 10 août 1871, art. 14, conforme à l'art. 4 de la loi du 7 juillet 1852.)

7. — VOIES DE RECOURS ET VÉRIFICATION DE POUVOIRS.

137. — 1° *Historique.* — Sous l'empire de la loi du
22 juin 1833 (art. 50 et suiv.) les conseils de préfecture,

sauf recours au conseil d'Etat, étaient compétents pour
statuer sur toutes les réclamations que pouvaient soulever les opérations électorales, tendant à la nomination
des conseillers généraux. L'Assemblée nationale de 1871,
cédant aux sollicitations de l'école décentralisatrice, et
après un laborieux enfantement, consacra en faveur
des conseils généraux, le système de la vérification
des pouvoirs tel qu'il était pratiqué par l'Assemblée elle-même, c'est-à-dire le conseil général statuant
spontanément et sans aucune espèce de recours sur la
validité des élections de tous ses membres. Ce système,
fort séduisant au premier abord, cachait, sous des apparences très libérales, des inconvénients déplorables.
Dans l'application des articles 15 et 16 de la loi du
10 août 1871, en effet, l'on ne tarda pas à voir les questions de vérification de pouvoirs dégénérer en questions politiques, et devenir ainsi, dans certains départements, pour les différents partis, le moyen détestable
de compter leurs partisans et d'éprouver leur influence
dans le sein du conseil général.

138. — Les dangers du système préconisé par le
législateur du 10 août 1871 amenèrent, après quelques
années d'expérience, une réaction dans beaucoup d'esprits libéraux, qui s'associèrent alors au projet de loi
dont M. Tallon, dès le 2 mars 1875, avait saisi l'Assemblée nationale. Le projet de M. Tallon était presque un
retour pur et simple à la législation antérieure ; l'honorable député demandait qu'on restituât aux conseils de
préfecture le soin de vérifier les pouvoirs des membres
des conseils généraux ; le conseil de préfecture devait
seulement s'adjoindre, pour cette vérification, deux
membres du conseil général pris dans l'ordre d'ancien-
neté. Quant aux décisions du conseil ainsi composé et
chargé de la vérification des pouvoirs des membres du
conseil général, elles étaient toujours rendues sauf recours au conseil d'Etat, et le préfet aussi bien que cha-

cun des membres du conseil général pouvait former
ledit recours.

139. — La commission chargée d'examiner le projet
de loi de l'honorable M. Tallon eut à choisir entre plusieurs systèmes, dont chacun trouva des adhérents
parmi les commissaires. Les uns proposaient d'attribuer aux tribunaux civils le jugement des élections contestées ; l'inamovibilité des juges qui les composent
leur paraissait être une garantie d'indépendance propre
à rassurer les justiciables. Les autres voulaient le maintien de l'article 16 de la loi de 1871, et demandaient simplement que, tout en maintenant aux conseils généraux
le droit de vérification des pouvoirs de leurs membres,
le recours au conseil d'Etat soit rétabli. D'autres enfin
proposaient d'attribuer le jugement en première instance
à la commission départementale, en l'astreignant à
suivre les formes adoptées devant les conseils de préfecture, réservant toujours le droit de recours devant le
conseil d'Etat. (Voir le rapport de M. Balbie, *J. officiel*
du 22 août 1875.)

140. — La commission écarta toutes ces propositions, et, par un retour à la loi du 22 juin 1833, fut tentée
de consacrer purement et simplement la compétence des
conseils de préfecture, sauf appel au conseil d'Etat. Cependant, le rang élevé qu'occupe aujourd'hui le conseil
général dans l'ordre des conseils électifs, fit penser qu'il
ne fallait supprimer le pouvoir de vérification par le
conseil général que pour transporter la compétence à
une juridiction aussi élevée que possible dans l'échelle
administrative, et il fut alors décidé que le conseil
d'Etat serait seul et directement saisi, en premier et
dernier ressort, de toutes les contestations soulevées à
l'occasion des élections au conseil général. Tel est le

principe de la loi des 31 juillet-4 août 1875[1], qui fut adoptée par 372 voix contre 350 dans la séance du 31 juillet.
(Voir le *Journal officiel* du 1er août 1875.)

141. — 2° *Procédure*. — Tout électeur du canton,
tout candidat, tout membre du conseil général peut
arguer de nullité les élections qui ont lieu pour la nomination d'un membre du conseil général (art 15, loi du 10
août 1871, modifié par la loi du 31 juillet 1875). Si la
réclamation n'a pas été consignée dans le procès-verbal

---

[1] La loi du 4 août 1875 vient d'être attaquée devant la
Chambre des députés, par le dépôt (24 janvier 1879) d'une
proposition de loi de MM. Lisbonne, Charles Boysset, Devès,
Menard, Dorian et Arrazat, députés, qui est ainsi conçue :

Messieurs, les conseillers généraux, par certaines de leurs
attributions, sont des assemblées politiques.

Par plusieurs autres, et notamment par celles qui sont
dévolues aux commissions départementales, ils exercent un
véritable contrôle sur les actes du pouvoir exécutif, en la
personne des préfets.

A ce double point de vue, il est difficile d'admettre que la
vérification des pouvoirs des conseillers généraux puisse être
déférée à la juridiction du conseil d'Etat, dont la composition
est étrangère aux suffrages du pays et n'émane que du
pouvoir exécutif lui-même.

Ces observations suffisent comme exposé de motifs de la
proposition qui suit, d'autant mieux que la Chambre qui nous
a précédés l'avait déjà prise en considération.

La commission spéciale, saisie de son examen, l'avait adoptée à l'unanimité ; le rapporteur avait été nommé et le rapport
allait être déposé quand la Chambre des députés fut dissoute.

PROPOSITION DE LOI.

Art. 1er. — L'article 16 de la loi du 10 août 1871 est rétabli.

Cet article est ainsi conçu : « Les conseils généraux véri-
fient les pouvoirs de leurs membres ; aucun recours n'est
admis contre leurs décisions. »

Art. 2. — Les dispositions contraires de la loi du 31 décembre 1875 sont et demeurent abrogées.

d'élection, elle doit être déposée dans les dix jours qui suivent l'élection, soit au secrétariat de la section du contentieux du conseil d'Etat, soit au secrétariat général de la préfecture du département où l'élection a eu lieu. Il devra être donné récépissé de cette réclamation, et celle-ci sera, dans tous les cas, notifiée à la partie intéressée, dans le délai d'un mois, à compter du jour de l'élection. — Dans les dix jours qui suivront leur réception, le préfet transmettra au conseil d'Etat les réclamations consignées au procès-verbal de l'élection ou déposées au secrétariat général de la préfecture.

142. — Indépendamment des personnes indiquées dans le paragraphe précédent, le préfet peut aussi se pourvoir contre les élections au conseil général et les arguer de nullité. Il lui est accordé à cet effet un délai de vingt jours à partir du jour où il aura reçu les procès-verbaux des opérations électorales. C'est au conseil d'Etat que le préfet adressera ses réclamations, et celles-ci ne pourront être fondées que sur l'inobservation des conditions et formalités prescrites par les lois. Il semble dès lors que le droit qu'a le préfet d'attaquer les élections soit moins étendu que celui des électeurs, car la loi stipule que sa réclamation doit être basée sur « l'inobservation des conditions et formalités prescrites; » mais ces expressions sont celles qu'employaient l'article 50 de la loi du 22 juin 1833 et l'article 46 de la loi du 5 mai 1855; de ce rapprochement et de la déclaration faite par le rapporteur de la loi de 1875 (*J. off.*, p. 6130), il résulte que l'Assemblée nationale a entendu se référer purement et simplement aux traditions anciennes et à la jurisprudence du conseil d'Etat.

143. — Devant le conseil d'Etat, les réclamations contre les opérations électorales sont examinées suivant les formes adoptées pour le jugement des affaires contentieuses (art. 16, L. du 10 août 1871, modifié par la loi du 31 juillet 1875). Elles sont jugées sans frais, dispensées du timbre et du ministère des avocats au conseil d'Etat. Le conseil doit en outre avoir statué sur toutes les réclamations trois mois après l'arrivée des pièces au secrétariat du conseil d'Etat. Enfin, le débat ne peut porter que sur les griefs relevés dans les réclamations; seuls, les moyens d'ordre public pourront être produits en tout état de cause.

144. — Lorsque la réclamation est fondée sur l'incapacité légale de l'élu, le conseil d'Etat surseoit à statuer jusqu'à ce que la question préjudicielle ait été jugée par les tribunaux compétents, et fixe un bref délai dans lequel la partie qui aura élevé la question préjudicielle doit justifier de ses diligences. Les questions préjudicielles sont jugées sommairement par les tribunaux et conformément au paragraphe 4 de l'article 33 de la loi du 19 avril 1831. En cas d'appel, l'acte d'appel doit, sous peine de nullité, être notifié à la partie adverse, dans les dix jours du jugement, quelle que soit la distance des lieux.

145. — 3° *Diverses contestations.* — Les protestations qui s'élèvent au lendemain d'une élection contiennent souvent des énonciations qui ne peuvent être utilement produites pour faire annuler les opérations électorales. Ainsi, entre autres griefs articulés contre les opérations électorales auxquelles il avait été procédé en 1875 pour la nomination d'un membre du conseil général dans le canton de Tarascon, les réclamants alléguaient que 1,100 électeurs déclaraient avoir voté pour un candidat à qui on n'avait compté que 863 suffrages. Le conseil d'Etat repoussa (12 novembre 1875) la demande des réclamants, en se fondant sur ce que la déclaration des électeurs qui affirmaient avoir voté pour un candidat ne pouvait être utilement produite à l'appui d'une protestation, et que si ces déclarations

étaient admises, ce serait une violation manifeste du
secret des votes. Bien plus, le conseil d'Etat a considéré le moyen de droit qui s'opposait à ce qu'il fût
tenu compte de la déclaration des électeurs comme
tellement péremptoire, qu'il a cru inutile d'invoquer,
comme il l'avait fait le 14 août 1865, l'impossibilité de
vérifier l'incertitude de pareilles déclarations.

146. — Quelle est l'influence d'un article de journal
dirigé contre un candidat, au point de vue de la validité ou
de la nullité de l'élection? C'est une question qui n'est
pas sans importance, aujourd'hui surtout que la presse
tient dans nos mœurs électorales une place si importante, et que la polémique des journaux devient chaque
jour plus acerbe et plus ardente. Il est certain que tout
candidat s'expose à voir critiquer ses actes, ses intentions mêmes, souvent avec passion, parfois aussi avec
partialité. Si les critiques demeurent dans les termes
d'une polémique permise, le candidat peut toujours
répondre; si la critique devient de la diffamation, ce
sont les tribunaux correctionnels qui sont appelés à en
faire justice. • Trop souvent, malheureusement, dit
avec raison un annotateur du Recueil Dalloz, un candidat ne pourra pas empêcher ses adversaires de dénaturer sa conduite, et la guerre ne se fera pas toujours à
armes courtoises. C'est là une des conséquences inévitables des luttes politiques. Le juge de l'élection est dès
lors tenu d'une très grande circonspection dans l'appréciation des agissements respectifs des partis en
présence. Lorsque les attaques sont dirigées, non contre la personne même du candidat, mais contre les
tendances de l'opinion qu'il représente et qu'il professe,
et qu'il cherche à faire prévaloir, l'injustice de ces attaques ne peut guère devenir un motif d'annulation. Pour
invalider l'élection, il faudrait se livrer à une véritable
discussion politique et apprécier les événements auxquels tel ou tel gouvernement a pris part, les espéran-

ces et les craintes que son maintien ou son retour peuvent faire renaître. Il en est différemment lorsqu'il s'agit, soit d'imputations précises dirigées contre la personne même du candidat, soit de fausses nouvelles de nature à tromper les électeurs. Quand des griefs de ce genre sont justifiés, le juge peut reconnaître l'existence d'une manœuvre caractérisée et annuler l'élection. »

La jurisprudence du conseil d'Etat repose sur cette distinction, et ce tribunal, qui a déclaré le 5 novembre 1875 (Election de Billon), que la violence regrettable d'un article de journal envoyé à tous les électeurs, n'est pas, à elle seule, une cause suffisante pour annuler l'élection, n'a jamais hésité à annuler au contraire des élections dans les circonstances suivantes : 1° l'avant-veille de l'élection, un journal, envoyé à tous les électeurs, avait annoncé faussement le désistement du concurrent du candidat élu[1] ; — 2° un candidat avait fait circuler clandestinement un imprimé renfermant des allégations auxquelles ni son adversaire, ni l'administration n'avaient pu répondre, à raison même de ce mode de circulation[2] ; — 3° des reproches calomnieux avaient été répandus contre l'ancienne administration municipale, dont avaient fait partie les conseillers élus[3] ; — l'affiche d'une dépêche d'un fonctionnaire administratif, contenait des énonciations de nature à nuire à l'un des concurrents[4].

147. — Mais le conseil d'Etat, même en présence des griefs si importants que nous venons de rappeler, refuse

---

[1] Cons. d'Etat, 2 juin 66, élect. de la Souterraine.

[2] Cons. d'Etat, 5 août 68, élect. de Vivonne.

[3] Cons. d'Etat, 21 oct. 71, élect. du Fresne-la-Mère.

[4] Cons. d'Etat, 19 mars 75, élect. d'Aubin.

d'annuler l'élection lorsque le candidat attaqué a pu se défendre et a eu le temps de répondre aux attaques fondées ou injustes dont il était l'objet [1] ; ou bien encore lorsqu'il résulte de l'instruction de l'affaire que les faux bruits répandus sur le compte du candidat, n'ont eu aucune influence sur le sort définitif du scrutin [2].

148. — 4° *Situation des conseillers dont l'élection est contestée.* — Les conseillers généraux proclamés par les bureaux de recensement, et contre l'élection desquels aucune réclamation n'a été formée dans les délais légaux, sont considérés comme définitivement investis de leur mandat ; quant aux conseillers dont l'élection aura été attaquée, ils n'en devront pas moins être convoqués aux sessions du conseil général, et ils pourront prendre provisoirement part aux délibérations, en vertu du principe écrit dans la loi des 15-27 mars 1791 (art. 9), portant que « l'exercice provisoire demeure à ceux dont l'élection se trouve attaquée. » Sous le régime de la loi du 10 août 1871, ce principe est appliqué aux membres des conseils généraux dont l'élection n'est pas encore vérifiée ; il l'était également, sous l'empire de la loi du 22 juin 1833, aux candidats dont l'élection avait été annulée par les conseils de préfecture, mais qui avaient formé appel devant le conseil d'État ; rien n'indique que le législateur de 1875 ait entendu déroger sur ce point aux règles antérieures [3].

---

[1] Cons. d'État. 5 nov. 75, élect. de Billom.

[2] Cons. d'État, 22 août 68, élect. de Barjac, et 7 avr. 70, élect. de Rosans.

[3] Dans ce sens, voir la circulaire ministérielle du 14 août 1875, et une décision formelle du ministre de l'intérieur portant la même date, adressée à la demande du préfet de la Dordogne.

149. — Les conseillers généraux dont les pouvoirs ne sont pas encore vérifiés ou dont l'élection est attaquée, prennent non-seulement part aux délibérations et aux votes du conseil, mais ils peuvent encore être légalement désignés pour siéger aux conseils de révision [1]. Il serait cependant plus prudent, et peut-être aussi plus convenable, de ne faire cette désignation que si l'on y était contraint. Quant au droit de voter pour l'élection des sénateurs, il est incontestable que les conseillers, dont l'élection n'est pas encore validée, peuvent y prendre part, puisque la loi organique sur les élections des sénateurs du 2 août 1875 porte, article 10 : « Les députés, les membres du conseil général ou des conseils d'arrondissement qui auraient été proclamés par les commissions de recensement, *mais dont les pouvoirs n'auraient pas été vérifiés,* sont inscrits sur la liste des électeurs et peuvent prendre part au vote. »

8. — DE LA DURÉE DU MANDAT DE CONSEILLERS GÉNÉRAUX.

150. — Aux termes de l'article 8 de la loi du 22 juin 1833, les membres des conseils généraux étaient nommés pour neuf ans et renouvelés par tiers ; sous l'empire de la loi nouvelle de 1871 (art. 21), leur mandat a été limité à six années et le renouvellement par moitié tous les trois ans, avec réélection indéfinie, a été admis après une longue discussion [2]. La réduction du mandat de conseiller général n'a point été sans soulever de fort justes critiques ; il faut en effet un certain nombre d'an-

---

[1] Avis du ministre de l'intérieur au préfet du Morbihan, en date du 7 avril 1874.

[2] Voir cette discussion au *Journal officiel,* 1871, p. 1702, 1974, 1975, 1976, 2406 et 2409.

nées pour créer des administrateurs, pour leur donner le temps d'apprendre à gérer les affaires d'un département, et qui ne voit le danger de soumettre trop tôt aux chances d'un scrutin l'homme qui précisément commence à acquérir de l'expérience dans l'administration départementale, et qui risque d'être remplacé, par un caprice des électeurs, par un homme nouveau qui doit, avant de rendre des services au département, se mettre à apprendre la gestion des affaires administratives. Bouleverser d'ailleurs à chaque instant le pays par des élections fréquentes, présente les plus graves inconvénients et nuit toujours aux intérêts de la nation.

151. — Quoi qu'il en soit, et pour satisfaire aux prescriptions de l'article 21 de la loi de 1871, chaque conseil général a dû, dans la session d'octobre 1871, diviser les cantons du département en deux séries, comprenant chacune un nombre de cantons égal, ou qui, du moins, ne différât que d'une unité, si le nombre des cantons du département était impair.

En outre, chacune des séries a dû, autant que possible, être composée d'un nombre égal de cantons empruntés à chacun des arrondissements. Une fois les séries ainsi établies, les conseils généraux [1] de 1871 ont procédé à un tirage au sort, et la série qui est sortie la première de l'urne, a été déclarée renouvelable en 1874, 1880 et 1886 ; la seconde série étant renouvenable en 1877 [2], 1883 et 1889. C'est ainsi que tous les conseils

---

[1] Sous l'ancienne législation, c'étaient les conseils de préfecture qui procédaient au tirage au sort pour régler l'ordre de renouvellement des séries.

[2] On sait que les élections de la seconde série renouvelable en 1877 n'ont eu lieu, par suite de circonstances politiques, que le 4 novembre 1877. Ce retard a été expliqué dans une commu-

généraux de France seront successivement renouve-
lables par moitié, aux dates précitées, à moins qu'un
renouvellement intégral de tous les conseillers généraux
ne vienne à être décrété.

182. — L'article 21 de la loi de 1871 présente une lacune qu'il faut essayer de combler. Le conseil général
qui, en cas de renouvellement intégral, tient de l'article
21 le droit de répartir les cantons du département en
deux séries, conserve-t-il le même droit de répartition,
dans le cas où un canton est dédoublé en deux autres ;
cas peu fréquent, il est vrai, mais qui cependant s'est
déjà présenté ? — La raison très-grave de douter, c'est
que la répartition qui suit le renouvellement intégral,
est accompagnée d'un tirage au sort, destiné à régler
l'ordre du renouvellement partiel, tandis qu'en cas de
dédoublement, si on reconnaissait au conseil le droit de
répartition, ce dernier s'exercerait entre deux séries,
dont l'ordre de renouvellement serait déjà fixé. Il pourrait donc dépendre de la majorité du conseil d'assigner
la durée la plus courte au mandat de celui des deux
nouveaux conseillers qui lui serait le moins agréable ;
et c'est précisément là ce que le législateur a voulu
empêcher, dans le cas du renouvellement intégral, en
prescrivant l'obligation du tirage au sort.

En 1870, le conseil d'Etat (1er juin, affaire Boude-
locque) a reconnu au conseil général, en cas de dédoublement d'un canton, le droit de répartition entre les
séries ; mais cette jurisprudence, plus conforme à la
lettre qu'à l'esprit de la loi, appelle une réforme législative, et le législateur ferait bien, selon nous, pour

_____

nication du gouvernement en date du 3 juillet 1877 (*Journal
officiel* du 4 juillet) ; et de plus, une circulaire ministérielle
du 20 octobre 1877 a fourni des instructions spéciales pour le
renouvellement triennal du 4 novembre.

éviter toute obscurité, d'ajouter à l'article 21 de la loi de 1871, deux dispositions qui consacreraient, d'une part, l'obligation de nouvelles élections pour chacun des deux cantons dédoublés ; et prescrirait, d'autre part, un tirage au sort, destiné à déterminer la série dans laquelle sera placé l'un des deux nouveaux cantons, le second canton devant nécessairement être placé dans l'autre série.

135. — Le mandat des conseillers généraux dure jusqu'au jour où ils sont réellement remplacés, à la suite de nouvelles élections ; c'est ainsi que, bien que soumis à réélection avant la session d'août, les conseillers peuvent néanmoins être nommés membres de la commission départementale. C'est ce qui résulte d'une décision ministérielle du 27 août 1873, et si la commission se trouvait réduite, par suite de non réélections, à la minorité de ses membres, le conseil général devrait pourvoir aux vacances. Enfin les conseillers conservent leurs pouvoirs jusqu'à l'installation de leurs successeurs, alors même que les élections seraient retardées au-delà de trois ans. (Circulaire ministérielle du 30 août 1874.) Antérieurement à la loi du 10 août 1871, on décidait de même que les membres des conseils généraux et des conseils d'arrondissement, appelés en cette qualité à présider des commissions ou à faire partie des comités d'arrondissement d'instruction primaire, et qui n'étaient pas réélus, continuaient à remplir leurs fonctions jusqu'à ce qu'ils eussent été remplacés [1].

---

[1] Voir dans ce sens des décisions du conseil d'État des 21 décembre 1832, 24 décembre 1833, et et 10 décembre 1833.

9. — DE LA DÉMISSION DES CONSEILLERS GÉNÉRAUX.

154. — Aux termes des articles 18 et 19 de la loi du 10 août 1871, certains conseillers généraux peuvent être déclarés d'office démissionnaires par le conseil général ; lorsque, par exemple, postérieurement à leurs élections, ils viendraient à se trouver dans le cas d'incapacité ou d'incompatibilité prévu par la loi, ou bien, encore s'ils venaient, sans excuse légitime admise, à manquer à une session ordinaire.

155.—L'article 18 comble une lacune de la législation antérieure en spécifiant quelle est l'autorité à laquelle il appartient de déclarer démissionnaire un conseiller qui, pour une cause survenue postérieurement à son élection, se trouve dans un des cas d'incapacité ou d'incompatibilité prévus par la loi. Ce droit est attribué au conseil général lui-même, qui prononce, soit d'office, soit sur la réclamation d'un ou plusieurs électeurs. Mais il ne saurait dépasser les limites dans lesquelles la loi a voulu en circonscrire l'exercice. Le conseil général excéderait donc ses pouvoirs si, par une fausse application de l'article 18, il déclarait un conseiller démissionnaire à raison d'une incapacité ou d'une incompatibilité *antérieure à l'élection*. L'irrégularité qui, dans ce cas, a pu entacher l'élection à son origine se trouve, en effet, couverte par la vérification des pouvoirs, et le bénéfice de l'admission reste définitivement acquis au conseiller élu.

156. — L'article 19 prévoit un autre cas de démission prononcée d'office. Lorsqu'un membre de l'assemblée départementale aura manqué à une seule session ordinaire, sans excuse légitime admise par le conseil, « il sera, dit la loi, *déclaré démissionnaire par le conseil général dans la dernière séance de la session*. »

L'article 7 de la loi du 22 juin 1833 exigeait deux manquements à une session ordinaire, et le projet de loi de 1871 reproduisait cette disposition ; mais M. Langlois fit observer à l'assemblée nationale, que l'obligation d'assister aux sessions annuelles dérivait naturellement de l'importance que les conseils généraux allaient tenir de la nouvelle législation ; que, nommés pour administrer avec le préfet les intérêts du département, les conseillers généraux ne pouvaient se soustraire au mandat qu'ils tiennent de leurs électeurs sans être aussitôt déclarés démissionnaires, et l'article 19 fut adopté dans le sens que nous venons de rappeler.

Si formels que soient les termes de cet article, les conseils généraux s'interdiront sans doute de prononcer sans avoir entendu le conseiller absent, ou du moins sans l'avoir mis en demeure de produire ses explications, car il pourrait se faire que les mêmes raisons l'eussent empêché de se rendre à la session et de présenter ses excuses en temps utile. Le conseil se trouverait ainsi amené à remettre sa décision à la plus prochaine session ; mais cet ajournement nous semble conforme à l'esprit de la loi, qui subordonne l'exclusion à l'examen de la légitimité des motifs de l'absence.

187. — La précédente législation avait également omis de déterminer à quelle autorité devaient être adressées les démissions des conseillers généraux. D'après les usages, c'était le préfet qui recevait les démissions et en référait au gouvernement pour assurer l'exécution de l'article 11 de la loi du 22 juin 1833 ; aujourd'hui, d'après l'article 20, ces démissions sont remises, soit au président du conseil général, soit au président de la commission départementale, qui en avise immédiatement le préfet ; il résulte du texte même de la loi que le conseil général se borne à enregistrer les démissions et n'a pas à se prononcer sur leur acceptation.

158.— En terminant l'examen des articles 18 et 19 de la loi 1871, modifiés par celle de 1875, nous ne pouvons nous empêcher de faire remarquer qu'avec le système actuel, les conseils généraux peuvent impunément se soustraire aux obligations qui leur sont imposées par les articles 18 et 19, en se retranchant dans une sorte d'inaction. Quel serait par exemple le moyen de contraindre un conseil général à déclarer démissionnaire le conseiller qui, sans excuse légitime, aurait manqué à une session ordinaire ? Le gouvernement se trouve ici dans l'impossibilité de vaincre l'inertie du conseil et contraint d'assister impuissant à la violation de la loi. On comprenait à merveille, sous l'empire de la loi de 1871, qu'il en put être ainsi puisqu'alors le conseil général était tout puissant pour vérifier les pouvoirs de ses membres et déclarer d'office ceux qu'il considérait comme démissionnaires; mais aujourd'hui que par la loi de 1875, les droits du conseil général, en cette matière, sont restreints, il nous semblerait utile de permettre au préfet de prononcer notamment la démission du membre absent sans excuse valable, sauf recours suspensif même au besoin, devant le conseil d'Etat.

CHAPITRE IV.

Qui peut être conseiller général.

159. — Pour être éligible au conseil général, il y a d'abord deux conditions essentielles à remplir : la première, c'est d'être porté ou d'avoir un droit à être porté sur une liste électorale, c'est-à-dire être électeur; la seconde c'est d'être âgé de vingt-cinq ans accomplis.

Mais à côté de ces deux conditions fondamentales viennent s'en grouper d'autres, relatives soit au domicile,
soit à l'inscription au rôle des contributions, soit enfin
à la situation particulière de ceux qui ont hérité d'un
immeuble situé dans le département.

1. — DES CONDITIONS D'ÉLIGIBILITÉ.

160. — L'article 6 de la loi du 10 août 1871 ne fait
d'ailleurs que reproduire les dispositions de l'article 13
du décret du 3 juillet 1848, et se contente de préciser
l'époque à laquelle doit avoir lieu l'inscription d'un
citoyen sur le rôle d'une des contributions directes
pour être éligible; ce qui met fin à certaines difficultés
d'application que le conseil d'Etat, en 1868, avait eu à
résoudre à propos de l'élection de M. Barral au conseil
général de la Moselle.

161.—Les électeurs âgés de vingt-cinq ans et domiciliés dans le département, composent en quelque sorte
la première catégorie des éligibles; pour eux, aucune
condition de cens n'est exigée, et il ne saurait y avoir à
leur endroit de difficultés. Mais pour les électeurs âgés
de vingt-cinq ans, qui ne sont pas domiciliés dans le
département, qui ne peuvent exciper que d'un intérêt
quelconque à la gestion des affaires départementales,
pour ceux-là qui composent la seconde catégorie des
éligibles, des difficultés assez sérieuses, pour reconnaître leur aptitude à être éligibles, pouvaient se présenter.

162. — Le signe, ou, pour mieux dire, la preuve de
l'intérêt qu'un électeur peut avoir à gérer les affaires
départementales, c'est le fait du payement, dans le département, d'une contribution directe; et l'on ne saurait
entendre par payement d'une contribution directe que

le payement obligatoire, et non le payement facultatif ou volontaire; d'où il suit que l'inscription nominative aux rôles d'une des quatre contributions directes est nécessaire pour conférer à un électeur, âgé de vingt-cinq ans, le caractère d'éligible au conseil général. Mais à quelle date cette inscription doit-elle avoir lieu? C'est ce que le législateur de 1848 avait omis d'indiquer, l'article 6 de la loi du 10 août 1871, la fixe au 1er janvier de l'année dans laquelle se fait l'élection.

163.—Cependant, l'éligibilité ne saurait être exclusivement subordonnée à l'inscription nominative au rôle avant le 1er janvier, mais bien à l'obligation du contribuable envers le Trésor à cette époque; et, à défaut d'inscription réellement effectuée, il suffit de justifier qu'on avait le droit d'être inscrit, et qu'à partir du 1er janvier l'on était personnellement obligé envers le Trésor, à payer l'une des contributions directes [1]. C'est ainsi que l'obligation envers le Trésor dont il s'agit, laquelle résulte ordinairement de l'inscription au rôle des contributions, peut résulter également de la succession que celui qui se prétend éligible au conseil général a recueillie depuis le 1er janvier de l'année dans laquelle se fait l'élection. L'héritier, en effet, acquitte bien une dette personnelle envers le Trésor; ce n'est pas la dette d'autrui qu'il acquitte, mais la sienne propre, puisqu'il a pris la place du défunt; et c'est avec raison que l'article 6 de la loi de 1871 ajoute que l'électeur, âgé de vingt-cinq ans, quoique non domicilié dans le département,

---

[1] Serait inéligible au conseil général, comme au conseil d'arrondissement, celui qui, n'étant ni domicilié dans la commune ni inscrit au rôle au 1er janvier, aurait acquis une propriété postérieurement à cette date, alors même qu'il se serait engagé envers le vendeur à payer les contributions de l'année. — Conseil d'État, 28 mai 1872.

quoique non inscrit au rôle d'une des quatre contributions directes,. sera néanmoins éligible, s'il justifie qu'il
a hérité d'une propriété foncière dans le département
depuis le 1er janvier de l'année dans laquelle se fait l'élection. C'est à MM. Dubreuil de Saint-Germain et Béren-
ger, députés, que l'on doit l'introduction dans la loi de
cette dernière condition d'éligibilité, qui constitue un
véritable avantage au profit de l'héritier. « Il existe réellement une différence très-grande entre un acheteur,
survenant de hasard, s'établissant subitement dans un
pays qu'il ne connaît pas, peut-être dans un intérêt
d'ambition, et l'héritier qui vient s'asseoir, par un fait
indépendant de sa volonté, à un foyer connu, là où toutes ses relations l'attachaient depuis longtemps, et où il
est le continuateur légal, nécessaire de son auteur. »
Dans la pensée des auteurs de cette disposition législative, il fallait hériter d'une *propriété paternelle ;* mais
lors de la discussion de la loi, il a été décidé qu'il suffisait d'avoir hérité d'une *propriété foncière,* ce qui étend
encore la faveur accordée à l'héritier.

164. — Si, pour être éligible au conseil général, l'absence de domicile peut être suppléée par une inscription
au rôle des contributions ou par un héritage recueilli
dans un délai déterminé, les conseillers généraux domiciliés dans le département doivent toujours être préférés
aux autres et se trouver en plus grand nombre dans le
conseil. De là la disposition finale de l'article 6 de la loi
du 10 août 1871 qui, admise sans discussion par l'Assemblée nationale, limite le nombre des conseillers généraux non domiciliés dans le département, au quart du
nombre total des membres dont le conseil doit être composé.

165. — Cette disposition finale de l'article 6 ne trouve
sa sanction qu'après les élections au conseil général et

lors de la vérification des pouvoirs. Peu importe le nombre des candidats non domiciliés dans le département, c'est seulement lorsque le conseil général va se constituer définitivement que, si le nombre des conseillers élus, non domiciliés, dépasse le quart du nombre total des membres du conseil, qu'il y a lieu d'opérer des réductions. (Voir plus loin, le commentaire de l'article 17.)

2. — DES CAS D'INCAPACITÉ.

166. — Nous avons dit (n° 159) que la première condition pour être éligible au conseil général était d'être électeur, il s'en suit que sont incapables, d'une façon perpétuelle ou temporaire, d'exercer ces fonctions tous ceux qui, aux termes du décret organique de 1852, sont déclarés incapables de figurer sur une liste électorale. Mais le législateur de 1871 a introduit (art. 7 de la loi du 10 août) un système nouveau dans notre législation électorale. Le décret du 2 février 1852 (art. 15, n° 16 et art. 27) avait bien déclaré indignes d'être électeurs ou éligibles, pour les élections des députés, les interdits, mais il n'avait pas parlé des individus pourvus d'un conseil judiciaire. C'est une lacune que le législateur de 1871 a voulu combler, en déclarant incapables d'être élus au conseil général les citoyens pourvus d'un conseil judiciaire, c'est un cas d'inéligibilité qu'on s'étonne de ne pas trouver appliquée encore à d'autres élections que celles des conseillers généraux. « N'y a-t-il pas, en effet, quelque chose de choquant pour la morale publique, disait avec raison M. Waddington, à voir siéger dans une assemblée, chargée d'aussi graves intérêts que le conseil général, celui que la justice a prononcé incapable d'administrer les siens sans l'assistance d'un conseil judiciaire? Le prodigue peut assurément être un fort honnête homme, mais il doit être

exclu de toute position où il y a des exemples à donner
et une responsabilité à partager. »

167. — Un individu capable d'être élu au conseil
général peut, après l'élection, devenir incapable, par
exemple s'il vient à être déclaré en faillite. Un avis du
ministre de l'intérieur, du 21 octobre 1874, décide que le
conseil général a pu déclarer démissionnaire d'office, et
par suite incapable d'exercer son mandat de conseiller
général, celui qui a été l'objet d'un jugement déclaratif de
faillite, alors même qu'appel aurait été formé de ce jugement. La déclaration de faillite, en tant qu'elle entraine
la privation des droits politiques, reçoit immédiatement
son effet pendant les délais d'appel[1]. Il en serait autrement s'il s'agissait d'une condamnation pénale entraînant incapacité ; en ce cas, l'appel serait suspensif ;
c'est ce qui résulte d'un avis du garde des sceaux en
date du 11 janvier 1876.

168.—Enfin, aux termes d'une décision ministérielle
du 17 avril 1873, un conseiller général dont les pouvoirs
auraient été validés, ne pourrait être déclaré démissionnaire d'office pour une cause d'incapacité antérieure
à son élection ; c'est la jurisprudence du conseil d'Etat
pour les conseils municipaux.

3. — DES CAS D'INÉLIGIBILITÉ.

169. — L'article 8 de la loi du 10 août contient
l'énumération des fonctions qui rendent le titulaire
absolument inéligible, comme conseiller général, dans
l'étendue du ressort où il exerce son autorité. Il

---

[1] Dans le même sens, un arrêt de cassation du 12 novembre 1850 (affaire Delouze).

ne s'agit pas ici de la question générale des fonctions salariées avec un mandat électif, c'est une
simple question de liberté électorale. On ne saurait
admettre, en effet, qu'un fonctionnaire puisse venir
solliciter le vote des citoyens sur lesquels il exerce précisément son autorité; l'indépendance du vote pourrait
alors être mise en doute, et dans tous les cas, son autorité morale subirait une fâcheuse atteinte. Tels sont
les motifs généraux qui ont fait déclarer inéligible
au conseil général les fonctionnaires ci-après dé-
nommés.

170. — Bien qu'emprunté à l'article 5 de la loi du 22
juin 1833, l'article 8 de la loi du 10 août 1871 contient des
lois d'inéligibilité beaucoup plus nombreux. La loi de
1833 n'excluait du conseil général qu'un nombre restreint de fonctionnaires; la loi de 1871 étend cette exclusion aux membres des parquets des cours d'appel, aux
membres de la magistrature assise et debout près les
tribunaux de première instance, aux juges de paix, aux
généraux commandant les divisions ou subdivisions,
aux préfets maritimes, aux recteurs ou inspecteurs
d'académie, etc. Mais hâtons-nous d'ajouter que, pour
tous les fonctionnaires mentionnés dans l'article 8.
excepté pour les préfets, sous-préfets, secrétaires-géné-
raux, conseillers de préfecture, commissaires et agents
de police cantonaux, l'inégibilité cesse quand le fonctionnaire se présente en dehors du ressort où il exerce
ses fonctions.

171. — Passons maintenant en revue la liste des
fonctionnaires qui ne peuvent être élus membres du
conseil général. Et d'abord *les préfets, sous-préfets, se-
crétaires-généraux, et conseillers de préfecture*, ne pouvaient, on le comprend de reste, en raison des rapports
administratifs qui existent entre eux et les membres

du conseil général, faire partie de ce conseil, surtout dans le département où ils exercent leurs fonctions.

172. — Il devait en être de même des *procureurs généraux, des avocats généraux et de leurs substituts près les cours d'appel, et ce, dans l'étendue de leur ressort.* Remarquons que le législateur n'a pas cru devoir étendre l'exclusion du conseil général à tous les magistrats des cours d'appel, comme il l'a fait — nous allons le voir dans le paragraphe suivant, — pour tous les magistrats du tribunal. Il y aurait eu, nous dit le rapporteur de la loi, des difficultés dans le recrutement de certains conseils généraux, si l'on avait agi autrement ; et le législateur a établi alors une distinction entre la magistrature assise et les membres du parquet. » Ces derniers, en effet, ajoute M. Waddington, ont seuls une action assez directe sur les justiciables, et spécialement sur les officiers ministériels, pour qu'ils puissent être soupçonnés d'en user en faveur de leurs candidatures. »

173. — *Pour tous les membres des tribunaux de première instance, présidents, vice-présidents, juges titulaires, juges d'instruction, et membres du parquet,* l'exclusion du conseil général est prononcée, mais seulement comme représentant l'un des cantons de leur ressort, c'est-à-dire de l'arrondissement où ils exercent leurs fonctions. En sorte qu'un magistrat de première instance peut fort bien être membre du conseil général du département dans lequel il exerce, mais à la condition d'être élu dans un autre arrondissement que celui dans lequel il siége.

174. — Mais les membres du chef-lieu du tribunal judiciaire, qui peuvent être et sont toujours en fait appelés à faire partie de la cour d'assises, ce qui étend leur juridiction sur tout le département, ces magis-

trats peuvent-ils, comme les autres, représenter au
conseil général de leur département un autre arrondissement que celui du tribunal auquel ils appartiennent ?
L'affirmative résulte d'une manière indiscutable du
texte définitif du paragraphe 3 de l'article 8 de la loi du
10 août 1871, qui ne déclare les magistrats du tribunal
inéligibles que « dans l'arrondissement du tribunal. »

175. — Remarquons encore qu'il a été entendu, lors
de la discussion de la loi, que l'addition au texte primitif de ces mots : *juges d'instruction,* a eu pour but
d'exclure du conseil général les juges suppléants chargés de l'instruction, aussi bien que les juges d'instruction titulaires.

176. — Toutes ces exclusions prononcées contre la
magistrature assise ont été combattues par M. de Mar-
cère devant l'Assemblée nationale; mais M. Waddington,
se plaçant au point de vue de la liberté électorale et de
la dignité du magistrat, a soutenu, au nom de la commission, le texte du paragraphe 3 de l'article 8, et les
dispositions que nous venons de rappeler ont été adoptées sans aucune modification.

177. — Sont également déclarés inéligibles au conseil général, *les juges de paix* dans leurs cantons. Mais,
consulté sur la question de savoir si un conseiller général nommé juge de paix pouvait continuer à remplir le
mandat de conseiller général du même canton, le ministre de la justice, dans un avis du 13 décembre 1875, a
répondu qu'aux termes de l'article 8 de la loi du 10 août
1871, un juge de paix ne peut être élu conseiller général
dans son canton, mais que les fonctions de juge de
paix n'étant pas, d'une manière générale, incompatibles
avec le mandat de conseiller général, il en résulte que
si la Chancellerie appelle un conseiller général à une
place de juge de paix, sans exiger qu'il renonce à son

mandat électif, cette nomination ne fait pas cesser ce mandat, mais qu'il ne peut être renouvelé.

Nous nous permettrons de critiquer l'avis du ministre sur cette question. Il est certain que la raison principale pour laquelle les magistrats ont été déclarés inéligibles au conseil général a été de soustraire ces représentants de la loi à l'obligation de solliciter les suffrages de ceux sur lesquels ils exercent leur autorité ; mais un second motif tout aussi puissant a guidé le rédacteur de l'article 8 de la loi du 10 août 1871, et si les magistrats et les juges de paix sont déclarés inéligibles, c'est surtout « parce que leurs fonctions leur imposent, d'une façon toute spéciale, le devoir de se tenir en dehors de la lutte des partis et de rester les organes impassibles de la loi [1]. »

Il nous paraît dès lors difficile, sans méconnaître l'esprit de la loi de 1871, d'admettre qu'un juge de paix ne puisse pas, d'une part, être éligible au conseil général dans le canton où il exerce son autorité, et que d'autre part la chancellerie puisse nommer juge de paix un conseiller général dans ce même canton où il aurait été, et demeurerait du reste, inéligible à l'expiration de son mandat électif. La chancellerie n'est pas d'ailleurs bien fixée sur cette question, car, tandis qu'elle interprétait dans le sens que nous venons de rappeler, l'article 8 de la loi du 10 août 1871, elle interprétait d'une façon différente l'article 5 de la loi du 14 avril 1871, qui vise un cas tout à fait analogue, le cas dans lequel le ministre de la justice choisirait pour juge de paix un conseiller municipal du canton dans lequel ce magistrat est appelé à exercer ses fonctions.

---

[1] M. Malézieux, au discours duquel nous empruntons cette citation, avait demandé d'ajouter un paragraphe additionnel proposant l'inéligibilité des officiers de la gendarmerie et de la garde mobile dans les cantons où ils exercent leur commandement ; cet amendement n'a pas été pris en considération.

178. — *Les généraux commandant les divisions ou les subdivisions territoriales,* dans l'étendue de leurs commandements, sont également inéligibles. Le numéro 5 de l'article 8 qui déclare incapables d'être nommés conseillers généraux, dans l'étendue de leurs commandements, les généraux commandant les divisions et subdivisions, a été rédigé à une époque où la nouvelle organisation militaire, consistant dans la répartition de toute la France en dix-huit circonscriptions, n'était pas encore adoptée ; il est donc naturel que le législateur de 1871 se soit uniquement préoccupé des généraux commandant les divisions et les subdivisions. Nous pensons que les généraux commandant les corps d'armée devraient également être déclarés incapables d'être nommés conseillers généraux dans l'étendue de leurs commandements, car il importe d'éviter le plus possible toute l'initiative de l'élément militaire dans l'ordre politique et administratif.

179. — C'est dans le but d'éviter complétement cette immixtion, parfois déplorable, qu'une pétition avait demandé à l'Assemblée nationale, qui l'a cependant écartée (Voir *Journal officiel* du 5 mars 1875), que les militaires en activité de service, quel que fût leur grade, ne pussent être élus conseillers généraux. Une décision ministérielle du 27 janvier 1872 avait déjà d'ailleurs admis qu'il n'y a point d'incompatibilité entre les fonctions de conseiller général et celles de militaires en activité de service, sauf en ce qui concerne les généraux commandant les divisions et les subdivisions qui ne peuvent être élus dans l'étendue de leur commandement.

180. — Sont également inéligibles au conseil général, *les préfets maritimes, majors généraux de la marine et commissaires de l'inscription maritime,* dans le département où ils résident. *Les commissaires et agents de police* dans les cantons de leur ressort.

181. — *Les ingénieurs en chef du département et les ingénieurs ordinaires d'arrondissement,* dans le département où ils exercent leurs fonctions. Bien que le texte 8 dise formellement : *les ingénieurs ordinaires d'arrondissement,* dans le département où ils exercent leurs fonctions, lors de la discussion de ce paragraphe, M. Montgolfier a demandé si la commission avait entendu exclure les ingénieurs ordinaires de tout le département ou seulement de l'arrondissement, et, sur la réponse faite par le rapporteur, que l'inégibilité s'étentendait à tout le département, M. Montgolfier a objecté qu'il ne voyait aucun motif pour que l'ingénieur ordinaire d'arrondissement fût frappé d'exclusion dans les autres arrondissements. Il n'exerce, disait-il, aucune influence dans les cantons qui ne dépendent pas de son service. Mais M. Ganivet a répondu fort justement que les ingénieurs ordinaires d'arrondissement devaient être exclus du conseil général du département dans lequel ils exercent leurs fonctions, parce qu'ils reçoivent précisément du conseil général quelques appointements et des remises sur les fonds départementaux [1].

182. — Un autre député, M. Varoy, a posé, à l'occasion du paragraphe 8, une autre question au rapporteur de la commission. L'incompatibilité s'étend-elle aux ingénieurs des services dits extraordinaires, c'està-dire aux *ingénieurs des chemins de fer, des canaux, des ports de mer,* etc. — M. Waddington a déclaré que l'inégibilité écrite dans la loi, pour les ingénieurs, ne s'appliquait qu'aux ingénieurs en chef et aux simples ingénieurs en service ordinaire dans les départements, et ne pouvait s'étendre à aucune autre classe d'ingénieurs.

---

[1] Séance de l'Assemblée nationale du 12 juillet 1871.

183. — *Les ingénieurs du service ordinaire des mines*, dans les cantons de leur ressort. L'exclusion des ingénieurs du service ordinaire des mines est plus restreinte que celle des ingénieurs des ponts et chaussées; c'est seulement dans les cantons de leur ressort qu'ils sont inéligibles; ils peuvent donc faire partie du conseil général du département dans lequel ils dirigent l'exploitation de leurs mines.

184. — *Les recteurs d'académie*, dans le ressort de l'académie. *Les inspecteurs d'académie* et les *inspecteurs des écoles primaires*, dans le département où ils exercent leurs fonctions.

185. — *Les ministres des différents cultes*, dans les cantons de leur ressort; mais il a été bien entendu, lors de la discussion du paragraphe 12, sur une observation de M. J. Simon, qu'il ne s'agissait que des ministres des cultes ayant autorité dans les paroisses, et non pas des simples prêtres habitués [1].

186. — *Les agents et comptables* de tout ordre, employés à l'assiette, à la perception et au recouvrement *des contributions directes ou indirectes*, et au payement des dépenses publiques de toute nature, dans le département où ils exercent leurs fonctions.

187. — Sous l'empire de la loi du 22 juin 1833 (art. 3), on avait agité la question de savoir si les *conservateurs des hypothèques* étaient des agents comptables employés à l'assiette et à la perception des contributions, et si dès lors, ils ne devaient pas

---

[1] Séance du 12 juillet 1871. (*Journal officiel* du 13.)

être déclarés .inéligibles au conseil général dans le département où ils exercent leurs fonctions. Il n'y a vraiment aucune raison sérieuse pour assimiler les conservateurs des hypothèques à des percepteurs des contributions; et, dans tous les cas, a dit M. Ventavon, s'il faut admettre cette assimilation, on doit faire au moins une exception en faveur de ces fonctionnaires qui sont plutôt des officiers publics chargés de donner le complément de certaines formalités aux actes qui leur sont soumis; ils ne dirigent aucune poursuite; ils reçoivent un salaire; ils sont responsables, et pour eux seuls peut-être, en France, la responsabilité est une vérité. Sur ces·observations, il a été entendu que les conservateurs des hypothèques ne devaient pas être compris dans l'exclusion qui frappe les agents et comptables; qu'ils seraient, au contraire éligibles dans leur propre arrondissement et et *à fortiori* éligibles dans le département.

188.—L'inégibilité qui frappe les comptables ne s'applique pas à ceux qui ont été admis à faire valoir leurs droits à la retraite, antérieurement au jour de l'élection; et ce, bien que leurs comptes ne soient pas encore jugés, parce qu'en réalité, au moment de l'élection ils n'étaient plus comptables en fonctions dans le sens de l'article 8, paragraphe 13 de la loi du 10 août 1871. C'est ce qui résulte d'une décision contentieuse du conseil d'Etat, en date du 13 juillet 1877 (affaire Perrain).

189. — Enfin, sont encore déclarés inéligibles au conseil général par l'article 8 de la loi du 10 août, *les directeurs et inspecteurs des postes, des télégraphes et des manufactures de tabac,* dans le département où ils exercent leurs fonctions; — *les conservateurs, inspecteurs et autres agents des eaux et forêts,* dans les cantons de leur ressort; — *les vérificateurs des poids et mesures,* dans les cantons où ils exercent leurs fonctions.

8.

190.— Pour achever le commentaire de l'article 8 de la loi du 10 août, il faut encore faire remarquer que M. de Castellane avait proposé d'ajouter au début de cet article, après les mots : « Ne peuvent être élus membres du conseil général, » ceux-ci : « A moins que les fonctionnaires compris dans les paragraphes ci-dessous n'aient cessé d'exercer leurs fonctions trois mois avant l'élection. » Ce paragraphe additionnel n'a pas été adopté, c'est dire que le législateur n'a pas voulu qu'une démission pût être donnée en vue seulement d'une élection, et à une époque encore assez rapprochée de la lutte électorale pour que le fonctionnaire ait pu conserver sur ses administrés de la veille une influence qui aurait pu nuire à la sincérité du vote émis par les électeurs du lendemain. Cependant, consulté le 27 octobre 1877, sur la question de savoir si l'article 10 de la loi du 30 novembre 1875, qui déclare inéligibles dans leur ressort les magistrats ayant cessé leurs fonctions depuis moins de six mois, est applicable au conseil général, le ministre a répondu : « Pour le conseil général, *l'inégibilité cesse avec les fonctions.* Cela résulte du rejet d'un amendement proposant de maintenir l'inégibilité pendant trois mois après la cessation des fonctions. » (Voir *Journal officiel* du 13 juillet 1871).

191.—Enfin, la démission donnée après l'élection par le candidat exerçant telles fonctions qui le rendent inéligibles au conseil général, valide-t-elle cette élection ? — Décider l'affirmative serait, on le comprend, violer l'esprit même et le texte de la loi ; et le conseil d'Etat a annulé, le 26 janvier 1865, l'élection d'un candidat au conseil d'arrondissement qui, au jour du vote, était receveur buraliste dans une commune du canton qui l'avait élu, et qui se trouvait inéligible, bien qu'il eût donné sa démission deux jours après son élection. La cour de cassation s'était déjà prononcée dans le même sens, le 30 juin 1841, dans une affaire où il

s'agissait d'une élection au conseil général de Loir-et-
Cher.

4. — DES INCOMPATIBILITÉS.

192. — La loi du 22 juin 1833 (art. 5, n° 1) avait
déclaré incompatibles avec le mandat de conseiller
général les fonctions de *préfet, sous-préfet,* de *secrétaire
général,* de *conseiller de préfecture* et d'*employé de la
police,* ainsi que celles d'*agents et comptables employés
à l'assiette de l'impôt et au maniement des deniers
publics.* L'article 9 de la loi du 10 août 1871 ne fait
qu'affirmer de nouveau cette incompatibilité absolue
dans toute la France. Les fonctionnaires que nous
venons d'énumérer sont parfaitement éligibles au
conseil général, mais lorsqu'ils ont été élus, ils sont
tenus d'opter entre leur fonction administrative et le
mandat qu'ils ont reçu des électeurs. Cette nécessité
d'option n'a pas besoin d'être amplement motivée, elle
se justifie d'elle-même par des raisons de morale et de
convenance ; comprendrait-on que les fonctionnaires qui
doivent tout leur temps aux services publics auxquels
ils sont préposés, puissent distraire leur attention pour
la porter sur un genre d'affaires tout différent et parfois
absolument contraire.

193. — Le législateur de 1871 a toutefois jugé utile
d'inscrire dans la loi une exception aux incompatibilités
que nous venons de signaler, exception qui a presque
toujours existé dans la pratique, et qui concerne les
directeurs généraux et les *administrateurs* des différents
services du ministère des finances. Sans abandonner
leurs hautes fonctions, ceux-ci peuvent, sans inconvénient, accepter le mandat de conseiller général ; il n'y a,
en effet, aucune raison pour exclure des conseils généraux un *directeur général des douanes* ou du *domaine
et de l'enregistrement,* ou tel autre fonctionnaire du

même ordre qui n'ont avec le département qu'ils représentent, devant l'assemblée départementale, aucun point
suffisant de contact pour rendre incompatibles leur
mandat et leur fonction.

194.—Il était sage d'étendre l'incompatibilité dont il
s'agit à différentes catégories de personnes salariées ou
subventionnées sur les fonds départementaux. C'est
ainsi que, d'après les paragraphes 3 et 4 de l'article 5
de la loi du 22 juin 1833, l'incompatibilité existait à
l'égard des *architectes départementaux* et des *employés
de préfecture*. Tout en maintenant cette disposition
législative, la loi de 1871 (art. 10) a étendu, avec beaucoup de raison cette incompatibilité à tous les autres
agents salariés participant, dans une mesure quelconque,
à l'administration départementale. Ce ne sont donc plus
seulement les architectes départementaux et les employés de préfecture, dont les fonctions sont désormais
incompatibles avec le mandat de conseiller général ; il
faut comprendre aussi dans la catégorie des fonctions
incompatibles celle *d'agent-voyer*, *d'employé de sous-
préfecture*, ainsi que les *entrepreneurs des services départementaux*.

195. — Enfin, *nul ne peut être membre de plusieurs
conseils généraux* (L. du 10 août 1871, art. 11) ; c'est là
une règle élémentaire qui n'est qu'une répétition de
l'article 6 de la loi du 22 juin 1833 et constitue la dernière
des incompatibilités prévues par la loi ; toute personne
élue membre de deux ou plusieurs conseils généraux
devra opter pour l'un ou l'autre, et cette option devra
être manifestée au président du conseil général, dans
les trois jours qui suivront l'ouverture de la session, et,
en cas de contestations de l'élection, à partir de la notification de la décision du conseil d'État (art. 17, loi
du 18 août 1871, modifié par la loi du 31 juillet 1875). La

formalité de la déclaration d'option a été empruntée à
l'article 10 de la loi du 22 juin 1833 ; sous l'ancienne législation, elle se faisait devant le préfet. La loi du 10 août
1871 (art. 17) fait courir le délai de trois jours, non
pas à partir de l'ouverture de la session, mais à partir
de la vérification des pouvoirs du conseiller général qui
doit opter.

196. — A défaut d'option dans le délai prescrit, le
conseil général détermine, en séance publique, et par la
voie du sort, à quel canton le conseiller appartiendra.
Ce tirage au sort, à défaut d'option, n'offrira aucune
difficulté si le candidat a été élu par deux ou plusieurs
cantons du même département ; au contraire, s'il a été
élu dans plusieurs départements et qu'un double tirage
le désigne pour deux cantons, qu'arrivera-t-il ? — Il est
d'abord certain que les deux conseils départementaux
sont compétents, puisque la loi leur confère des droits
égaux ; une circulaire ministérielle du 18 octobre 1871,
dit en outre à ce sujet: « En cas d'élection dans deux
départements différents, les deux conseils généraux ont
le même droit de procéder au tirage au sort ; cela résulte d'une déclaration faite dans la séance du 19 juillet
1871, par le président de l'Assemblée nationale ; mais il
est évident qu'avant d'user de ce droit, *les deux conseils devront s'entendre de manière que l'opération ne
fasse pas double emploi.* » Remarquons qu'il n'y a dans
les dernières prescriptions ministérielles qu'une faculté,
non une obligation, et que dès lors la difficulté n'est
pas résolue en cas de tirage double. « En pareil cas, dit
M. A. Godoffre[1], et pour prévenir des résultats contradictoires, les conseils généraux devront se concerter

---

[1] Commentaire de la loi de 1871, *J. du droit administ.* 1871,
p. 441, n° 39.

dans la forme prévue à l'article 89 de la loi de 1871, à moins qu'on ne décide qu'on n'aura égard qu'à l'opération du tirage au sort la première en date. Mais comme la question pourrait devenir insoluble, dans le cas d'opérations faites le même jour, nous préférons une seule opération, après entente entre les conseils généraux. Sur cette même question. M. A. Barbier [1] est d'un avis différent ; il pense, non sans raison, que l'on ne doit recourir à l'entente prévue par l'article 89 de la loi de 1871 que lorsqu'il s'agit d'appeler deux conseils généraux à statuer sur des objets d'utilité départementale et à résoudre des affaires purement administratives. Les conseils généraux devront donc, suivant M. Barbier, se créer, sur le point qui nous occupe, une jurisprudence commune ; et dans tous les cas, il semble que le candidat pourrait être invité d'office à opter, faute de quoi il serait maintenu dans le canton où il aurait obtenu le plus grand nombre de voix, proportionnellement au nombre des électeurs inscrits.

197. — *Conseillers non domiciliés dans le département.* — C'est également par la voie de tirage au sort que doivent être désignés les membres du conseil général à éliminer, lorsque le nombre de ceux qui ne sont pas domiciliés dans le département, mais qui, en conformité de l'article 6 de la loi de 1871, ont été élus parce qu'ils y payaient une contribution directe, dépasse le quart de l'effectif légal. Si une question préjudicielle s'élevait sur le domicile, aux termes de l'ancien article 17 de la loi de 1871, le conseil général n'avait, pour justifier sa décision, qu'à déclarer, avant de procéder au tirage au sort, qu'il considérait tels et tels conseillers comme non domiciliés dans le département. Aujourd'hui, aux ter-

---

[1] Traité du budget départemental, Paris, 1873, in-8, p. 313.

mes de l'article 17, modifié par la loi du 31 juillet 1875,
il n'en est plus ainsi ; le principe posé dans les lois des
22 juin 1833 et 3 juillet 1848 se retrouve en vigueur, et le
conseil général devrait surseoir à statuer jusqu'à ce
que les tribunaux ordinaires aient jugé la question de
domicile contestée ; la commission départementale, s'il
y a lieu, opérerait le tirage au sort dont il s'agit, dans
l'intervalle des sessions.

198. — L'article 17 de la loi du 10 août 1875, modifié
par celle du 31 juillet 1875, ne s'applique qu'au cas d'é-
lections simultanées. S'il se trouvait en effet deux conseillers nommés à des dates différentes, et que la proportion du quart ne fût dépassée que d'une unité,
l'élection des premiers serait définitive et parfaitement
régulière, puisque, au moment où elle avait eu lieu, le
nombre des conseillers non domiciliés ne dépassait pas
le maximum légal. Il n'en serait pas de même du second, et c'est ce dernier, par conséquent, que l'exclusion devrait atteindre, c'est ce qui résulte d'une circulaire
ministérielle du 18 octobre 1871.

199. — Si *les causes d'incompatibilité* que nous
venons de résumer, d'après les articles 9 et 10 de la
loi de 1871, *se produisent après l'élection* ; si un conseiller général en fonctions, par exemple, venait à être
nommé préfet, conseiller de préfecture, architecte départemental, etc., il devrait de suite donner sa démission de membre du conseil général, et à défaut, aux
termes de l'article 18 de la loi de 1871, le conseil général
dont il fait partie, prononcerait sa démission, soit d'office, soit sur les réclamations de tout électeur.

200. — Lorsqu'un conseiller général a accepté des
fonctions incompatibles avec son mandat, cesse-t-il, par
le fait même, d'appartenir au conseil? Cette question

a été résolue par une décision ministérielle du 14 août 1877 aux termes de laquelle la vacance n'existe réellement qu'après que l'assemblée départementale a déclaré démissionnaire le conseiller exerçant des fonctions incompatibles avec son mandat électif. Dès lors, si la cause de l'incompatibilité a disparu avant que le conseil général ait pu prononcer la démission d'office, cette démission ne peut plus être prononcée et le conseiller conserve son siége. Ainsi, un conseiller général qui a été nommé sous-préfet après la session d'avril, et qui a cessé ses fonctions avant la session d'août, peut valablement exercer son mandat de conseiller général lors de cette session.

201. — Il arrive assez souvent que les électeurs choisissent pour remplir les fonctions de conseiller général celui qu'ils ont déjà vu à l'œuvre, remplissant les fonctions de *conseiller d'arrondissement ;* dans ce cas, et du jour où le conseiller d'arrondissement a *été élu conseiller général*, il ne lui est plus possible de prendre part aux travaux du conseil d'arrondissement. C'est ce qui résulte d'une décision du ministre de l'intérieur, en date du 9 octobre 1874. En effet, si l'élection du conseiller d'arrondissement élu conseiller général est validée, l'effet de cette validation remonte au jour de l'élection, et en exerçant les fonctions de conseiller d'arrondissement tout en étant conseiller général, le nouvel élu aurait exercé des fonctions incompatibles avec son nouveau mandat. L'article 24 de la loi du 22 juin 1833 disait d'ailleurs : « Nul ne peut être de plusieurs conseils d'arrondissement, ou d'un conseil d'arrondissement et d'un conseil général. »

CHAPITRE V.

Des sessions des conseils généraux.

1. — DES SESSIONS ORDINAIRES OBLIGATOIRES.

202. — Les conseils généraux se réunissent deux fois par an en sessions ordinaires obligatoires. Sous l'empire de la loi du 22 juin 1833 (art 12), les conseils généraux n'avaient qu'une session ordinaire chaque année et ne pouvaient se réunir que sur la convocation des préfets, en vertu d'un décret. La loi du 10 août 1871 (art. 23), et celle du 12 août 1876 ont apporté, en cette matière, des modifications sérieuses. D'abord, il doit y avoir deux sessions annuelles au lieu d'une : une de quinze jours à Pâques, une seconde d'un mois en août ; celle-ci étant plus spécialement consacrée à l'examen des comptes et du budget ; ensuite, ces deux réunions ont lieu à jours fixes ; celle d'août, le lundi qui suit le 15, et celle de Pâques, le second lundi qui suit cette fête.

203. — A ces deux dates, le conseil général s'assemble de plein droit, et ces dates ne pourraient être modifiées que par une loi. C'est ainsi, par exemple, qu'en 1874, une loi du 30 juillet a dû intervenir pour ajourner jusqu'au 19 octobre la session des conseils généraux qui devait s'ouvrir le 17 août, c'est-à-dire jusqu'à ce qu'il ait pu être procédé au renouvellement triennal de ces assemblées sur les listes électorales dressées en exécution de la loi du 7 juillet 1874.

9

204. — Lors de la discussion de la loi de 1871, le ministre de l'intérieur, M. Lambrecht, a demandé si la Chambre ne voyait pas quelque inconvénient à déterminer d'avance un jour fixe qui ne pût être changé que par une loi. Le rapporteur de la commission, M. Waddington, a répondu à l'observation du ministre en disant : « On a voulu par cette disposition, à la fois établir un droit indépendant et supérieur à toute fantaisie du pouvoir exécutif, indiquer, tant au préfet qu'à la commission départementale, une date fixe pour l'achèvement de leurs travaux préparatoires, et faciliter aux conseillers généraux les arrangements qu'ils ont à prendre pour pouvoir s'absenter de leur domicile pendant toute la durée de la session [1]. »

205. — Il existe un cas où l'ouverture de la session d'août peut être retardée, celui où le budget de l'Etat n'aurait pas été voté en temps utile [2]. Mais cette éventualité ne peut se présenter que dans des circonstances exceptionnelles ; et, comme cette éventualité serait nécessairement liée à une prolongation de la session de l'Assemblée nationale, l'ajournement de la session des conseils généraux serait prononcé par l'Assemblée

---

[1] Voir le *Journal officiel*, 1871, p. 1702 et 1992.

[2] Ce n'est que par exception, et par suite du refus par la Chambre des députés de voter la loi des contributions directes avant sa séparation, que les conseils généraux ne purent, dans la session d'août 1877, remplir leur mandat ; mais cette session n'ayant pu avoir pour but l'objet prescrit par la loi, une communication du gouvernement du 3 juillet 1877, suivie d'une circulaire ministérielle du 30 juillet, détermina les travaux auxquels les conseillers généraux durent procéder dans cette session exceptionnelle qui empruntait aux événements politiques d'alors un caractère tout particulier. On sait d'ailleurs qu'en 1877, le vote de la répartition du budget eut lieu, par les conseils généraux, dans une session du 31 décembre 1877.

nationale, c'est-à-dire par une loi ; le pouvoir exécutif n'a donc jamais à intervenir, même en cette circonstance exceptionnelle.

206. — Quant à la durée des deux sessions ordinaires annuelles auxquelles sont obligés de se réunir les conseillers généraux, la loi de 1871 fixe un maximum de temps qui ne pourrait être dépassé. La session de Pâques ne pourra excéder quinze jours, celle d'août ne pourra excéder un mois, même si le conseil général s'était prorogé dans le courant du mois. Ainsi, la session ouverte le 16 août, par exemple, doit être quand même terminée au plus tard le 15 septembre. (Décision ministérielle du 11 septembre 1875.) Peu de conseils généraux usent d'ailleurs de ces six semaines de sessions annuelles ; mais si la multiplicité des affaires d'un département nécessitait un temps d'études plus long, les conseillers généraux pourraient toujours recourir à des réunions extraordinaires, dans les formes légales que nous allons indiquer.

207. — Lorsque, sous l'empire de l'ancien article 23 de la loi du 10 août 1871, le conseil général fixait lui-même le jour de sa session de Pâques, le préfet, comme exécuteur des décisions du conseil, devait convoquer à cette date tous les membres du conseil général. (Décision ministériel du 30 juillet 1872). Aujourd'hui que les deux sessions ordinaires de Pâques et d'août se tiennent à des dates fixées par la loi, le préfet n'est plus tenu de convoquer officiellement à ces dates les membres du conseil général, il doit seulement leur rappeler par lettres individuelles, et en temps opportun, le jour où doit s'ouvrir chaque session. (Décision ministérielle du 10 août 1872).)

2. — DES SESSIONS EXTRAORDINAIRES.

208. —Autrefois, les conseillers généraux ne pouvaient se réunir extraordinairement sans qu'ils eussent été convoqués par le préfet, en vertu d'une ordonnance ou d'un décret qui déterminait l'époque de la session extraordinaire. Le gouvernement conserve encore cette prérogative, puisqu'aux termes de l'article 24 de la loi du 10 août 1871, les conseils généraux ne peuvent être réunis extraordinairement que par un décret du chef du pouvoir exécutif; mais le gouvernement partage cette prérogative avec le conseil général dont l'initiative, conforme aux principes de décentralisation, est réservée; et si les deux tiers des membres du conseil adressent à leur président une demande écrite de réunion extraordinaire, celui-ci est tenu d'en donner avis immédiatement au préfet, qui devra convoquer d'urgence le conseil général. Il avait même été question d'attribuer également à la commission départementale le droit de faire convoquer le conseil général en session extraordinaire, mais sur les observations du ministre de l'intérieur et de plusieurs membres de l'Assemblée nationale, ce droit ne lui fut pas accordé [1].

209. — La durée des sessions extraordinaires des conseils généraux ne peuvent, dans tous les cas, excéder huit jours.

210. — Lorsque les deux tiers des membres du conseil général demandent une réunion extraordinaire, le

---

[1] Voir le *Journal officiel,* 1871, p. 1702 et 1993.

préfet n'a point à prendre un arrêté pour autoriser cette session qui a lieu en vertu de la loi. Il doit se borner à adresser aux membres du conseil des lettres individuelles de convocation. (Décision ministérielle du 25 mai 1872.)

211. — Enfin, lorsque le conseil général se réunit sur la demande des deux tiers de ses membres, c'est au préfet, et non aux signataires de la demande, à fixer le jour de la convocation ; mais le préfet est tenu de faire cette convocation *d'urgence*, aux termes même de l'article 24 de la loi du 10 août 1871. (Décision ministérielle du 8 juin 1874.)

212. — La loi de 1871 indique fort nettement que la demande de session extraordinaire doit être signée *des deux tiers* des membres du conseil général ; ce serait donc, en violation de la loi, qu'on admettrait, comme le voulait le conseil général de l'Allier, en 1872, qu'une session extraordinaire pût avoir lieu sur la demande de *la majorité* des membres du conseil. (Décison ministérielle du 29 octobre 1872.)

213. — Réunis en session extraordinaire, non plus à la demande des deux tiers des membres du conseil, mais par décret du chef du pouvoir exécutif, les conseils généraux ne peuvent, à peine de nullité, s'occuper que des affaires spécifiées au décret qui les convoque. (Décision ministérielle du 29 décembre 1873). Ils ne pourraient étendre l'objet de la délibération que si les deux tiers des membres étaient d'accord pour demander une prolongation de la session *dans un but déterminé*, et la session extraordinaire continuerait, moins en vertu du décret de convocation qu'en vertu de l'article 24 (2° alinéa) de la loi du 10 août 1871, qui permet au conseil général de se réunir en session extraordinaire, à la seule condition que les

deux tiers des membres en adresseront la demande
écrite au président. Mais pour cela il faut que l'accord
existe entre les deux tiers des conseillers généraux,
non-seulement en ce qui concerne la session, mais encore en ce qui concerce le but de la session.

3. — DU BUREAU DU CONSEIL GÉNÉRAL.

214. — La loi du 22 juin 1833 (art. 12) disposait que
le conseil général, formé sous la présidence de son
doyen d'âge, élisait au scrutin secret et à la majorité
absolue son président et son secrétaire. L'article 5 de
la loi du 7 juillet 1852 conférait au contraire au gouvernement le choix des membres du bureau des conseils
généraux. Dans les dernières années de l'Empire, la
presse libérale réclama avec ardeur le retour à la loi de
1833, et le 23 juillet 1870, l'Empereur, renonçant à la prérogative qu'il tenait de la loi de 1852, remettait aux
conseils généraux le soin de nommer leurs présidents et
leurs secrétaires. (Voir *suprà*, nº 34.) Le législateur
de 1871 (art. 25) admit purement et simplement les
principes de la loi de 1833 et de celle de 1870, et les
conseils généraux possèdent aujourd'hui le droit d'élire
leur bureau parmi leurs membres.

215. — C'est à l'ouverture de la session d'août que
les conseils généraux nomment leurs bureaux; et dans
la première séance, réservée à ce scrutin, la présidence
appartient de droit au doyen d'âge; le plus jeune des
membres faisant fonction de secrétaire. C'est là une règle
absolue, et un conseil général ne pourrait confier, jusqu'à l'élection du bureau définitif, les fonctions de président ou de secrétaire à d'autres qu'au plus âgé ou au

plus jeune [1] ; agir autrement serait violer manifestement
la loi.

216. — L'élection des membres du bureau a lieu par
votes successifs, dans l'ordre suivant : 1° le président
et le vice-président (s'il n'y en a qu'un), au scrutin de
liste individuel ; 2° les secrétaires et vice-présidents (s'il
y en a plusieurs) au scrutin de liste. Pour procéder à
l'élection des membres du bureau, il n'est pas nécessaire d'attendre la vérification des pouvoirs des conseillers dont l'élection est contestée, et, conformément à la
jurisprudence constante de l'Assemblée nationale, l'on
admettra au vote les membres sur l'élection desquels il
n'a pas encore été prononcé. (Voir *suprà*, n° 148).

217. — L'élection des membres du bureau a lieu à la
majorité absolue, et cette majorité se calcule sur le
nombre des membres présents, alors même que quelques-uns d'entre eux s'abstiendraient de voter ou déposeraient des bulletins blancs. Remarquons qu'il n'en est
pas de même dans les élections ordinaires, où la majorité se calcule sur le nombre des suffrages exprimés,
déduction faite des bulletins blancs et de certains bulletins nuls. La différence vient de ce que les élections
faites par des corps délibérants, comme les conseils
généraux, sont des délibérations soumises aux règles

---

[1] Décision du conseil d'Etat du 11 juillet 1873, annulant une
délibération du conseil général de Lot-et-Garonne, qui avait
introduit dans son règlement intérieur diverses dispositions
ayant pour but de prescrire à la première séance qui suit
chaque renouvellement intégral ou partiel du conseil général,
l'élection du bureau provisoire. Une circulaire ministérielle du
9 octobre 1874 a d'ailleurs rappelé aux préfets que les conseils
généraux devaient être *présidés par le doyen d'âge* jusqu'à la
constitution du bureau définitif.

communes à toutes les délibérations [1]. Si le premier
tour de scrutin n'a pas donné de résultat, le conseil,
conformément à la loi du 23 juillet 1870, à laquelle l'article 25 de la loi du 10 août 1871 a été emprunté, devra
procéder à un second tour de scrutin, et ensuite à un
scrutin de ballotage entre les deux candidats qui auront
obtenu le plus de voix. En cas d'égalité de suffrages,
l'élection appartiendra au plus âgé.

218. — Lorsqu'au premier tour de scrutin, le nombre
des membres qui ont obtenu la majorité absolue est supérieur à celui des membres à nommer, et que les derniers
ont le même nombre de voix, l'élection doit être acquise
aux plus âgés. Il n'y a pas lieu, par conséquent, de procéder à un second tour de scrutin ou à un scrutin de
ballottage. (Décision ministérielle du 27 avril 1874). Telle
est, d'ailleurs, la jurisprudence du conseil d'Etat en matière d'élections municipales, et les conseils généraux
agiraient sagement en s'y conformant pour la nomination des vice-présidents et des membres de la commission départementale. Toutefois, dans sa session d'avril
1875, le conseil général d'Eure-et-Loire ayant décidé, en
modifiant son règlement, que le bénéfice de l'âge ne serait acquis qu'au troisième tour de scrutin, c'est-à-dire
au scrutin de ballottage, le préfet n'a pas été engagé par
le ministère à se pourvoir contre cette décision.

---

[1] On peut voir dans ce sens une décision contentieuse du
conseil d'Etat en date du 17 mai 1875. Le conseil d'Etat a
hésité à affirmer de nouveau sa décision de 1871 et a dit qu'il
appartenait aux conseils généraux de décider, chacun par son
règlement intérieur si, pour calculer le chiffre de la majorité
dans une délibération, les bulletins blancs devaient être
comptés comme suffrages exprimés ou défalqués comme bulletins nuls.

219. — Le bureau ainsi constitué, reste en fonctions pour la seconde session ordinaire de Pâques et pour toutes les sessions extraordinaires qui pourraient avoir lieu dans le cours de l'année. Mais en disposant que le bureau nommé au mois d'août resterait en fonctions jusqu'à la session d'août suivant, l'article 25 de la loi du 10 août 1871, ne prévoit pas le cas d'une vacance pendant l'intercession. Dans une circulaire du 18 octobre 1871, modifiée depuis par la circulaire du 9 octobre 1874, le ministre de l'intérieur exprimait l'avis qu'il y avait lieu, dans ce cas, de compléter le bureau par des élections complémentaires. Les conseils généraux de la Creuse et du Nord ont adopté cette interprétation, en nommant de nouveaux présidents les 13 et 20 avril 1874 ; mais, au contraire, les conseils généraux de la Drôme, de la Haute-Marne et de la Loire-Inférieure, ont décidé, les 8, 13 et 14 avril 1874, qu'ils ne procèderaient au remplacement de leur président qu'à la session d'août suivant. Il est certain que la loi de 1871 n'exige pas, en cas de vacances parmi les membres du bureau, de nominations complémentaires ; et dès lors, les conseils généraux sont libres, en cette matière, d'adopter l'une des deux solutions qui offrent d'ailleurs, suivant les cas, des avantages ou des inconvénients laissés, en l'état de la législation, à l'appréciation souveraine des assemblées départementales. C'est ce qui peut résulter, d'une manière implicite, notamment d'une décision contentieuse du conseil d'Etat (23 juillet 1875, affaire Laison, Rousse et autres), qui n'a pas résolu la question, mais qui a donné lieu à des observations du ministre de l'intérieur dans le sens que nous indiquons.

220. — En cas d'ajournement de la session d'août, le bureau conserve ses fonctions jusqu'à la prochaine réunion ordinaire, alors même que plusieurs des membres font partie de la série sortante. (Circulaires ministérielles des 30 août et 9 octobre 1874). « Jusqu'à la réunion des

9.

conseils généraux, disait le rapporteur de la loi de 1871, les bureaux des assemblées départementales restent naturellement en fonctions ; la chose est si évidente qu'il ne nous a pas paru nécessaire de la spécifier dans la loi [1]. C'est ainsi que la circulaire ministérielle du 30 juillet 1877 a pu décider qu'il n'y aurait pas lieu de procéder au renouvellement du bureau à la session d'août 1877, le renouvellement devant être ajourné à la session budgétaire renvoyée au mois de décembre suivant.

4. — DU RÈGLEMENT INTÉRIEUR.

221. —En vertu du paragraphe 2 de l'article 2 de la loi du 23 juillet 1870, le conseil général avait le droit d'arrêter son règlement intérieur; et, en fait, tous les conseils généraux avaient leur réglement; la loi de 1871 (art. 26), n'a fait que rendre ce réglement obligatoire. Cette obligation résulte bien plus de l'esprit de la loi que de son texte, et nous lisons dans la circulaire du 18 octobre 1871 le passage suivant : « La loi du 23 juillet 1870 (art. 2) avait déjà reconnu aux conseils généraux le droit d'arrêter leur règlement intérieur. Mais ce qui, d'après la loi précédente, était une simple faculté : *Le conseil général peut, s'il le juge convenable, adopter un règlement intérieur*, devient une obligation : « *Le conseil général fait son règlement intérieur*. On conçoit, en effet, que la publicité des séances nécessite l'adoption de certaines dispositions réglementaires destinées à faciliter la direction des débats et de la police de l'assemblée. »

---

[1] Voir également dans ce sens le discours de M. Bigot, dans la séance du 30 juillet 1871 (*Journal officiel*, 1871, p. 5404.)

222. — Quant à la rédaction de ce règlement intérieur, le législateur n'avait à prescrire aucune formalité, et le ministre de l'intérieur, dans ses *Instructions*, ne fait à ce sujet aucune recommandation. Nous croyons cependant devoir soumettre ici à l'approbation des conseillers généraux le projet de règlement suivant, qui nous paraît répondre aux vœux de la loi du 10 août 1871.

SPÉCIMEN

D'UN

RÈGLEMENT INTÉRIEUR

DES SESSIONS.

ARTICLE PREMIER. — Le conseil général de..... tient chaque année deux sessions ordinaires ; l'une commence de plein droit le premier lundi qui suit le 15 août ; l'autre, le second lundi après Pâques.

ART. 2. — La durée de la session d'août ne pourra excéder un mois, celle de la session de Pâques ne pourra excéder quinze jours.

ART. 3. — En dehors de ces deux sessions ordinaires, le conseil général pourra être réuni extraordinairement, soit en vertu d'un décret du chef du pouvoir exécutif qui précisera le but exclusif de la session extraordinaire ; soit sur la demande écrite des deux tiers des membres composant le conseil général. Dans ce dernier cas, le président du conseil, auquel la demande de session extraordinaire sera remise, devra en informer immédiatement le préfet, qui devra, par lettres individuelles, convoquer d'urgence les membres du conseil général.

ART. 4. — La durée des sessions extraordinaires ne pourra durer plus de huit jours.

DE L'OUVERTURE DE LA SESSION DU CONSEIL GÉNÉRAL. — DU BUREAU PROVISOIRE. — DE LA NOMINATION ET DES FONCTIONS DES MEMBRES DU BUREAU DÉFINITIF.

ART. 5. — Le conseil général se réunit aux jours indiqués par la loi, soit sur l'avis du préfet, soit sur celui du président du conseil général.

ART. 6. — A l'ouverture de la session d'août, le conseil général, réuni sous la présidence du doyen d'âge, le plus jeune membre faisant fonctions de secrétaire, nomme au scrutin secret et à la majorité absolue son président, un ou plusieurs vice-présidents et ses secrétaires, dont le nombre est à l'avance déterminé par le conseil.

ART. 7. — Les nominations des membres du bureau sont faites dans les formes prescrites par les articles 52 et suivants.

ART. 8. — Les fonctions du président sont de maintenir l'ordre dans l'assemblée, de faire observer le règlement, d'accorder la parole, de poser les questions, d'annoncer les résultats des votes et de prononcer les décisions du conseil.

C'est par son intermédiaire que le conseil général adresse, s'il y a lieu, directement au ministre compétent les réclamations que le conseil général aurait à présenter dans l'intérêt spécial du département, ainsi que l'opinion du conseil sur l'état et les besoins des différents services publics en ce qui touche le département.

ART. 9. — Le président adresse directement au ministre de l'intérieur les observations du conseil général sur les comptes départementaux.

ART. 10. — Les fonctions des secrétaires sont de rédiger le procès-verbal, d'en donner lecture, d'inscrire successivement les conseillers qui demandent la parole, de donner lecture des propositions et des amendements, et de tenir note des résolutions et des votes [1].

ART. 11. — Tous les membres du bureau conservent leurs fonctions jusqu'à la session d'août qui suit celle de l'année dans laquelle ils ont été nommés.

DES SÉANCES.

ART. 12. — Le président fait l'ouverture et annonce la clôture des séances. Il indique, à la fin de chacune d'elles, après avoir consulté le conseil, le jour et l'heure de la séance suivante et l'ordre du jour.

ART. 13. — Avant de passer à l'ordre du jour, le président fait lire par un des secrétaires le procès-verbal de la séance précédente. Lorsqu'il s'élève une réclamation contre sa rédaction, le président prend l'avis du conseil qui décide s'il y a lieu de faire une rectification. Le président donne ensuite connaissance à l'assemblée des communications qui la concernent.

ART. 14. — Le président dirige les délibérations ; la parole doit lui être demandée. Aucun orateur ne peut parler qu'après l'avoir obtenue.

ART. 15. — La parole est accordée suivant l'ordre des inscriptions et des demandes dont les secrétaires ont pris note au fur et à mesure qu'elles se sont produites. Toutefois, l'auteur et le rapporteur d'une proposition sont entendus quand ils le désirent. L'orateur parle debout et ne s'adresse qu'au président ou à l'assemblée.

ART. 16. — Dans les discussions, les orateurs parlent alternativement pour et contre. Nul n'est interrompu quand il parle, si ce n'est pour un rappel au règlement.

ART. 17. — Si un orateur s'écarte de la question, le président seul l'y rappelle. Si, dans une discussion, après avoir été deux fois rappelé à la question, l'orateur s'en écarte de nouveau, le président consulte l'assemblée pour savoir si la

---

[1] Les secrétaires ont encore d'autres attributions ; elles sont indiquées dans les articles 25, 50, 56, 67.

parole ne sera pas interdite à l'orateur sur le même sujet, pendant le reste de la séance.

Art. 18. — Le président accorde toujours la parole en cas de réclamations d'ordre du jour, de priorité ou de faits personnels.

Art. 19. — Il l'accorde aussi en cas de rappel au règlement ; mais il ne la donne ni pour rappeler à la question, ni pour parler, soit pendant une épreuve commencée, soit entre deux épreuves du même vote.

Art. 20. — A l'exception de l'auteur ou du rapporteur d'une proposition, nul ne parle plus de deux fois sur la même question, à moins que l'assemblée ne l'y autorise.

Art. 21. — Les signes d'approbation ou d'improbation sont interdits.

Art. 22. — Le président maintient l'ordre et a le droit d'y rappeler les membres qui s'en écartent.

Art. 23. — Lorsqu'un membre a été rappelé deux fois à l'ordre sur le même sujet, le conseil, consulté par le président, peut lui interdire la parole pendant le reste de la séance. La décision est prise par assis et levé, sans débats.

Art. 24. — Si le membre rappelé à l'ordre ne se soumettait pas à la décision du conseil ou à l'autorité du président, la séance serait levée et remise au lendemain.

Art. 25. — Le président réprime les interruptions et les personnalités. Il ferme les discussions après avoir consulté le conseil. En cas de partage des voix, la discussion continue. Le président met aux voix les propositions ; il juge conjointement avec les secrétaires, les épreuves et les votes, et il en proclame le résultat.

DES COMMISSIONS. — DES RAPPORTEURS. — DES COMMUNICATIONS DE PIÈCES.

Art. 26. — Le conseil général a deux sortes de commission à nommer : la commission départementale dont la durée est annuelle, et les commissions qui se renouvellent à chaque session.

Art. 27. — Le conseil élit la commission départementale chaque année, à la fin de la session d'août. Cette élection a lieu dans la forme prescrite par les articles 52 et suivants.

Cette commission est formée et fonctionne dans les termes des articles 69 et suivants de la loi du 10 août 1871.

ART. 28. — En dehors de la commission départementale, le conseil nomme autant de commissions ou se divise en autant de bureaux que le nécessitent l'importance ou la variété des questions qu'il a à examiner ou à résoudre. Il nomme notamment : une commission des finances et des travaux publics ; une commission de l'agriculture ; une commission de l'instruction publique et de l'assistance ; une commission des vœux ; une commission des comptes à rendre par le préfet.

ART. 29. — Les commissions ou les bureaux sont nommés dans la forme déterminée par l'article 51, si des membres du conseil en font la demande. Lorsque aucune demande n'est faite à ce-sujet, elles sont nommées par les membres du bureau réunis. Le nombre des membres qui composent les commissions est déterminé par le conseil général.

ART. 30. — Les commissions ou les bureaux se réunissent pour la première fois, immédiatement après avoir été nommés. Ils désignent leur président, leurs secrétaires et leurs rapporteurs.

ART. 31. — Les désignations sont faites soit d'un commun accord au sein des commissions ou des bureaux, soit en conformité des articles 51 et suivants, si les commissions ou les bureaux le décident.

ART. 32. — Les dossiers des affaires soumises au conseil sont distribués aux commissions ou aux bureaux suivant l'ordre des objets qu'elles ont à examiner.

ART. 33. — Après que les commissions ou les bureaux ont été constitués par la nomination de leur président et secrétaire, ils se réunissent sur l'avis de leur président ou d'après un ordre du jour arrêté en séance par le conseil général.

ART. 34. — Lorsque les rapporteurs des commissions ou bureaux seront prêts à présenter leurs rapports en séance du conseil général, ils devront en informer le président du conseil.

ART. 35. — Les conseillers ont le droit de prendre connaissance des dossiers remis aux commissions ou au bureau. Ces communications doivent avoir lieu sans déplacement et sans que l'examen des commissions ou des bureaux puisse être entravé.

DES PROPOSITIONS. — DES AMENDEMENTS. — DE L'URGENCE.

ART. 36. — Tout membre qui voudra faire une proposition touchant à des sujets autres que ceux dont le conseil est saisi, la présentera par écrit au président.

ART. 37. — Le lendemain du jour où la proposition aura été déposée, le président en donnera lecture. Si elle est appuyée par quatre membres, l'auteur la développera sommairement ; le conseil décidera ensuite s'il y a lieu de fixer immédiatement un jour pour la discuter, ou si la proposition doit être préalablement soumise à une commission. Ces décisions sont prises par assis et levé sans débats.

ART. 38. — Tout conseiller peut présenter des amendements.

ART. 39. — Les amendements doivent être rédigés par écrit, signés, adressés au président ou déposés sur le bureau.

ART. 40. — Les amendements ne sont mis en délibération que s'ils sont appuyés. Lorsqu'ils sont appuyés, le président appelle les auteurs à les développer. Après en avoir entendu le développement, le conseil décide si les amendements seront immédiatement mis en délibération ou s'ils seront renvoyés à la commission saisie des matières auxquelles ils se rapportent.

ART. 41. — Ces décisions sont prises par assis et levé sans débats ; en cas de partage des voix, le renvoi n'est pas ordonné.

ART. 42. — Les amendements sont mis aux voix avant la question principale.

ART. 43. — Ceux qui s'éloignent le plus des projets en délibération sont soumis au vote avant les autres. S'il y a doute, le conseil est consulté sur la question de priorité.

ART. 44. — L'urgence demandée sur des objets soumis aux délibérations du conseil général, soit par le préfet, soit par un membre du conseil, est immédiatement discutée et mise aux voix. Si elle est adoptée, le conseil général fixe le moment où viendra la discussion sur le fond. Cette discussion doit être précédée d'un rapport fait au nom de la commission compétente. Si le conseil s'est prononcé contre l'urgence, la question sera examinée dans les formes ordinaires.

DES VOTATIONS.

ART. 45. — Le conseil général vote sur les questions soumises à ses délibérations, de trois manières : par assis et levé, au scrutin public et au scrutin secret.

ART. 46. — Le vote par assis et levé est le mode de votation ordinaire ; il est constaté par le président et les secrétaires qui comptent au besoin le nombre des votants pour et contre.

ART 47. — Il est toujours voté par assis et levé sur les demandes de question préalable, d'ordre du jour, de rappel au règlement, de priorité, d'ajournement, de renvoi, de clôture de la discussion, de la déclaration d'urgence et de comité secret.

ART. 48. — Le scrutin public est de droit toutes les fois que le sixième des membres présents le demande, à l'exception toutefois des cas prévus dans les articles 37, 41, 47, 62.

ART. 49. — La demande de scrutin public doit être faite par écrit et déposée entre les mains du président. Les noms des signataires sont inscrits au procès-verbal de la séance.

ART. 50. — Il est procédé au scrutin public dans les formes suivantes :
Chaque conseiller a deux bulletins de vote, l'un bleu, l'autre blanc, sur lesquels son nom est imprimé ou écrit. Les bulletins blancs expriment l'adoption, les bulletins bleus, la non-adoption. Il est présenté à chaque membre de l'assemblée une urne dans laquelle le votant dépose le bulletin dont il veut faire usage. Lorsque le président s'est assuré que tous les membres présents ont voté, il prononce la clôture du scrutin. Les secrétaires versent les bulletins dans des corbeilles ; ils séparent les bulletins blancs des bulletins bleus ; ils font le compte des uns et des autres, l'arrêtent et le remettent au président qui en proclame le résultat. Le résultat des scrutins publics énonçant les noms des votants est reproduit au procès-verbal.

ART. 51. — Le scrutin secret a toujours lieu, si un tiers des membres présents en fait la demande écrite, laquelle est consignée au procès-verbal, avec les noms des signataires.

ART. 52. — Il est procédé au scrutin secret sur les nominations, à l'aide de bulletin fermés portant les noms de ceux qu'on veut élire.

Art. 53. — Les nominations ont lieu à la majorité absolue ; elles se font par scrutin séparé lorsqu'il n'y a qu'une personne à élire, et au scrutin de liste lorsqu'il y a plusieurs personnes à nommer pour la même fonction.

Après deux tours de scrutin, il est procédé à un scrutin de ballottage où la majorité relative suffit. En cas d'égalité de suffrages, le plus âgé est nommé.

Art. 54. — Le scrutin secret ne peut être demandé sur les questions prévues par les articles 37, 41, 47, 62.

Art. 55. — La votation a lieu sur les questions autres que les nominations, à l'aide de bulletins fermés portant les uns, le mot *oui* ; les autres, le mot *non*. Les bulletins portant *oui* indiquent l'adoption ; les bulletins portant *non*, la non-adoption. Ces bulletins sont rassemblés dans une urne.

Art. 56. — Lorsque le président s'est assuré que tous les membres présents ont pris part au vote, il prononce la clôture du scrutin. Les secrétaires séparent ostensiblement les bulletins portant *oui* des bulletins portant *non* ; ils en font le compte, l'arrètent et le remettent au président qui en proclame le résultat.

Art. 57. — Le conseil général ne peut délibérer que si la moitié plus un des membres dont il doit se composer sont présents.

Art. 58. — Les décisions sont prises à la majorité absolue des votants. En cas de partage, soit pas assis et levé, soit au scrutin public, si le président prend part au vote, sa voix est prépondérante.

Art. 59. — Si le président ne vote pas et que les voix soient partagées, la proposition mise aux voix n'est pas adoptée.

Art. 60. — Les demandes de question préalable, d'ordre du jour, de priorité et de rappel au règlement sont mises aux voix avant la question principale.

Art. 61. — Dans les questions complexes, la division est de droit, si elle est demandée.

DE LA PUBLICITÉ DES SÉANCES — DU COMPTE RENDU SOMMAIRE ET OFFICIEL. — DES PROCÈS-VERBAUX DES SÉANCES.

Art. 62. — Les séances des conseils généraux sont publiques. Néanmoins, sur la demande de cinq membres, du président ou du préfet, le conseil général, par assis et levé, sans débats, décide s'il se formera en comité secret.

ART. 63. — Les conseils généraux devront établir jour par jour un compte rendu sommaire et officiel de leurs séances, qui sera tenu à la disposition de tous les journaux du département.

ART. 64. — Les procès-verbaux des séances, rédigés par un des secrétaires, sont arrêtés au commencement de chaque séance, et signés par le président et le secrétaire. Ils contiennent les rapports, les noms des membres qui ont pris part à la discussion et l'analyse de leurs opinions.

ART. 65. — Les procès-verbaux des séances des conseils généraux sont en outre rendus publics par le voie de l'impression, et distribués gratuitement aux membres du conseil général et à tous les maires du département.

DE LA POLICE INTÉRIEURE ET EXTÉRIEURE.

ART. 66. — Le président a seul la police intérieure de l'assemblée. Il peut faire expulser de l'auditoire ou arrêter tout individu qui trouble l'ordre. En cas de crime ou de délit, il en dresse procès-verbal, et le procureur de la République en est immédiatement saisi.

ART. 67. — Nulle personne étrangère au conseil, autre que le préfet et les employés appelés à donner des renseignements ou à faire un service autorisé, ne peut, sous aucun prétexte, s'introduire dans l'enceinte où siégent les membres du conseil général.

ART. 68. — Pendant tout le cours de la séance, les personnes placées dans l'auditoire se tiennent assises, découvertes et en silence.

ART. 69. — Toute personne qui donne des marques d'approbation ou d'improbation en est sur le champ exclue par les huissiers ou agents chargés de maintenir l'ordre.

5. — DE L'ENTRÉE DU PRÉFET AU CONSEIL GÉNÉRAL.

223. — Certaines dispositions contenues dans le règlement intérieur que nous venons de donner appellent quelques commentaires, et d'abord, parlons de l'*entrée du préfet au conseil général*. — La loi du 22 juin 1833 (art. 12) donnait aux préfets le droit d'entrer au conseil général; il pouvait également y être entendu, sur sa demande, et assister à toutes les séances, excepté cependant lorsqu'il s'agissait de l'apurement de ses comptes. La loi de 1871 n'a fait que reproduire le texte de la loi de 1833. Dans la pratique, les préfets se font un devoir d'assister aux séances du conseil général; mais leur présence n'est plus aujourd'hui aussi indispensable qu'autrefois, elle n'a pour but que de leur permettre de mieux se pénétrer des intentions du conseil et de la commission départementale, qui délibèrent et statuent sur toutes les affaires purement départementales.

224. — Le préfet peut prendre séance au conseil général dès l'ouverture de la session (Décision ministérielle du 30 août 1877); il a donc le droit d'assister à l'élection du bureau; dès lors, est irrégulier l'usage qui consiste à attendre que le bureau définitif soit constitué pour prévenir le préfet et l'inviter à venir prendre part aux travaux de l'assemblée. (Décision ministérielle du 30 août 1877.)

225. — Comme de tout temps le secrétaire général de la préfecture a siégé à côté du préfet lorsque sa présence était jugée utile aux travaux du conseil général, en l'absence de toutes dispositions législatives contraires, il convient d'admettre le droit du secrétaire général d'assister à côté du préfet aux séances du conseil général. (Décision ministérielle du 20 avril 1874.) Le secré

taire général peut même être délégué par le préfet pour
représenter celui-ci à l'assemblée départementale ; dans
ce cas la délégation peut être verbale. (Décision ministérielle du 21 août 1877.)

6. — DE LA PUBLICITÉ DES SÉANCES.

226. — L'article 28 de la loi du 10 août 1871 consacre la publicité des séances des conseils généraux ;
cette publicité avait été déjà établie par un décret
du 3 juillet 1848 ; supprimée sous l'Empire, le corps
législatif de 1870 en avait demandé le rétablissement.
L'utilité de cette publicité ne saurait d'ailleurs être
sérieusement contestée aujourd'hui ; ses partisans
affirment que la publicité est la vie des assemblées
délibérantes, et que, sans elle, il n'y a ni responsabilité
efficace, ni émulation féconde [1]; il est vrai qu'elle
apporte avec elle quelques inconvénients réels : elle
pousse aux longs discours et à la recherche de la popu-
larité ; mais elle peut être parfois une des meilleures
garanties de la bonne administration des affaires départementales.

227. — Cette publicité peut d'ailleurs être toujours
supprimée à titre temporaire, sur la demande de cinq
membres du conseil général, du président ou du préfet ;
et ainsi, quand il le veut, le conseil peut, par assis et
levé, sans débats, décider qu'il se formera en comité
secret. Cette exception à la publicité des séances est
formulée dans le paragraphe 2 de l'article 26 de la loi de
1871 ; il était nécessaire de réserver au conseil général
le droit d'agir ainsi, car il est appelé assez souvent à

---

[1] Voir le rapport de la loi de 1871, *Journal officiel* 1871,
p. 1702.

discuter des questions de personnes qui ne peuvent être sans danger appréciées en public.

228. — Lorsque le conseil général s'est formé en comité secret, il doit décider en quels termes la délibération prise en comité secret doit être inscrite au procès-verbal. La loi du 23 juillet 1870 en interdisait la publication; mais comme la loi de 1871 n'a pas reproduit cette disposition restrictive, le conseil général doit demeurer juge de la question. (Circ. minist. du 18 oct. 1871).

7. — DE LA POLICE INTÉRIEURE ET EXTÉRIEURE DES SÉANCES.

229. — Les articles 29 et 30 de la loi de 1871, relatifs à la police des assemblées départementales et au mode de votation, sont empruntés en grande partie au projet de la commission parlementaire de 1851. Aux termes de l'article 29, le président du conseil général a seul la police de l'assemblée; c'est lui qui doit veiller à ce que l'admission du public dans la salle des séances ne nuise pas à l'ordre intérieur et à la régularité des délibérations, et à cet effet, la loi lui confère le droit de faire expulser de l'auditoire ou de faire arrêter tout individu qui trouble l'ordre. En cas de crime ou de délit, il en dresse procès-verbal et le procureur de la République en est immédiatement saisi [1].

---

[1] Les dispositions du code de procédure civile (art. 88 et suiv.), relatives à la police des audiences, doivent être observées en cas d'arrestation pour crime ou délit. (Voir, par analogie, la loi du 21 juin 1865 (art. 13), sur la police des conseils de préfecture, et celle du 24 mai 1872 (art. 24), sur celle du conseil d'État.

230. — C'est pour exercer ce droit de police intérieure que le président du conseil général peut donner des ordres directs aux agents mis à sa disposition dans la salle des séances, mais il ne le peut que dans la limite de la mission qui lui est confiée par l'article 29 de la loi du 10 août 1871, et pour faire expulser et arrêter tout individu qui, dans l'auditoire, troublerait l'ordre et empêcherait les membres de l'assemblée de délibérer. Au surplus, le droit du président ne peut faire obstacle au droit qui appartient toujours et partout au préfet, soit comme représentant du pouvoir exécutif, soit comme officier de police judiciaire, de prendre sous sa responsabilité les mesures qu'il jugerait nécessaires pour maintenir l'ordre public et pour faire respecter la loi. (Avis du conseil d'Etat du 3 décembre 1874.)

231. — Si, à l'intérieur, l'autorité du président du conseil général est incontestable, il n'en saurait être de même à l'extérieur, et la police extérieure des conseils généraux, qui est une question de sûreté générale, demeure toujours de la compétence absolue du préfet. Un conseil général excéderait ses pouvoirs s'il mettait dans son règlement un article conférant au président le soin de veiller à la sûreté extérieure de l'assemblée et le chargeait de prendre, à cet effet, les dispositions nécessaires ; le conseil général ne peut s'autoriser pour le faire des dispositions de la loi du 15 février 1872 sur le rôle éventuel des conseils généraux en cas de dissolution violente de l'Assemblée nationale[1].

232. — Quant au droit de requérir la force publique pour le maintien de l'ordre, il n'appartient qu'au préfet,

---

[1] Décret du 14 décembre 1872, annulant une délibération du conseil général de l'Aude, et circulaire ministérielle du 20 février 1873.

à qui devra s'adresser le président du conseil général[1]. « Le devoir de veiller à la sécurité des assemblées
départementales, dit dans ses considérants un arrêté du
conseil d'Etat du 14 décembre 1872, appartient au pouvoir exécutif, puisque seul il a la disposition de la force
publique et exerce, sous le contrôle de l'Assemblée
nationale, tous les droits de police ; l'article 29 de la loi
du 10 août 1871 donne seulement au président du conseil
général le droit d'exercer la police intérieure de l'assemblée[2].

233. — L'application de l'article 29 de la loi du 10
août 1871 a soulevé quelques conflits entre les préfets et
les présidents des conseils généraux, et l'un de ces conflits a abouti, en 1874 notamment, à la dissolution du
conseil général des Bouches-du-Rhône. Les questions
les plus délicates qui peuvent naître de l'application de
l'article 29 se résument en celles-ci : 1° Le président du
conseil général peut-il mander directement des agents de
police placés à l'extérieur? Peut-il requérir la force armée, sans passer par l'intermédiaire du préfet? 2° Les
agents, une fois mis à la disposition du président du
conseil général, celui-ci peut-il leur donner directement
des ordres? Ces ordres, au contraire, doivent-ils être
transmis par le préfet? — Il nous paraît impossible de
reconnaître au président du conseil général le droit de
requérir les agents de police; un pareil droit serait
incompatible avec les règles les plus élémentaires de la
hiérarchie administrative. C'est bien ce qu'a reconnu le
conseil d'Etat; mais nous pensons que ce n'est pas au pré-

---

[1] Avis du conseil d'Etat du 3 décembre 1874.

[2] Décision contentieuse du conseil d'Etat du 11 juillet 1873,
annulant une délibération du conseil général de la Drôme, et
un autre du Lot-et-Garonne.

fet mais bien au maire qui administre le chef-lieu du département où siége le conseil général que la réquisition du président de ce conseil doit être adressée. Ce n'est plus en effet le préfet qui est chef de la police municipale au chef-lieu du département; depuis la loi du 24 juillet 1867, qui a abrogé l'article 58 de la loi du 5 mai 1855, c'est le maire. — Quant à la seconde question soulevée à l'occasion de l'article 29 de la loi du 10 août 1871, du moment où cette loi a donné au conseil général un président autre que le préfet, il ne serait pas rationnel de faire intervenir ce dernier dans l'exercice du droit de police intérieure qui, dans toute assemblée comme dans tout tribunal, appartient sans partage au président. D'ailleurs, nous le répétons, le préfet n'est plus aujourd'hui, dans aucune ville, le chef de la police municipale, et, en admettant même que l'article 15 de la loi du 18 juillet 1837 puisse s'appliquer à d'autres attributions que celles exercées par le maire comme représentant du pouvoir central, il ne faut pas oublier que cet article prévoit seulement le cas où le maire « refuserait ou négligerait de faire un des actes qui lui sont prescrits par la loi. » Enfin, si l'on admettait l'intervention du préfet, il faudrait rendre sa présence, non plus facultative, mais obligatoire à toutes les séances du conseil général, ce qui pourrait entraver parfois la rapide exécution des affaires départementales pendant la session du conseil général.

8. — DU MODE DE VOTATION AU CONSEIL GÉNÉRAL.

234. — Le conseil général ne peut délibérer si la la moitié plus un des membres dont il doit être composé n'est présente. L'on s'était souvent demandé, sous l'ancienne législation, si la *majorité nécessaire* à la régularité des délibérations devait être calculée d'après le nombre des membres en exercice ou d'après l'effectif réglementaire du conseil. La majorité doit être calculée

d'après le nombre des cantons, sans tenir compte des
vacances, et non pas d'après le nombre des conseillers
en exercice, abstraction faite de ces mêmes vacances ;
c'est donc le nombre total des conseillers, c'est-à-dire
celui des cantons, qui déterminera désormais la majorité du conseil général.

235. — Remarquons ici qu'il ne serait pas dans
les attributions du préfet de déclarer nulle la délibération du conseil général prise sans que la moitié plus un
des membres dont il doit être composé ait été présente.
(Décision contentieuse du conseil d'Etat du 8 août 1872.)
L'annulation dont il s'agit ne peut être prononcée que par
un décret rendu dans la forme des réglements d'administration publique; les pouvoirs exceptionnels du préfet se
limitent au cas où une délibération a été prise hors des
réunions légales. (Art. 84 de la loi du 10 août 1871.)

236. — Quant au *mode de votation*, la loi du
10 août consacre une innovation considérable en déclarant (art. 30, § 2) que les suffrages seront recueillis au
scrutin public toutes les fois que le sixième des membres présents le demandera, et en ajoutant que les noms
des votants seront insérés au procès-verbal[1]. D'après
l'article 13 de la loi du 22 juin 1833, le scrutin secret
était de droit lorsque quatre membres le demandaient;
sous l'empire de la législation nouvelle, les conseillers
généraux ne pourront plus voter au scrutin secret
lorsque le sixième des membres présents s'y opposera.
Sous le régime de la loi du 10 mai 1838, il était interdit
de mentionner au procès-verbal les noms des membres

---

[1] Un conseil général dans son règlement intérieur ne pourrait déroger à cette disposition qui est organique. (Cons.
d'Etat, 16 juil. 75.)

qui prenaient part aux délibérations ; la loi du 23 juillet 1870 avait déjà levé cette prohibition, et celle du 10 août 1871 n'a fait que consacrer définitivement cette excellente mesure qui laisse à chacun des conseillers généraux la responsabilité de ses actes.

237. — Le scrutin public pourra désormais être réclamé sur toutes les questions, sauf les cas prévus par la loi, c'est-à-dire (art. 28) lorsque le comité secret est décidé par assis et levé, lorsqu'il s'agit de procéder à des nominations de fonctionnaires départementaux, ce qui a toujours lieu (art. 30) au scrutin secret.

238. — Dans les votes par assis et levé, et dans les scrutins publics, le président, en cas de partage, a voix prépondérante. (Circulaire ministérielle du 18 octobre 1871.)

Dans les votes, la majorité absolue se calcule sur le nombre de membres présents, alors même que quelques-uns d'entre eux s'abstiendraient de voter ou déposeraient des bulletins blancs. D'ailleurs, c'est au conseil général à décider, dans son règlement intérieur, si les bulletins blancs entrent ou non en compte comme suffrages exprimés.

Les procès-verbaux des séances doivent-ils constater qu'une délibération a été prise à la majorité ? Aucune forme n'étant imposée pour la rédaction des procès-verbaux, l'omission de cette mention semble ne pas devoir tirer à conséquence.

9. — DES PROCÈS-VERBAUX ET COMPTES RENDUS DES SÉANCES DES ASSEMBLÉES DÉPARTEMENTALES.

239. — Le principe de la publicité du compte rendu sommaire des séances du conseil général avait été posé dans les paragraphes 4 et 5 de l'article 2 de la loi du 23 juillet 1870 ; ce principe a été élargi et réglé par la législation nouvelle. Cependant, la loi du 10 août 1871, comme celle de 1870, n'a pas dit qui rédigera le compte-rendu des séances ; ce sont ordinairement les secrétaires ou un sténographe choisi par eux. La loi impose un double travail aux secrétaires des conseils généraux, dit une circulaire ministérielle du 18 octobre 1871 : 1º Ils doivent établir jour par jour un compte-rendu sommaire et officiel des séances. Ce compte-rendu, dont la reproduction est obligatoire pour les journaux qui veulent apprécier une discussion, est mis à la disposition de tous les journaux des départements dans les quarante-huit heures qui suivent la séance. Il mentionne, comme le procès-verbal lui-même, les noms des conseillers qui prennent part aux délibérations. Il est rédigé sous l'autorité du président. — 2º Ils doivent également rédiger, au jour le jour, le procès-verbal, qui est arrêté au commencement de chaque séance, et qui contient, avec les rapports, les noms des membres qui ont pris part aux débats et l'analyse de leurs opinions. Les procès-verbaux sont signés par le président et le secrétaire, après avoir reçu l'approbation de l'assemblée.

240. — La rédaction des procès-verbaux par les secrétaires du conseil général, et les communications de ces procès-verbaux qui doivent être faites, ont donné lieu à une circulaire ministérielle du 10 septembre 1874, dont voici les principaux passages : « Aussitôt après l'adoption des procès-verbaux, communication peut en être demandée par tout électeur ou contribuable du département. Il faut donc qu'ils soient déposés sans retard au secrétariat de la préfecture, conformément à l'article 7 de la loi du 28 pluviôse an VIII. Au lieu de se conformer à cette marche, les secrétaires de quelques conseils généraux se croient autorisés à conserver par devers eux, pendant un temps plus ou moins long, les minutes des procès-verbaux, et les pré-

fets se trouvent ainsi dans l'impossibilité, soit de livrer
les copies à l'impression, soit même d'adresser aux
divers ministères les ampliations manuscrites qui leur
sont réclamées pour des affaires souvent urgentes. Dans
d'autres départements, le secrétaire, au lieu de remettre
les minutes au secrétariat de la préfecture, les confie à
la commission départementale. Cet usage est également
irrégulier. C'est, en effet, non pas dans les bureaux de
la commission départementale, bureaux qui souvent
n'existent pas à l'état d'organisation véritable, ou qui ne
sont pas ouverts d'une manière permanente, mais au
secrétariat de la préfecture que les électeurs doivent s'a-
dresser pour recevoir la communication autorisée par
la loi. D'un autre côté, quand le conseil général a voté
l'impression de ses procès-verbaux, le soin de surveiller
ce travail purement matériel est un acte d'exécution
qui, aux termes de la loi du 10 août, appartient exclusivement au préfet. Si les retards que mes prédécesseurs
et moi avons eu le regret de constater se reproduisaient,
c'est à vous, M. le préfet, qu'en incomberait la responsabilité. Je dois aussi vous signaler les réclamations qui
m'ont été adressées contre l'exécution incomplète de
l'article 31 de la loi. Cet article oblige les conseils généraux à établir, jour par jour, un compte-rendu sommaire
et officiel de leurs séances, et à le tenir à la disposition
des journaux du département dans les quarante-huit
heures qui suivent la séance. Ces prescriptions imposent, je le sais, un travail considérable au bureau du conseil général; mais elles ont un caractère impérieux qui
ne permet pas à l'administration de les laisser en
oubli... »

241. — Une circulaire ministérielle du 31 juillet 1878
est encore venue compléter l'interprétation qu'il faut
donner, pour la nécessité des différents services, à
l'article 31 de la loi du 10 août 1871. Le compte-rendu
sommaire et officiel des séances, que les conseils

généraux doivent établir, jour par jour, et mettra à la disposition de tous les journaux dans les quarante-huit heures qui suivent la séance, n'avait pas été régulièrement envoyé au ministère de l'intérieur, qui ne le connaissait que par la reproduction plus ou moins complète, plus ou moins rapide qu'en donne la presse départementale. Le gouvernement a cependant intérêt à être tenu très-exactement, et jour par jour, au courant des travaux des assemblées départementales, et la circulaire du 31 juillet 1878 a pour objet d'inviter les préfets à adresser au ministre de l'intérieur, « le jour même où il sera mis à la disposition des journaux de la localité, et plus tôt même si c'est possible, deux copies ou épreuves imprimées du compte-rendu officiel de toutes les séances du conseil général. » Mais cet envoi ne saurait dispenser le préfet d'aucune des communications officieuses et artificielles qu'il a l'habitude d'envoyer au ministère.

10. — DE LA PUBLICITÉ DONNÉE PAR LES JOURNAUX AUX SÉANCES DES ASSEMBLÉES DÉPARTEMENTALES.

242. — La disposition de l'article 31 de la loi du 10 août 1871, qui interdit aux journaux d'apprécier une discussion du conseil général sans reproduire *en même temps*, la portion du compte rendu afférente à cette discussion, indique bien clairement que le compte rendu officiel et l'appréciation du journal doivent être publiés dans le même numéro. Poursuivi pour avoir publié dans le journal *l'Avenir de la Haute-Saône*, du 24 août 1873, un article où il critiquait le discours d'ouverture prononcé par le président du conseil général, sans reproduire en même temps la portion afférente du compte rendu officiel de la séance, le sieur Cival avait été acquitté par le tribunal de Vesoul ; mais, condamné par un arrêt de la cour de Besançon, il s'était pourvu devant la Cour de cassation, en se fondant sur la violation directe de l'article 31 de la loi du 10 août 1871, qui prescrit la reproduction du compte rendu dans le cas unique où un journal apprécie une *discussion* du conseil général. Devant la cour suprême, M. le premier avocat général Bédarrides, concluant au rejet du pourvoi, disait « la loi a voulu garantir la sincérité des opinions émises, des paroles prononcées au sein du conseil général ; elle n'a pas voulu qu'il fût permis de les tronquer, de les dénaturer ; pour cela, il n'y a qu'à les citer textuellement ; rien n'est plus facile, puisque le procès-verbal des séances les contient, et qu'il est mis à la disposition des journaux dont le droit d'appréciation reste entier. Qu'importe que l'opinion émise, que le discours prononcé soit ou non suivi de discussion? Le pourvoi s'attache à la lettre de la loi qui défend d'apprécier une *discussion*, mais il en oublie l'esprit qui défend de dénaturer *les opinions émises*. Le mot de *discussion* ne doit pas être entendu ici dans un sens trop restreint ; il est synonyme de débat, de séance. L'article 31 de la loi oblige les conseils généraux à établir jour par jour un compte rendu officiel *de leurs séances*... Si ce texte défend d'apprécier une discussion sans la reproduire, ce n'est pas le fait même de la discussion qu'il a en vue (c'est-à-dire l'échange des opinions contradictoires), ce sont les opinions elles-mêmes dont il entend garantir la sincérité. Le mot de *discussion* comme le mot *débat* les comprend toutes. Peu importe qu'on apprécie une opinion isolée ou l'ensemble des opinions d'une séance ; toute opinion individuelle a droit à la même protection ; celle du président, celle du rapporteur, comme celles des autres membres du conseil. Serait-il donc permis d'apprécier un rapport non suivi de discussion sans le reproduire textuellement? L'approbation unanime d'un rapport ou d'un discours lui attribue en général plus d'autorité que la contradiction ; pourquoi donc permettre aux journaux de le dénaturer?... Il ne faut donc pas s'attacher servilement au mot *discussion* pour en induire que, là où il n'y a pas de discussion proprement dite, les journaux sont affranchis de toute obligation. Le compte rendu des séances est mis à leur disposition, libre à eux d'apprécier les discours qui y ont été prononcés, à la seule condition de reproduire la partie du compte rendu de la séance y afférente. La pensée de la loi est bien claire à mon sens, et ce qui achève de la mettre en lumière, c'est la modification qu'a subie l'article 31 quand il a été voté. Le projet était ainsi conçu : « Les journaux ne pourront apprécier une discussion ou *une décision* du conseil général, etc. » Le mot *décision* a été retranché, parce que la décision étant l'œuvre collective du conseil, la liberté d'appréciation pouvait être impunément plus grande en ce qui la concerne. Il en est tout autrement des opinions impunément émises... »

243. — S'inspirant des conclusions prises devant elle par son premier avocat général, la cour de cassation a rendu, le 27 février 1874, un arrêt aux termes duquel : « les discussions du conseil général, que les journaux ne peuvent apprécier sans reproduire en même temps la partie correspondante du compte rendu officiel, comprennent tout ce qui constitue les débats des assemblées départementales, sans distinguer entre les discours, propositions ou rapports donnant lieu à des observations contradictoires, et ceux qui ne sont suivis d'aucune controverse. » La cour de cassation a même ajouté « que, dans tous les cas, la loi exige l'insertion, *dans le même numéro,* des appréciations du journal et de la portion du compte rendu officiel afférent au point des discussions de débats auxquels se rapportent ces appréciations. » Et pour bien préciser le droit sur cette dernière question, le jour où l'on a posé au ministre de l'intérieur la question de savoir « s'il suffisait que le compte rendu officiel d'une séance du conseil général ait été reproduit dans un numéro précédent du journal, pour que le journaliste puisse apprécier la discussion dans un numéro subséquent, » le ministre, par avis du 14 novembre 1874, a répondu négativement en se fondant sur l'arrêt de cassation que nous venons de résumer.

244. — La défense faite aux journaux d'apprécier une discussion du conseil général sans reproduire en même temps la portion du compte rendu afférente à cette discussion, s'applique non-seulement aux journaux du département dont le conseil général est mis en cause, mais aussi aux journaux qui sont étrangers à ce département, quel que soit le lieu de leur publication. La loi de 1871 (art. 31) donne, il est vrai, seulement aux journaux départementaux le privilége d'avoir à leur disposition le compte rendu officiel, mais, comme le fait observer la cour de cassation dans son arrêt du 11 janvier 1873 (affaire Veron et Jantet), l'article 31, dans son premier paragraphe, accorde aux journaux de chaque département le privilége d'avoir à leur disposition le compte rendu officiel du conseil général, parce que c'est à ces feuilles que cette communication doit être le plus utile. Quant aux journaux étrangers au département, quand ils veulent apprécier une discussion d'un conseil général autre que celui du lieu de leur publication, ils trouvent le compte rendu qui leur est nécessaire soit dans les journaux du département dont ils s'occupent, soit dans les copies qu'ils auraient pu faire prendre par des électeurs ou des contribuables de ce département, en vertu de l'article 32 de la loi du 10 août 1871. Ainsi, les journaux des départements autres que celui du département dont le conseil général est mis en cause, ne se trouvent nullement dans l'impossibilité de se conformer à la loi de 1871 qui, dans son article 31, § 2, a édicté une mesure générale applicable à tous les journaux indistinctement.

245. — Ce ne sont pas seulement les discussions dans le sens où nous venons de l'expliquer qu'il faut reproduire, d'après le compte-rendu officiel, pour pouvoir les apprécier dans les journaux, ce sont aussi les rapports lus simplement dans une discussion du conseil général, et qui n'ont reçu antérieurement aucune publication. Ces rapports font, en effet, partie intégrante de la discussion, a dit la Cour de cassation (arrêt Véron et Jantet, du 11 janvier 1873); de là obligation pour le journal, quel qu'il soit, qui donne une appréciation dudit rapport, de publier en même temps, la portion du compte-rendu afférente à la discussion dont il est un des éléments.

246. — En imposant aux journaux la reproduction du compte rendu de la discussion qu'ils apprécient, et ce sous peine d'une amende de 50 à 500 fr. (art. 31 §§ 2 et 3), le législateur de 1871 n'a fait que rétablir le fameux délit de comptes rendus parasites ou parallèles qui avait été tant de fois combattu et avait fait si grand bruit dans les dernières années de l'Empire. Lors de la discussion de l'article 31 [1], des orateurs ne trouvèrent pas rationnel de soumettre les journaux à la reproduction officielle des séances des conseils généraux, quand celles de l'Assemblée nationale étaient affranchies désormais de l'obligation imposée aux journaux par l'article 41 de la constitution du 14 janvier 1852, et M. Target disait, avec franchise : « La liberté et le droit de répondre suffisent ; tout le reste est suranné ! » Mais M. Paul Bethmont a soutenu énergiquement la nécessité d'un compte rendu destiné, disait-il, à éviter qu'on ne puisse dénaturer les discussions et les délibérations du conseil général. Les paroles prononcées au sein des conseils généraux par les membres de ce conseil, au milieu de leurs concitoyens, méritent-elles cette protection particulière ; l'Assemblée l'a pensé.

---

[1] *Journal officiel* 1871, p. 2431.

MM. Jansé et Brice avaient proposé de supprimer les deux derniers paragraphes de l'article 31, et ce avec beaucoup plus de raison ; car obliger les journaux, di-saient-ils, toutes fois qu'ils voudraient discuter une opi-nion émise au sein du conseil général, à insérer en même temps toutes les parties de la séance dans laquelle cette opinion se sera produite, c'est là un fait qui aura pour conséquence de placer ce qui se dira, ce qui se fera dans les assemblées départementales en dehors de toute appréciation et de toute critique, de porter par là même à l'influence de ces conseils un coup véritablement fatal.

247. — On a pu remarquer que la loi de 1871 est muette sur la question de savoir comment seront répri-més les journaux qui reproduiraient d'une manière infi-dèle les comptes rendus officiels des séances du conseil général qui sont toujours mis à leur disposition. En l'ab-sence d'un texte spécial la cour de Rennes, a pensé (arrêt du 24 juin 1854, affaire Douard) que la reproduction inexacte notamment du texte et des conclusions d'un rapport fait au conseil général constitue la publication de fausses nouvelles, punie par l'article 15 du décret du 17 février 1852.

248. — L'article 31 de la loi du 10 août 1871 a encore donné lieu à un arrêt d'interprétation rendu par la cour de Paris le 27 juin 1874, dans deux affaires relatives l'une au journal le *Progrès de l'Yonne*, l'autre au jour-nal le *Bourguignon*. Ces deux journaux, publiés l'un à Joigny, l'autre à Tonnerre, avaient publié, se co-piant l'un sur l'autre, un compte rendu inexact et in-complet des séances du conseil général de l'Yonne, sans reproduire en même temps le compte rendu ana-lytique et obligatoire de l'article 31. Le tribunal de Joi-gny avait acquitté le gérant du journal parce qu'en

fait, disait-il, « il n'y a point eu d'appréciation, sauf
quelques personnalités regrettables, et que par suite
l'insertion du compte rendu officiel n'était pas obligatoire. Devant la cour de Paris, la question se posa très
nette et fut celle-ci : Est-il permis à un journaliste, alors
même qu'il s'abstiendrait de toute critique, dans les co-
lonnes précédentes, de publier un compte rendu de fantaisie, sans y joindre la reproduction du compte rendu
officiel ? — La Cour a répondu : Le compte rendu des
séances d'un conseil général, émanant de l'initiative individuelle, en dehors de toute appréciation, ne peut être
fait par un journaliste sans que le compte rendu officiel
de la séance ait été reproduit dans le même numéro du
journal. N'oublions pas que l'esprit de la loi de 1871
exige avant tout la fidélité absolue du compte rendu, et
cette fidélité n'est garantie que par la reproduction du
compte rendu officiel ; hors de là, il y a infraction à la
volonté de la loi, il y a une contravention à l'article 31
de la loi du 10 août 1871. Un compte rendu fantaisiste
peut se produire parallèlement au compte rendu officiel,
c'est le droit incontestable du journaliste, mais alors le
public sera juge et pourra lui-même apprécier combien
la fantaisie de l'écrivain, jointe à l'esprit de parti, peut
dénaturer la réalité des faits, et le but de la loi sera
rempli.

11. — DE LA COMMUNICATION DES PROCÈS-VERBAUX AU PUBLIC.

249. — Tout électeur ou contribuable du département (la loi du 23 juillet 1870 disait : *tout habitant*) a le
droit de demander la communication sans déplacement,
et de prendre copie des délibérations du conseil général,
ainsi que des procès-verbaux des séances publiques, et
de les reproduire par la voie de la presse. Il faut remarquer que le paragraphe 3 de l'article 32, par sa rédac-

tion générale et absolue, semble permettre de livrer à la publicité, non-seulement les procès-verbaux des séances publiques, mais encore toutes les délibérations du conseil général, c'est-à-dire les délibérations qui ont été, prises en comité secret [1]. M. Barbier [2] estime, au contraire, que les délibérations et les procès-verbaux se rapportant à des séances publiques peuvent seuls être communiqués aux électeurs comme à la presse. Nous pensons qu'il faut distinguer entre les *procès-verbaux des séances*, c'est-à-dire le résumé des discussions, et les *délibérations*. Celles-ci, qu'elles aient été prises en séance publique ou en comité secret, doivent être, selon nous, communiquées à tout électeur ou contribuable ; la communication des procès-verbaux des séances en comité secret peut seule lui être refusée.

250. — C'est au secrétaire général de la préfecture qu'il appartient de délivrer les expéditions des délibérations du conseil général (art. 7 de la loi du 28 pluviôse an VIII), et les minutes des procès-verbaux doivent être en conséquence déposées au secrétariat général de la préfecture, afin d'être communiquées, conformément à la loi de 1871, à tout électeur ou contribuable. (Décision ministérielle du 12 avril 1874.) Pour les anciennes délibérations ou les anciens procès-verbaux des séances, on devra toujours les trouver classés aux archives du département. Les secrétaires des conseils généraux ne sont donc pas autorisés, comme quelques-uns l'avaient pensé à tort, à conserver par devers eux, pendant un temps plus ou moins long, les minutes des procès-verbaux (circulaire du 10 septembre 1874); dès que celles-ci

---

[1] Telle est l'opinion de M. A. Godoffre. *Commentaire de la loi du 10 août*, n° 66.

[2] *Traité du budget départemental*, p. 334.

sont arrêtées et signées par le président et le secrétaire, ce dernier doit en faire de suite le dépôt au secrétariat général de la préfecture.

281. — Quant à *l'impression du volume des délibérations* de l'assemblée départementale, c'est le conseil général qui décide si elle aura ou n'aura pas lieu ; mais une fois la décision prise, le préfet seul doit en surveiller l'exécution (art. 3 de la loi du 10 août 1871), et ce serait sans droit que le bureau du conseil général ou la commission départementale entendrait se réserver le soin de surveiller cette impression. Ainsi décidé par un décret du 9 janvier 1875, annulant une délibération prise le 30 octobre 1874 par le conseil général des Vosges, qui avait déclaré que son bureau conserverait le droit de surveiller l'impression des procès-verbaux de ses séances, et qu'il garderait à cet effet les minutes des procès-verbaux jusqu'à ce que l'impression en fût complètement terminée.

282. — Un exemplaire du volume qui contient les délibérations du conseil général doit être adressé au président de la Cour des comptes (circulaire du 10 août 1867), et un autre doit être réservé pour le deuxième bureau de la division d'administration générale et départementale, au ministère de l'intérieur, division qui est spécialement chargée de préparer le règlement du budget. (Circulaires des 29 septembre 1871 et 11 août 1872.) Enfin, les préfets doivent en outre transmettre dix exemplaires des volumes des procès-verbaux au ministre de l'intérieur pour être répartis entre les divers services.

283. — Indépendamment de ces envois de volumes contenant les délibérations des conseils généraux, les préfets, sans attendre l'impression desdits volumes, doivent adresser aux différents ministères des copies

manuscrites ou imprimées de toutes les délibérations
dès qu'elles sont prises par les assemblées départementales, et surtout des vœux émis par ces assemblées au
sujet de questions intéressant les services financiers.
(Circulaire du 31 mai 1877.)

12. — DE L'ANNULATION DES DÉLIBÉRATIONS DES CONSEILS GÉNÉRAUX.

254. — La loi de 1871 qui prévoit le cas où le conseil
général sortirait de ses attributions légales, ne fait que
reproduire, avec quelques légères modifications de
texte, les dispositions de l'article 14 de la loi du 22 juin
1833. Ces dispositions, nécessaires dans un intérêt d'ordre public, dit le rapport de M. Waddington (*J. officiel*,
1871, p. 1703), le sont aussi dans l'intérêt des conseils
généraux eux-mêmes, que l'étendue de leurs nouvelles
attributions pourrait quelquefois entraîner au-delà de
leur véritable domaine, et qui, par là même, seraient
exposés à compromettre le renom de sagesse et de
modération qu'ils ont si justement mérités jusqu'à ce
jour.

255. — Sont susceptibles d'annulation les délibérations des conseils généraux prises 1° sur des objets
étrangers aux attributions des assemblées départementales (art. 33, loi du 10 août 1871); — 2° hors des réunions
légales (art. 34); — 3° en violation d'une disposition de
loi ou d'un règlement d'administration publique (art. 47).
Il faut de plus remarquer que les recours contre les
délibérations des assemblées départementales sont ou
administratifs, lorsqu'ils sont formés par le préfet, ou
bien contentieux, lorsqu'ils sont formés par les intéressés qui se prétendent lésés par ces délibérations.
Nous allons successivement passer en revue les causes
d'annulation et la procédure des recours administratifs
ou contentieux.

286. — 1° *Annulation des délibérations prises sur des objets étrangers aux attributions des conseils généraux.* — Aux termes de l'article 33, tout acte ou toute délibération d'un conseil général relatif à des objets qui ne sont pas légalement compris dans ses attributions est nul et de nul effet; la nullité est prononcé par un décret rendu dans la forme des règlements d'administration publique, c'est-à-dire rendu par l'assemblée générale du conseil d'Etat. C'est en effet dans cette forme que doivent être rendus tous les décrets qui ont pour but l'annulation ou la suppression des délibérations prises par les conseils généraux dans les cas prévus par les articles 33, 47 et 49 de la loi du 10 août 1871. (Décret portant règlement intérieur du conseil d'Etat, du 21 août 1872, art. 5, § 6.)

287. — Il a été fait plusieurs applications de l'article 33 de la loi du 10 août 1871 qu'il n'est pas sans intérêt de signaler. C'est ainsi qu'un décret du 27 octobre 1875, annulant une délibération du conseil général de la Loire, a décidé qu'il n'appartenait pas au conseil général d'apprécier les désignations faites par le conseil départemental de l'instruction publique, encore moins de blâmer ce conseil d'avoir exclu des commissions cantonales tels ou tels délégués. — Un conseil général excèderait encore ses pouvoirs (décret du 23 décembre 1875, annulant une délibération du conseil général des Bouches-du-Rhône) en dispensant un comptable de fournir les justifications exigées par le réglement sur la comptabilité publique. — Les conseils généraux ne peuvent également, sans sortir de leurs attributions légales, apprécier les actes des maires, sur lesquels ils n'ont pas d'action. (Décret du 11 juin 1872, annulant une délibération du conseil général du Gard.) — Enfin, un conseil général ne pourrait, sans violer la loi, rattacher comme produits éventuels au budget départemental, les fonds appartenant aux communes, centralisés au

compte des cotisations municipales et destinés à la rétribution des agents chargés, dans l'intérêt des communes, de la surveillance et du contrôle des travaux
municipaux [1]. On pourrait multiplier ces exemples,
nous les signalerons en étudiant, dans le détail, les diverses et multiples attributions des conseils généraux.

238. — L'un des buts poursuivis par l'article 33 de la
loi du 10 août 1871, est de permettre au gouvernement de
réprimer les empiètements des conseils généraux sur le
domaine de la politique ; mais il faut bien reconnaître
que ce but n'a pas toujours été atteint, d'une façon certaine, dans tous les cas. C'est qu'en effet le législateur
de 1871 n'a pas prévu les formes si variées et si différentes que peuvent emprunter les empiètements des
conseillers généraux, et il est arrivé que ceux-ci ont cru
devoir envoyer au chef de l'Etat des adresses politiques, pour lui exprimer les vœux attribués à la majorité du département, en ce qui touche les questions
constitutionnelles. Ces adresses auraient évidemment
été annulées, en vertu de l'article 33 de la loi du 10 août
1871, si elles avaient été signées pendant les sessions
des conseils généraux ; mais comprenant que telle était
légalement le sort de leurs adresses politiques, certains
conseillers généraux ont cherché et trouvé un ingénieux
détour consistant à se réunir, immédiatement après la
clôture de la session, et à signer une adresse soit au
nom du conseil général *hors session*, soit le plus souvent au nom de la majorité des membres du conseil
« hors session. »

---

[1] Ces fonds doivent être administrés conformément aux
règles rappelées par l'instruction générale des finances du
20 juin 1859 (art. 604 et suiv.) et ne sauraient, en aucune façon,
être assimilés à des produits éventuels départementaux, ni à
un impôt départemental. (Décret du 14 déc. 1872.)

259. — Deux questions fort délicates se sont posées à cet égard : d'abord l'article 33 est-il applicable à d'autres délibérations que celles prises pendant les sessions prévues par la loi ? L'article 34 n'offrirait-il pas seul, au contraire, le moyen de réprimer ces illégalités ? En second lieu, quand l'adresse est seulement signée par la majorité des membres du conseil, peut-on atteindre ce dernier tout entier, comme s'il s'agissait d'une délibération prise dans les conditions normales, c'est-à-dire en présence d'une minorité qui a pu défendre son opinion et discuter celle de la majorité ?

Le conseil d'Etat a décidé que l'article 33 était applicable à une adresse signée hors session par la majorité des membres du conseil ; mais à propos de cette décision, il convient d'ajouter, en ce qui concerne la seconde question, que l'adresse portait les signatures du président, des vice-présidents et des secrétaires du conseil, en un mot du bureau tout entier.

260. — Si l'on songeait à compléter la loi du 10 août 1871, il nous semble que la seconde question que nous avons soulevée à l'occasion de l'article 33 ne serait pas susceptible d'être résolue à l'avance par la loi, une fois pour toutes ; la solution, qu'il convient d'y donner, dans chaque cas particulier, doit varier avec les circonstances spéciales à l'espèce. On devra considérer, par exemple, si la minorité a été mise à même de fournir ses observations ; si elle a été entendue dans la réunion, si elle a protesté ultérieurement. Il y aura là sans aucun doute, à l'occasion de chaque espèce, une appréciation fort délicate à faire, mais entraînant, somme toute, de moindres inconvénients qu'une solution générale, uniformément applicable à tous les cas, sans distinction de circonstances.

261. — Quant à la première question, nous n'hési-

terons pas à la trancher formellement, en faisant rentrer d'une façon expresse, dans l'article 34, les adresses
et les proclamations « *hors session.* » La nullité de
ces dernières sera donc prononcée par le préfet,
qui, en même temps, déclarera la réunion illégale et
prendra, s'il y a lieu, les mesures nécessaires pour
qu'elle se sépare immédiatement ; il est vrai que cette
dernière précaution sera le plus souvent inutile. Le
grand avantage de ce système a paru surtout consister
dans le défaut de solennité de la répression. Le plus
sûr moyen, en effet, de décourager de pareilles tenta-
tives, n'est-il pas de les priver de la publicité qu'elles
recherchent jusque dans le décret d'annulation ? C'est
dans le même ordre d'idées, que nous proposerions
volontiers, lorsqu'on révisera la loi de 1871, l'introduction d'un nouvel article 35, qui ne serait d'ailleurs que
la reproduction de l'art. 19 de la loi du 22 juin 1833 et de
l'article 26 de la loi du 5 mai 1855, et aurait pour but de
mettre sous le coup des peines édictées par l'article 123
du code pénal, l'éditeur, l'imprimeur ou le journaliste
qui rendrait publics les actes interdits au conseil général par l'article 34.

262. — 2º *Annulation des délibérations prises hors
des réunions légales.* — L'article 34 de la loi de 1875 n'est
que la reproduction de l'article 15 de la loi de 1833, et
lorsqu'il s'agit d'annuler une délibération du conseil
général prise, non plus en dehors des attributions
des conseils généraux, mais hors les réunions prévues ou autorisées par la loi, c'est le préfet qui, aux
termes de l'article 34 de la loi de 1871, par un arrêté
motivé, déclare la réunion illégale et prononce la nullité
des actes. Ce fonctionnaire doit en outre prendre toutes
les mesures nécessaires pour que l'assemblée se sépare
immédiatement, et transmettre son arrêté au procureur
général du ressort pour l'exécution des lois. (Cons.
d'État, 8 août 1872.) Lorsqu'il en est ainsi, les dispo-

sitions de l'article 258 du code pénal sont applicables ;
cet article est ainsi conçu : « Quiconque, sans titre, se
sera immiscé dans des fonctions publiques, civiles ou
militaires, ou aura fait les actes d'une de ces fonctions,
sera puni d'un emprisonnement de deux à cinq ans,
sans préjudice de la peine de faux, si l'acte porte le
caractère de ce crime. » Enfin en cas de condamnation,
les membres condamnés sont déclarés, par le jugement,
exclus du conseil et inéligibles pendant les trois années
qui suivent la condamnation.

263. — Le droit de prononcer la nullité des actes du
conseil général, conféré aux préfets par l'article 34 de
la loi de 1871, ne s'applique qu'au cas où il s'agit de
délibérations prises hors des réunions légales. On ne
saurait donc l'étendre au cas où l'assemblée départementale a pris une délibération par un nombre de membres insuffisant. C'est ainsi qu'une décision contentieuse
du conseil d'État du 8 août 1872 (affaire Laget), a
annulé l'arrêté du préfet du Gard qui avait cru pouvoir,
en vertu de l'article 34 de la loi du 10 août, annuler
une délibération de l'assemblée départementale qui, en
session régulière, sans que la moitié plus un des membres dont le conseil général doit être composé ait été
présent, avait émis un vœu relatif à l'amnistie. Pour
annuler une semblable délibération, c'est l'article 33 ou
l'article 47 de la loi du 10 août 1871 qu'il aurait fallu
invoquer, et le décret d'annulation ne pouvait être pris
qu'en la forme d'un règlement d'administration publique.
(Voir *suprà*, n° 256.)

264. — 3° *Annulation des délibérations prises en
violation de la loi.* — L'article 47 de la loi du 10 août
1871 prévoit le cas où une délibération par laquelle le
conseil général a statué définitivement, peut être annulée pour excès de pouvoirs ou pour violation d'une dis-

position de la loi ou d'un règlement d'administration publique. C'est au préfet qu'incombe essentiellement le soin de provoquer, s'il y a lieu, l'annulation d'une délibération de l'assemblée départementale. Le principe de l'article 47 a été emprunté sauf de légères modifications, à l'article premier de la loi du 18 juillet 1866.

265. — Le recours prévu par l'article 47 de la loi du 10 août 1871 s'applique à toutes matières dans lesquelles les conseils généraux statuent définitivement, en vertu soit des dispositions de la loi de 1871, soit d'autres lois, fussent-elles postérieures. (Décret du 27 novembre 1875 annulant une délibération du conseil général des Bouches-du-Rhône.)

266. — Dans tous les cas, pourraient être attaquées et annulées en vertu de l'article 47, les délibérations par lesquelles un conseil général rejette, par une fausse interprétation de la loi, un recours formé devant lui en vertu de l'article 88 contre une décision de la commission départementale, (Décret du 25 juin 1875 annulant deux délibérations du conseil général de la Dordogne) ; — les décisions déclarant un conseiller démissionnaire d'office (avis ministériel du 12 septembre 1873) ; — la délibération d'un conseil général qui confirme, sur l'appel formé par application de l'article 88 de la loi du 10 août 1871, une décision illégale de la commission départementale (décret du 13 juillet 1877) ; dans ce cas, il y a même lieu d'annuler à la fois la délibération du conseil général et celle de la commission départementale ; — serait également annulée une décision prise par un conseil général au sujet de la mise en adjudication d'imprimés à la charge des communes. (Décret du 11 juillet 1873.)

Les décisions que nous venons de rappeler et de résumer ne sont ici citées qu'à titre d'exemples et pourraient être multipliées ; nous n'en connaissons d'ailleurs pas d'autres rendues depuis la loi du 10 août 1871. Mais si ce sont là les seuls décrets annulant d'une manière totale les délibérations des conseils généraux, l'on pourrait citer un grand nombre d'annulations partielles, notamment en matière d'octroi, ou bien encore en matière de répartition de secours à domicile (décrets de 15 janvier 1875 annulant deux délibérations du conseil général du Rhône) ; ou enfin l'annulation d'une délibération critiquant les mesures de déplacement prises à l'égard de certains instituteurs. (Décret du 7 septembre 1877, annulant une délibération du conseil général de la Haute-Savoie.)

267. — *4° Procédure des recours contre les délibérations des conseils généraux.* — *Le recours administratif* formé par le préfet, en vertu de l'article 47 de la loi de 1871, doit l'être dans le délai de vingt jours à partir de la clôture de la session dans laquelle la délibération qu'il s'agit d'annuler, pour excès de pouvoir ou violation de la loi, a été prise. Faute par le préfet de se pourvoir dans ce délai, la délibération du conseil général est définitive, et devient exécutoire par elle-même.

268. — En adressant au ministre de l'intérieur leurs recours contre les délibérations des assemblées départementales, les préfets doivent les accompagner d'un rapport spécial et de toutes les pièces à l'appui. (Circulaire du 8 octobre 1871) ; et en même temps, notification de ce recours doit être faite au président du conseil général et au président de la commission départementale. Cette notification doit mentionner les motifs du recours (avis ministériel du 29 septembre 1875), et être faite au domicile même desdits présidents (avis ministériel du 11 mai 1875). C'est seulement à partir de cette notification ainsi régularisée que court le délai de deux mois pendant lequel le gouvernement peut, par un décret rendu en conseil d'Etat annuler la délibération attaquée.

269. — Nous avons déjà dit (voir *suprà* n° 256) que les projets de décret d'annulation des délibérations des conseils généraux devaient être soumis à l'assemblée générale du conseil d'Etat, en vertu de l'article 5 paragraphe 6 du décret du 21 août 1872 portant règlement intérieur du conseil d'Etat. Ajoutons que les décrets portant annulation des délibérations des assemblées départementales peuvent prescrire l'insertion au *Bulletin des lois* (voir notamment les décrets du 10 décembre 1872 et 29 août 1873), surtout lorsque ces décrets sont relatifs à des annulations de délibérations en matière d'octroi.

270. — *Recours contentieux.* — Ce ne sont pas seulement les préfets qui peuvent déférer au conseil d'Etat pour excès de pouvoir, les délibérations des conseils généraux statuant définitivement; en vertu des lois des 7-14 octobre 1790 et 24 mai 1872 (art. 9), les particuliers ont le même droit; mais leur recours se fait alors par la voie contentieuse, et le délai du recours est de trois mois à partir de la notification des délibérations aux intéressés. Ce délai est prescrit à peine de non recevabilité du recours (voir une décision contentieuse du conseil d'Etat du 13 novembre 1874, qui déclare non recevable comme tardivement formé, le recours en date du 29 mai 1874, de la commune de Clepniers contre une décision du conseil général de la Charente-Inférieure en date du 24 avril 1873 notifiée le 6 juin suivant). Toutefois, serait déclaré recevable un recours fait dans le délai de trois mois à partir de la notification, mais enregistré passé ce délai au secrétariat du conseil d'Etat, si le retard de cet enregistrement n'était pas imputable à la personne qui a formé le recours dans les délais légaux (voir en ce sens une décision contentieuse du conseil d'Etat du 8 août 1873, affaire Escolle et autres).

271. — Peuvent être attaquées au contentieux pour excès de pouvoirs par les intéressés, notamment les délibérations prises en matière de bourses départementales (décision du 8 août 1873, affaire Escolle) ; — les décisions déclarant un conseiller démissionnaire d'office (avis du 12 septembre 1873) ; — les délibérations fixant les contingents à payer pour l'entretien des chemins vicinaux de grande communication (décision du 14 février 1873, affaire de la commune de Saint-Pierre-le-Moutier) ; — mais les communes intéressées ne peuvent user de ce droit de recours, dans ces cas particuliers, que pour excès de pouvoir ; elles ne sauraient baser valablement leurs recours sur ce que l'intérêt des communes aurait été méconnu ou mal apprécié.

272. — Quant à la question de savoir si les délibérations des conseils généraux prises sans que les membres présents fussent en nombre suffisant peut être attaquée par la voie contentieuse, pour excès de pouvoirs, devant le conseil d'Etat, cette question, posée une fois le 19 novembre 1875 (affaire Casabianca), n'a pas encore été résolue.

Une autre question, qui tout d'abord n'avait pas reçu de solution bien que posée plusieurs fois devant le conseil d'Etat, a été cependant résolue dans le sens de l'affirmative, par une décision du 16 septembre 1875 (affaire Billot, Latrade et Caisats), c'est celle de savoir si les membres de la minorité du conseil général peuvent attaquer pour excès de pouvoir ou violation de la loi les résolutions prises par la majorité. Il est certain que la minorité a intérêt à recourir contre une décision de la majorité qui lui paraît illégale, et dès lors son intérêt justifie suffisamment la recevabilité de son recours.

273. — *Recours judiciaires.* — Enfin, en matière d'octroi, ce n'est pas devant le conseil d'Etat que les intéressés doivent se pourvoir contre les délibérations des conseils généraux; l'autorité judiciaire est seule compétente pour apprécier la valeur et la légalité des actes en vertu desquels les taxes sont réclamées (décisions du conseil d'Etat du 24 décembre 1875, compagnie Lyon-Méditerranée contre ville de Toulon, et du 24 mars 1876, affaire Bonnet et autres).

274. — Quelle que soit la forme de la décision qui prononce l'annulation d'une délibération émise par un conseil général, qu'elle soit administrative ou contentieuse, sa transcription sur les registres des procès-verbaux a pu être ordonnée; une décision ministérielle du 15 juin 1872 a réglé la forme de cette transcription. Le texte de la décision doit être reproduit en marge de la partie annulée des procès-verbaux originaux; il doit, en principe figurer à la même place dans le recueil imprimé. Toutefois, si le procès-verbal est imprimé avant que le décret d'annulation ne soit intervenu, il suffit de faire inscrire ce décret à la fin, en ajoutant renvoi aux pages qui contiennent la ou les délibérations annulées. Telle a été la première jurisprudence, mais une autre décision ministérielle du 28 septembre 1875 a quelque peu modifié celle de 1872 et a admis que toute délibération d'un conseil général annulée, étant et devant être considérée comme non avenue ne devait pas figurer au volume imprimé des procès-verbaux des séances.

13. — DE LA SUSPENSION DES DÉLIBÉRATIONS
DES CONSEILS GÉNÉRAUX.

275. — Indépendamment des délibérations qu'il peut y avoir lieu d'annuler pour excès de pouvoir ou violation de la loi, il en est d'autres dont l'exécution peut être seulement suspendue par un décret ; ce sont celles relatives aux matières énumérées dans l'article 48 de la loi du 10 août 1871, matières sur lesquelles les conseils généraux ne statuent pas définitivement mais sont simplement appelés à délibérer. Ces délibérations ne sont exécutoires, aux termes de l'article 49 de la même loi, que si, dans le délai de trois mois à partir de la clôture de la session un décret motivé n'en a pas suspendu l'exécution.

276. — Il importe tout d'abord de remarquer que l'article 49 de la loi de 1871, apporte une modification aux principes qui, jusqu'alors, avaient servi de règle à l'administration centrale. Lorsque, sous le régime de la loi du 18 juillet 1866, le conseil général avait, par exemple, voté l'aliénation, l'échange, le changement de destination d'un édifice affecté à l'un des services sur lesquels il n'avait pas qualité pour statuer définitivement, sa délibération devait être sanctionnée par un décret rendu en conseil d'État ; c'est alors seulement qu'elle devenait exécutoire. Depuis la loi du 10 août 1871, la délibération est exécutoire par elle-même, sans qu'il soit besoin d'un décret pour la sanctionner ; mais le ministre, dans le délai de trois mois, peut en provoquer la suspension ; l'approbation formelle, nécessaire sous l'empire de la loi de 1866, est ainsi changée en approbation tacite depuis la loi de 1871 ; c'est ce qui résulte du texte de l'article 49 et des commentaires dont le rapporteur de la loi l'a accompagnée.

277. — Les projets de décrets de suspensions n'ont pas besoin, comme les projets de décrets d'annulation, d'être portés devant l'assemblée générale du conseil d'Etat : c'est ce qui résulte implicitement d'un décret rendu en conseil d'Etat, en date du 28 décembre 1876. Un décret du 22 août 1876 avait suspendu une délibération de la commission départementale des Bouches-du-Rhône, relative à la prorogation des tarif et règlement de l'octroi d'Arles ; ce décret du 22 août 1876 avait été rendu au moment où le délai de trois mois prévu par l'article 49 de la loi du 10 août 1871 allait expirer, sans que le conseil d'Etat eût pu être consulté ; et visant ce décret, le décret du 28 décembre 1876 dit formellement : « Considérant que le décret sus-visé a été régulièrement rendu, » d'où il suit nécessairement que les décrets de suspension peuvent être rendus, contrairement aux décrets d'annulation, sans avis préalable du conseil d'Etat. — Mais dans le cas où les décrets de suspension seraient soumis au conseil d'Etat, ce serait comme pour les décrets d'annulation, à l'assemblée générale, et non à une des sections du conseil d'Etat, conformément au règlement intérieur du Conseil en date du 21 août 1872.

278. — La loi n'exige pas que les décrets de suspension soient notifiés aux présidents du conseil général et de la commission départementale ; mais rien ne s'oppose à ce que le préfet en remette une copie au président du conseil général ou de la commission départementale, s'il le demande. (Décision ministérielle du 20 février 1875).

279. — Enfin, les décrets de suspension peuvent être rapportés par un autre décret ; c'est ce qui résulte d'un décret du 28 décembre 1876, rapportant un décret du 22 août précédent qui avait suspendu la délibération de la commission départementale des Bouches-du-Rhône, relative à une question d'octroi.

280. — Nous pouvons citer quelques exemples de décrets de suspension, notamment celui du 14 juillet 1872, suspendant une délibération prise le 17 avril précédent par le conseil général de l'Hérault, qui avait voté un projet de règlement tendant à organiser, au moyen de commissions cantonales, le contrôle du service des chemins vicinaux ; — ceux des 19 septembre 1873 et 3 décembre 1874, suspendant deux délibérations du conseil général des Bouches-du-Rhône, qui avait décidé la vente amiable, puis aux enchères publiques, du mobilier garnissant les appartements du deuxième étage de l'hôtel de la préfecture de Marseille ; — celui du 11 janvier 1875, suspendant une délibération du conseil général d'Eure-et-Loir, qui avait prétendu rattacher au budget départemental, les ressources communales destinées à l'entretien des chemins vicinaux ; — celui du 25 janvier 1875, suspendant la délibération par laquelle le conseil général du Rhône avait décidé la mise en adjudication de l'entretien, dans un asile, des aliénés à la charge du département ; — nous pourrions encore citer un grand nombre de décrets de suspension de délibération en matière d'octroi, mais nous ne voulons parler de ceux-ci que pour en indiquer un des effets. Lorsque, par suite d'un décret de suspension, une taxe d'octroi a été réduite, et que le conseil municipal demande une modification dans le mode de perception de cette taxe, sa délibération doit être considérée comme une demande nouvelle et soumise au conseil général (Avis du conseil d'État du 15 mai 1877).

14. — DE LA DISSOLUTION DES CONSEILS GÉNÉRAUX.

281. — Par qui les conseillers généraux peuvent-ils

être dissous ? C'est là une question qui, lors de l'élaboration de la loi de 1871, a donné lieu à d'assez vifs débats
parlementaires. D'après l'article 9 de la loi de 1833, le roi
pouvait seul prononcer la dissolution des conseils généraux ; dans le projet de la commission chargée de préparer la loi du 10 août, le législateur de 1871 avait enlevé
ce droit au pouvoir exécutif et avait déclaré (art. 36 du
projet) que « la dissolution d'un ou plusieurs conseils
généraux ne pourrait être prononcée que par une loi. »
(*J. officiel*, 1871, p. 1719.) Dans la séance du 14 juillet,
M. Albert Desjardins a critiqué ces dispositions qu'il a
considérées comme dangereuses, si un conflit venait à
s'élever entre un conseil général et le pouvoir exécutif :
« Vous n'avez, a-t-il dit, qu'un moyen de rétablir l'ordre
qui peut-être troublé dans un département par un pareil
conflit : c'est de maintenir au pouvoir exécutif le droit,
dont il ne pourra jamais abuser dans une situation
anormale, de dissoudre ou de suspendre un conseil
général. Pour moi, je voudrais qu'il pût le dissoudre et
faire appel aux électeurs, qui prononceraient souverainement entre l'État et leurs représentants. » De son
côté, M. le ministre de l'intérieur a demandé le renvoi
de l'article de la commission pour être modifié. « Il me
paraît impossible, a-t-il dit, que vous confériez aux
conseils généraux un pareil privilége, que n'a aucune
autre assemblée, le privilége de pouvoir subsister toujours et quand même, quoi qu'ils fassent, à moins que
l'assemblée ne vienne les dissoudre. Mais, messieurs,
les assemblées ne sont pas toujours réunies. S'il en
était ainsi, je comprendrais encore jusqu'à un certain
point qu'on eût recours à elles ; mais voyez quelle sera
la situation : le pouvoir exécutif se trouvera en présence d'un conseil général avec lequel il sera en un
dissentiment des plus profonds ; et comme le disait
tout à l'heure l'honorable M. Desjardins, il ne pourra en
appeler à personne, à moins de convoquer l'assemblée
pour ce seul fait. Il est indispensable, croyez-le, que

vous donniez au pouvoir exécutif au moins le droit de
suspension jusqu'à la réunion de l'assemblée. »

282. — L'article ayant été renvoyé à la commission, celle-ci a modifié l'article du projet et en
a fait les articles 35 et 36 actuels. Voici en quels
termes M. Waddington, rapporteur, a exposé les considérations qui ont déterminé la commission à faire
ces changements et additions : « L'assemblée, dans
sa séance de vendredi dernier, a renvoyé à la commission la rédaction d'un paragraphe additionnel à
l'article 36 de la loi départementale, dont le but était
de déterminer la marche à suivre pour la dissolution
ou la suspension d'un conseil général dans l'intervalle
des sessions de l'Assemblée nationale. Il s'agit donc de
confier au pouvoir exécutif, en vue de circonstances
passagères et exceptionnelles l'exercice d'un droit qui,
dans l'état actuel de nos institutions, ne peut appartenir
en principe qu'à la souveraineté nationale. Votre commission a examiné s'il valait mieux donner au gouvernement le pouvoir restreint de suspension ou le pouvoir
plus étendu de dissolution, et elle s'est décidée pour le
second, à une très grande majorité. En effet, la suspension appliquée à un conseil général, a de graves
inconvénients, parce qu'elle ne tranche pas les questions ; un conseil général, dont la suspension n'aurait
pas été confirmée ultérieurement par l'Assemblée nationale, se réunirait sous l'empire de sentiments peu
bienveillants envers le gouvernement et le préfet du
département, et il serait peu disposé à modifier son
attitude ou ses votes. De plus, si la suspension se prolongeait au-delà d'un mois, il faudrait pourvoir administrativement à la nomination d'une commission
départementale, c'est-à-dire retomber dans l'arbitraire,
ce qui répugne profondément à tous les membres de
cette assemblée. Nous avons donc préféré donner au

pouvoir exécutif le droit plus radical et plus complet de dissoudre un conseil général pour les causes spéciales à ce conseil, et sous les réserves expresses, d'un côté, que la dissolution ne pourra jamais avoir lieu par voie de mesure générale, et, de l'autre, que les électeurs seront immédiatement convoqués pour nommer un nouveau conseil. De cette façon, les droits légitimes du gouvernement et ceux du suffrage universel sont pleinement garantis. Il est bien entendu, d'ailleurs, que si, comme il est probable, l'Assemblée nationale nomme une commission permanente pour la représenter pendant ses vacances, le gouvernement ne pourrait prendre une aussi grave décision sans en référer d'abord à cette commission. Lorsque l'assemblée statuera sur la nomination de sa commission permanente, il lui appartiendra de fixer ses pouvoirs en cette matière, comme en toute autre. » (*J. officiel*, p. 2054.)

283. — *Dissolution pendant les sessions des chambres.* — Ainsi, pendant les sessions de l'Assemblée nationale, la dissolution d'un conseil général ne peut être prononcée par le chef du pouvoir exécutif que sous l'obligation expresse d'en rendre compte à l'assemblée dans le plus bref délai possible (art. 35). En ce cas, la loi fixe la date de la nouvelle élection, et décide si la commission départementale doit conserver son mandat jusqu'à la réunion du nouveau conseil général, ou autorise le pouvoir exécutif à en nommer provisoirement une autre. Un exemple peut être cité; un décret du 26 mai 1874, portant dissolution du conseil général du département des Bouches-du-Rhône, est ainsi conçu : « Le président de la République française, sur la proposition du ministre de l'intérieur, vu l'article 35 de la loi du 10 août 1871, décrète : Art. 1ᵉʳ. Le conseil général du département des Bouches-du-Rhône est dissous. — Art. 2. Une loi sera présentée à l'Assemblée nationale pour fixer l'époque des nouvelles élections, etc. » Et le

29 juin 1874, l'Assemblée nationale rendait en effet une loi qui fixait l'époque du renouvellement partiel des conseils généraux, les élections auxquelles il devait être procédé dans le département des Bouches-du-Rhône pour le remplacement du conseil général dissous, et autorisait le gouvernement à nommer jusque-là une commission départementale provisoire, le tout en conformité de l'article 35 de la loi du 10 août 1871.

284. — *Dissolution dans l'intervalle des sessions des chambres.* — Dans l'intervalle des sessions de l'Assemblée nationale (art. 36), le chef du pouvoir exécutif peut, par un décret motivé, prononcer la dissolution d'un conseil général pour des causes spéciales à ce conseil. La dissolution du conseil général emporte alors celle de la commission départementale ; il fallait donc, pour ne pas laisser longtemps le département sans représentation, imposer au pouvoir exécutif l'obligation de convoquer les électeurs dans un court délai. Ce délai qui, dans le projet de la commission, était de trois semaines, a été fixé, sur la demande du ministre de l'intérieur, qui réclamait même un délai plus long, au quatrième dimanche qui suit le décret de dissolution. Il y aura ainsi forcément vingt jours entre la date de la dissolution et celle de la réélection, bien qu'en principe la loi du 10 août 1871 (art. 12), se borne à exiger, en pareille circonstance, un délai de quinze jours.

285. — *Dissolution par voie de mesure générale.* — L'on s'est demandé, dans l'intervalle des renouvellements, à quel pouvoir sera réservé, le cas échéant, le droit de dissoudre les conseils généraux par voie de mesure générale. « Ces assemblées, dit M. Barbier, agissent avec une liberté à peu près complète dans le domaine administratif ; elles doivent rester, en

tant que corps délibérant, étrangères aux débats politiques, mais elles ont la faculté très élastique d'émettre
des vœux sur les questions économiques et d'administration générale. Dans un cadre aussi large, des tendances peuvent se manifester et des faits se produire
qui nécessitent une mesure prompte et générale ; qui en
prendra l'initiative, et, par conséquent, la responsabilité ? l'Assemblée nationale ou le pouvoir exécutif ?
C'est à ce dernier que nous paraît devoir être attribuée
cette prorogation. »

286. — Les membres d'un conseil général dissous
sont empêchés dans le sens de l'article 11 de la loi du
2 novembre 1872 sur le jury ; ils doivent être, dès lors,
remplacés par les conseillers d'arrondissement au sein
de la commission d'arrondissement chargée d'établir
la liste annuelle du jury (décision ministérielle du 19
août 1874).

287. — Lorsqu'à la suite de la dissolution d'un conseil général, la commission départementale a été nommée par le gouvernement ; lors de la réunion de la nouvelle assemblée départementale, on peut déroger à
l'article 69 de la loi du 10 août 1871, qui porte que la
commission départementale est nommée *à la fin* de la
session d'août, et nommer cette commission au *commencement* de la session (avis ministériel du 5 novembre
1874).

288. — Lorsque, dans l'intervalle de la période
triennale du renouvellement des conseils généraux, une
assemblée départementale vient à être dissoute et remplacée par une autre assemblée, la durée des pouvoirs
des nouveaux élus n'est pas de trois ou de six ans ;
ceux des membres qui appartiennent à la première série

sortante ne sont élus que pour la période plus ou moins
longue qui sépare l'élection de la date du premier renouvellement triennal; c'est ce qui résulte d'une décision du
ministre de l'intérieur, en date du 26 août 1874.

CHAPITRE VI.

Des attributions du Conseil général.

289. — Déterminées par la loi du 10 mai 1838, puis étendues par la loi du 18 juillet 1866, les attributions des conseils généraux ont encore reçu de la loi du 10 août 1871 une nouvelle extension. Les fonctions du conseiller général se divisent actuellement en quatre catégories distinctes : 1° Il exerce souverainement, en matière de répartition et de vote de l'impôt, un certain nombre d'attributions qui lui sont déléguées par le pouvoir législatif ; — 2° Il statue définitivement sur presque tous les objets d'intérêt départemental ; et les décisions relatives à ces objets sont exécutoires de plein droit, si elles n'ont été annulées, dans le délai de deux mois, pour cause d'incompétence ou d'excès de pouvoir ou pour violation d'une loi ou d'un règlement d'administration publique ; — 3° Il délibère sur certains objets qui intéressent à la fois l'État et le département ; et ces délibérations ne sont exécutoires qu'après avoir été soumises à l'approbation de l'autorité supérieure. L'approbation peut toujours être refusée, mais le gouvernement n'a pas le droit de modifier la délibération prise par le conseil général ; — 4° Il donne son avis dans certains cas déterminés par la loi, ou lorsqu'il est consulté par les ministres. Dans les cas où cet avis est requis par les lois, le gouvernement ne peut se dispenser de le demander ; mais, obligatoire ou

non, l'avis du conseil général n'a jamais qu'un caractère
consultatif. L'administration peut le rejeter en totalité ou
en partie, et elle peut même substituer une solution
contraire à celle qui a été proposée par le conseil général [1].

1. — ATTRIBUTIONS DU CONSEIL GÉNÉRAL EN MATIÈRE DE RÉPARTITION ET DE VOTE DE L'IMPÔT.

Répartition des contributions directes.

290. — En tête des attributions des conseils généraux, la loi du 10 août 1871 a inscrit la répartition à faire
chaque année, à la session d'août, des contributions directes, conformément aux règles établies par la loi. C'est
aussi, en commençant l'énumération des fonctions des
assemblées départementales, que la loi du 22 décembre
1789 chargeait les administrations de département de répartir toutes les contributions directes et de faire cette
répartition entre les districts de leur ressort ; et la loi
toujours en vigueur du 28 pluviôse an VIII, en divisant
le territoire de la France et en organisant les services
départementaux, prescrivait au conseil général de faire
la répartition entre les arrondissements communaux.

291. — Les articles 37 à 42 de la loi du 10 août 1871
précisent les attributions que le pouvoir législatif délègue
aux conseils généraux en leur confiant la répartition et
le vote de l'impôt. Le législateur de 1871 n'a rien changé

---

[1] Nous empruntons cette définition au projet de loi présenté
par M. Savary à l'Assemblée nationale. (Exposé de motifs, p. 28.)

dans ces articles aux dispositions de la loi de 1866 qui étaient fort libérales et qu'il eût été certainement imprudent d'étendre. La loi annuelle des finances ayant fixé le principal des contributions directes afférent à chaque département, l'assemblée départementale intervient alors, dans sa session annuelle du mois d'août (art. 37), pour déterminer le contingent applicable à chaque arrondissement. Mais avant d'effectuer cette répartition, les conseils généraux doivent statuer sur les demandes en réduction de contingent formées par les conseils d'arrondissement (art. 37 § 2 de la loi du 10 août 1871 combiné avec le titre II de la loi du 10 mai 1838) ; ils doivent également prononcer sur les réclamations de même nature formulées par les conseils municipaux et préalablement soumises aux conseils d'arrondissement (art. 38).

292. — Les articles 37 et 38 de la loi de 1871 confient, on le voit, aux conseillers généraux des pouvoirs très-étendus. Qu'il s'agisse, en effet, de la répartition elle-même des contributions directes entre les arrondissements ou du jugement des réclamations formées par les arrondissements ou par les communes, contre la part qui leur a été précédemment assignée, c'est toujours le conseil général qui est appelé à prononcer. Mais les décisions qu'il prend en ces matières sont-elles souveraines ? Sont-elles, au contraire, susceptibles d'un recours quelconque ? C'est là une question des plus délicates, qui a donné naissance à deux systèmes. L'un, le plus généralement admis, repousse aussi bien le recours administratif, que le recours contentieux devant le conseil d'Etat, l'autre admet au contraire le recours administratif, et nie ainsi la souveraineté du conseil général en matière de répartition d'impôts. Nous admettrions assez volontiers, quant à nous, le second système. Il est vrai qu'en pure théorie, l'on peut dire que la souveraineté du conseil général repose sur cette considération qu'en

12

matière de répartition d'impôts, il est le délégué du
législateur et comme tel ne peut pas relever d'un corps
administratif. Mais il est également vrai que la délégation, faite au conseil général pour la répartition des
impôts, trouve une limite naturelle dans l'obligation
d'observer les lois et règlements, et qu'au cas où cette
limite est violée, le conseil général n'est plus qu'un simple corps administratif ayant excédé ses pouvoirs.
Ajoutons que l'Etat est trop intéressé à ce que la répartition de l'impôt soit juste et équitable à tous les degrés
pour qu'il puisse, dans tous les cas, s'incliner devant la
prétendue souveraineté des conseils généraux en cette
matière. Par ces motifs, nous pensons que la délibération par laquelle le conseil général arrête la répartition
de l'impôt entre les arrondissements peut être annulée
par un décret rendu dans la forme des règlements
d'administration publique, et que cette délibération,
comme toutes celles dans lesquelles les conseils généraux statuent définitivement, n'est exécutoire aux
termes de l'article 47 de la loi du 10 août 1871, que si,
dans le délai de vingt jours, à partir de la clôture de la
session, le préfet n'en a pas demandé l'annulation pour
excès de pouvoir ou pour violation d'une disposition de
la loi ou d'un règlement d'administration publique. Cette
intervention de l'Etat dans les pouvoirs des assemblées
départementales, en matière financière, n'est pas d'ailleurs sans précédent dans la législation. L'article 61 de
la loi du 10 août 1871 ne donne-t-il pas en effet au chef
de l'Etat le droit plus exorbitant encore de pourvoir,
par une contribution spéciale, à l'acquittement des
dépenses obligatoires qui ne sont pas couvertes au
budget par des crédits suffisants ; et cela sans que le
conseil général ait été mis en demeure de délibérer de
nouveau et de réparer son omission ?

203. — Quelles sont les bases de la répartition des
contributions directes dont parle l'article 37 de la loi du

10 août 1871 ? Il est intéressant de le noter ici pour mémoire. — La répartition de la *contribution personnelle-mobilière*, se fait « d'après le nombre des contribuables passibles de la taxe personnelle et d'après la valeur locative des habitations (loi du 21 avril 1832, art. 9, § 11) ; » — La répartition de la *contribution foncière* se fait proportionnellement à la somme du revenu imposable des propriétés foncières de chaque arrondissement (loi du 3 frimaire an VII) ; — enfin la répartition de la *contribution des portes et fenêtres* s'opère « d'après le nombre des ouvertures imposables, » aux termes de l'article 25 de la loi du 21 avril 1832 et en prenant pour type le tableau annexé à cette loi.

294. — Pour permettre au conseil général de répartir, en parfaite connaissance de cause et conformément à la loi, les contributions directes entre les divers arrondissements, le préfet met sous les yeux du conseil : 1° La loi annuelle des finances qui règle les contributions directes pour l'année suivante et fixe le contingent du département ; — 2° L'état de sous-répartement des contributions foncière, personnelle-mobilière et des portes et fenêtres, pour servir de point de départ pour la fixation des contingents ; — 3° Un tableau présentant, par commune, les augmentations et les diminutions en propriétés non bâties à opérer dans les contingents fonciers ; 4° Des tableaux présentant, par arrondissement, les éléments de sous-répartition des contributions personnelle-mobilière et des portes et fenêtres. C'est à l'aide de ces divers éléments, auxquels sont joints les rapports du directeur des contributions directes et du préfet, que les conseils généraux arrêtent les contingents en principal des arrondissements dans les contributions foncière, personnelle-mobilière et des portes et fenêtres.

295. — Remarquons que la répartition des contributions directes que doit opérer le conseil général ne porte pas sur la *contribution des patentes*, parce que celle-ci est un impôt de quotité qui ne peut donner lieu à aucune répartition et sur lequel le conseil général n'a par suite aucune décision à prendre. Dans l'impôt de répartition, l'autorité législative fixe la somme à percevoir, et cette somme doit être ensuite répartie entre tous les contribuables, dans les conditions posées par la loi. Dans l'impôt de quotité, au contraire, on ne sait pas à l'avance quelle somme sera perçue; mais on connaît quelle somme sera payée par tel ou tel contribuable, étant donné sa profession et les conditions dans lesquelles il l'exerce. Il résulte de cette différence entre les impôts de répartition et les impôts de quotité, que les dégrèvements de ceux-ci donnent lieu à imputation sur un fonds de non-valeurs; tandis que les dégrèvements de ceux-là donnent lieu à une réimposition.

296. — Si le conseil général refusait, pendant la session d'août, ou omettait d'opérer la répartition des contributions directes dont il vient d'être parlé et ainsi que le prescrit l'article 37 de la loi du 10 août 1871, l'article 29 de cette même loi autorise le préfet à faire lui-même et d'office ce travail de répartition d'après les bases adoptées pour l'exercice précédent, sauf à tenir compte des modifications à apporter au contingent, en exécution de la loi du budget et des lois spéciales.

297. — Dans tous les cas, et aussitôt que la répartition du contingent a été faite soit par le conseil général, soit à son défaut d'office par le préfet, celui-ci doit, aux termes d'une circulaire ministérielle du 8 octobre 1871, adressée au ministre des finances : le tableau de répartement et le double des tableaux de sous-répartement destinés à la direction générale des contributions directes.

Vote des centimes additionnels et des emprunts
départementaux.

298. — Après avoir réparti, entre les arrondissements, les contributions directes, le conseil général est appelé, aux termes de l'article 40 de la loi du 10 août 1871 à voter : 1° Les centimes additionnels dont la perception est autorisée par les lois ; 2° Les centimes extraordinaires dans les limites du maximum fixé annuellement par la loi des finances ; 3° Les emprunts départementaux, remboursables dans un délai qui ne peut excéder quinze années.

299. — Pour coopérer aux frais de perception de l'impôt et couvrir les dépenses mises à leur charge, une loi du 10 avril 1791 (art. 5) enjoignit aux départements d'ajouter des « sous ou deniers additionnels » en nombre égal sur les contributions foncière et mobilière sans que ces accessoires puissent excéder quatre sous pour livre du principal de chacune de ces contributions. Telle est l'origine des centimes additionnels que les conseils généraux doivent voter annuellement dans les limites tracées par les lois spéciales.

300. — Aujourd'hui les centimes additionnels destinés à pourvoir aux dépenses locales, c'est-à-dire circonscrites au territoire du département peuvent s'élever au maximunm de 55 centimes pour franc du principal des contributions directes. Ces 55 centimes se répartissent de la manière suivante :

25 centimes sur les contributions foncière et personnelle-mobilière, pour les dépenses ordinaires du département (loi annuelle des finances) ;

1 centime additionnel sur les quatre contributions directes pour les mêmes dépenses (c'est une ressource nouvelle depuis 1871) ;

12.

7 centimes sur les quatre contributions destinées au
    service vicinal (loi du 21 mai 1836);

3 centimes sur les quatre contributions pour l'instruc-
    tion primaire (loi du 15 mars 1850);

2 centimes sur les quatre contributions pour dépenses
    obligatoires, dans le cas seulement où le conseil
    général omettrait d'inscrire au budget un crédit
    suffisant pour l'acquittement de ces dépenses (loi
    du 10 août 1871, art. 60) ;

5 centimes sur la contribution foncière, afférents aux
    dépenses nécessitées par la confection du cadastre,
    dans le cas où celle-ci ne serait pas terminée (loi
    du 2 août 1829) ;

12 centimes, au maximum, sur les quatre contributions,
    pour dépenses extraordinaires (loi annuelle des
    finances).

55 centimes additionnels départementaux.

301. — A la différence de la loi du 18 juillet 1866
(art. 2), l'emploi des centimes extraordinaires n'est plus
restreint aux dépenses extraordinaires départementales
spécialement désignées. C'était là d'ailleurs une disposition, sans doute fort prudente et très-sage, mais qui,
dans la pratique, se trouvait souvent éludée. Voici comment s'exprime à ce sujet le rapporteur de la loi de 1871.
« D'après le texte de la loi de 1866, le conseil général
pouvait fixer, dans la limite annuellement déterminée
par la loi de finances, des centimes extraordinaires
affectés à des dépenses extraordinaires d'utilité départementale. Il était inutile de conserver cette restriction,
qui est purement nominale et qui est constamment
violée dans la pratique, par exemple lorsque ces centimes sont consacrés à l'entretien des chemins vicinaux
ou au remboursement d'un emprunt. D'après l'ancienne
rédaction, le paragraphe troisième de l'article 40 se
terminait par ces mots : *Remboursables sur les centimes
extraordinaires ou sur les ressources ordinaires.* » Sa

nouvelle rédaction porte : « *Remboursables sur les dépenses ordinaires et extraordinaires.* » Parce qu'il arrive quelquefois qu'un emprunt est remboursé sur des recettes éventuelles, telles que le produit de la vente d'un immeuble. »

302. — Quant aux emprunts départementaux que le conseil général peut annuellement voter, ils peuvent être remboursés dans le délai de quinze ans (art. 40, § 3.) Sous le régime de la loi du 18 juillet 1866, pour qu'un département pût, en dehors de l'autorisation législative, réaliser un emprunt, il fallait que l'opération fût renfermée dans un délai de douze ans. La durée de l'amortissement pourra désormais atteindre une période de quinze années ; mais il faudra toujours, comme sous l'empire de la loi de 1866, que l'emprunt trouve un gage dans les ressources normales du département. Le service des intérêts et le remboursement peuvent être assurés sur les ressources ordinaires aussi bien que sur les ressources extraordinaires du budget départemental ; il importe toutefois que le maximum des centimes additionnels fixé par la loi annuelle de finances ne soit jamais dépassé. (Circulaires ministérielles des 8 octobre et 17 novembre 1871.)

303. — Dans le cas où le conseil général voterait une contribution extraordinaire ou un emprunt au-delà des limites que trace l'article 30 de la loi du 10 août 1871, cette contribution ou cet emprunt ne pourrait être autorisé que par une loi. Le législateur de 1871 a fait revivre, dans l'article 41 de la loi du 10 août, les dispositions de la loi du 10 mai 1838 (art. 33 et 34), qui doivent dès lors recevoir leur entière application.

Fixation des centimes extraordinaires communaux.

304. — Après avoir fixé les centimes additionnels départementaux, le conseil général est appelé (art. 42) à fixer chaque année, en se maintenant dans la limite arrêtée par la loi de finances, le maximum du nombre de centimes extraordinaires que les conseils municipaux sont autorisés à voter pour en affecter le produit à des dépenses extraordinaires d'utilité communale. Ce maximum est actuellement de vingt centimes; et il convient toujours, comme sous l'empire de la loi du 24 juillet 1867, de laisser en dehors des limites fixées, non-seulement les centimes ordinaires pour l'instruction primaire et les chemins vicinaux, les gardes champêtres, et pour insuffisance des revenus, mais encore les nouveaux centimes extraordinaires, qu'en vertu de la loi du 10 avril 1867 et du deuxième paragraphe de l'article 3 de la loi du 24 juillet même année, les conseils municipaux ont la faculté de voter pour les besoins de l'enseignement public et les dépenses des chemins vicinaux ordinaires. (Circulaires ministérielles des 23 septembre 1871 et 3 août 1867.)

305. — Pour arrêter le maximum des centimes extraordinaires que les conseils municipaux seront autorisés à voter, le conseil général prend au préalable connaissance de la situation financière des communes à l'aide du relevé des impositions extraordinaires que la commission départementale doit, aux termes de l'article 80 de la loi du 10 août 1871, lui présenter chaque année. Ce relevé doit constater le montant et la durée des emprunts communaux et des contributions extraordinaires communales qui ont été votés depuis la dernière session avec l'indication du chiffre total des centimes extraordinaires et des dettes dont chaque commune est grevée. Un rapport du directeur des contributions directes et l'avis du préfet fixent en outre et déterminent le vote du conseil général, dans l'autorisation qu'il est appelé à donner aux conseils municipaux.

306. — L'article 43 de la loi de 1871 est, on le voit, conçu dans un ordre d'idées qui tend à attribuer aux conseils généraux une part d'influence dans les questions municipales. Nous aurons occasion de retrouver plus loin encore, en commentant l'article 46, paragraphes 24, 25 et 26, et l'article 48, paragraphe 4, la même tendance à attribuer aux conseils généraux la tutelle administrative des communes. Ce n'est peut-être pas ici le lieu d'examiner cette question sous toutes ses faces, mais réservée par l'Assemblée nationale de 1871 jusqu'au jour où l'on discutera une nouvelle loi municipale, cette question est toujours vivace, et il nous semble qu'on peut reprocher au législateur de 1871 d'avoir consacré, dans la loi du 10 août, plusieurs dérogations importantes au principe de l'attribution au pouvoir central de la tutelle administrative des communes. « Pour décider en droit à qui cette tutelle doit appartenir, dit avec beaucoup de sens M. P. Chabrol[1], il faut avant tout se demander quel en est le but. Or, ce but n'est pas unique. Il ne s'agit pas seulement en effet, comme on le croit trop généralement et comme semble d'ailleurs l'indiquer ce mot impropre de tutelle, de protéger contre l'inexpérience ou les entraînements des conseils municipaux la fortune communale, ou d'empêcher que la génération présente ne sacrifie par de folles prodigalités les intérêts de la génération future ; il s'agit en outre, on peut presque dire surtout, de veiller à ce que la prospérité de l'État ne soit pas compro-

---

[1] Étude sur les réformes à introduire dans la loi du 10 août 1871, présentée en 1874 à la conférence Tocqueville par M. P. Chabrol, auditeur au conseil d'État.

mise par la mauvaise administration de ces milliers de
personnes morales, qu'on appelle les communes. Les
ressources de ces dernières se puisent dans les mêmes
bourses que celles de l'Etat ; celui-ci a donc le plus
grand intérêt, à ce que les communes n'épuisent pas
les forces contributives des citoyens, et ne tarissent pas
les sources de la fortune publique. Cette vérité, pro-
clamée dès 1789, s'impose aujourd'hui avec plus de force
que jamais. Quand, en effet, une nation a le triste privilége d'avoir le plus gros budget de l'Europe ; quand,
pour faire face à des charges écrasantes, les représentants de cette nation se sont ingéniés, pendant trois
années, à découvrir de nouveaux impôts ; quand la
liste de toutes les matières imposables a été complètement épuisée et que d'un autre côté toute aggravation
des impôts existants a le plus souvent pour résultat un
fléchissement dans les recettes, on peut dire qu'il importe, au plus haut degré, que tous les éléments de la
fortune publique soient sagement administrés, et qu'aucune faute ne soit commise. Il est donc indéniable que
la tutelle administrative des communes est destinée à
protéger aussi bien l'intérêt général que l'intérêt communal. Or, quel est le protecteur naturel de ces deux
intérêts, si ce n'est le pouvoir central lui-même ? A
quel titre, et par suite de quelle nouveauté administrative, le conseil général serait-il constitué défenseur des
intérêts de l'Etat ? Quant à l'intérêt communal, considéré isolément, les principes ne s'opposent pas d'une
façon absolue, nous le reconnaissons, à ce que la protection en soit confiée au conseil général. Mais en fait ce
corps électif ne serait-il pas un tuteur bien faible, pour ne
pas dire trop complaisant ? Ne serait-il pas à craindre
que les différentes communes des départements ne trouvent, dans le conseiller représentant le canton auquel
elles appartiennent, un avocat toujours prêt à défendre
quand même leurs projets et leurs délibérations ;
avocat d'autant plus puissant et d'autant mieux écouté,

qu'il plaiderait devant des juges, appelés eux-mêmes à devenir bientôt avocats à leur tour, dans des causes identiques, et enclins par cela même à une indulgence mutuelle et à des concessions réciproques. Que si d'ailleurs, au lieu de considérer n'importe quelle commune du département, on applique le raisonnement précédent à une commune importante, notamment à la commune chef-lieu, tous les inconvénients, que nous venons de signaler, deviennent encore plus manifestes et plus redoutables. Quelle serait, pour ne prendre qu'un seul exemple, l'autorité du conseil général du Rhône vis-à-vis du conseil municipal de Lyon? Telles sont les raisons principales qui nous amènent à réclamer le maintien au gouvernement de la tutelle administrative des communes. Les bases de notre droit public administratif sont malheureusement déjà trop incertaines, pour qu'on puisse hésiter un seul instant à maintenir, avec un soin jaloux, les quelques principes essentiels et salutaires qui en sont l'indispensable soutien. »

2. — ATTRIBUTIONS DU CONSEIL GÉNÉRAL SUR LES OBJETS D'INTÉRÊT DÉPARTEMENTAL.

Révision des sections électorales.

307. — Chaque année, dans sa session d'août, le conseil général, par un travail d'ensemble, comprenant toutes les communes du département, doit procéder à la révision des sections électorales et en dresser le tableau. La révision des sections électorales était, sous l'empire de la loi du 5 mai 1855 (art. 7), une attribution que possédait le préfet en conseil de préfecture. Cette disposition nouvelle de la loi du 10 août 1871, qui ne fait que rappeler l'article 3 de la loi du 14 avril précédent sur les élections municipales, paraît avoir été introduite pour assurer, a dit le rapporteur de la loi, « une nouvelle garantie à la sincérité des élections. » Quoi qu'il en soit, l'intervention du conseil général, dans la révision des sections électorales des communes, a un caractère permanent et compte au nombre de ses attributions les plus sérieuses. En conséquence, le préfet soumet au conseil général des propositions pour l'établissement des sections dans toutes les communes où cette mesure lui paraît justifiée par des nécessités locales.

308. — L'article 43 porte d'une manière formelle que c'est *dans sa session d'août,* que les conseils généraux peuvent réviser et arrêter le tableau des sections électorales. Un conseil général commettrait donc une irrégularité s'il apportait, dans sa session d'avril ou dans une session extraordinaire, une modification quelconque au tableau des sections électorales. Que si dans sa session d'août, le conseil général n'a point, pour une cause quelconque, procédé au travail de révision prévu par l'article 43, il doit être considéré comme ayant maintenu implicitement le tableau précédemment arrêté, et aucun changement ne pourrait y être apporté avant la session d'août de l'année suivante. Même pour une seule commune, un conseil général n'aurait pas le droit de s'occuper du sectionnement électoral, pendant la session d'avril. (Décision ministérielle du 13 mars 1875.)

309. — Ce n'est que par un *travail d'ensemble* que les conseillers généraux peuvent réviser les sections électorales loi du 10 août 1871 (art. 43) et en dresser un tableau *permanent* pour *toutes* les élections à faire dans l'année (loi du 14 avril 1871, art. 3) ; un conseil général ne doit donc pas prendre une décision isolée pour diviser en sections une commune déterminée. (Décision ministérielle du 20 novembre 1876.)

310. — Le droit de dresser le tableau de sectionnement électoral des communes n'appartient qu'au conseil général, et ce serait à tort que celui-ci croirait pouvoir déléguer ce droit à sa commission départementale. (Avis ministériel du 24 octobre 1874.)

311. — L'article 3 de la loi du 14 avril 1871, qui porte que le sectionnement peut être fait sur l'initiative d'un membre du conseil général, doit être entendu en ce sens que tout conseiller peut, en dehors du préfet, saisir l'Assemblée d'une demande ; mais cette demande doit, conformément au principe posé par l'article 3 de la loi du 10 août 1871, être renvoyée au préfet pour instruction avant qu'un vote n'intervienne. (Avis ministériel du 2 septembre 1877.)

312. — Le *sectionnement électoral* dont l'article 43 de la loi de 1871 confie le soin aux conseils généraux, ne doit pas s'entendre de la simple division des communes en plusieurs *sections de vote*, créées pour faciliter aux électeurs le moyen de déposer leurs bulletins dans l'urne électorale. Les sections de vote sont établies par les préfets ou les sous-préfets, et un conseil général excéderait certainement ses pouvoirs en les établissant, ainsi que l'a décidé un décret du 19 mars 1872, annulant une délibération du conseil général de la Lozère : « L'article 43, dit un des considérants du décret, a donné seulement aux assemblées départementales le droit d'établir, en vue des élections municipales, les sections qui, conformément au troisième paragraphe de l'article 7 de la loi du 5 mai 1855 et à l'article 3 de la loi du 14 avril 1871, sont appelés à élire un nombre de conseillers municipaux proportionné à leur population, mais n'a nullement enlevé aux préfets le droit qu'ils tiennent du décret organique du 2 février 1852 (art. 3), de la loi du 7 juillet 1852 (art. 3), et de la loi du 5 mai 1855 (art. 7, § 2) d'établir, pour toutes les élections, des

sections ou bureaux de vote uniquement destinés à
faciliter l'accès du scrutin.

313. — Le sectionnement électoral, attribué aux conseils généraux par l'article 43 de la loi du 10 août 1871,
doit respecté les limites cantonales ; la loi du 7 juillet
1874 (art. 1er, § 3) dispose en effet que, lorsqu'une commune est divisée en plusieurs cantons, le sectionnement
doit être opéré de telle sorte qu'une section électorale ne
puisse comprendre des portions de territoire appartenant à plusieurs cantons. Aussi, dans sa circulaire du
9 octobre 1874, le ministre de l'intérieur disait : « les
conseils généraux devront, en révisant le tableau de
sectionnement, modifier, pour les mettre en harmonie
avec les circonscriptions de justice de paix, les divisions
qui n'auraient pas respecté les limites cantonales. »

314. — Enfin, ce sectionnement doit être établi d'a-
près la population normale ou municipale, et celui que
ferait le conseil général d'après une base différente pourrait être annulé. (Avis du ministre de l'intérieur du 18 juin
1877). C'est ainsi qu'un décret du 9 janvier 1875 a annulé
la délibération par laquelle le conseil général de l'Ariége
avait divisé la commune de Dax en deux sections électorales, et réparti entre elles les conseillers à élire, sans
proportionner le nombre des conseillers à la population
de chaque section. D'ailleurs, lorsque par suite d'une
erreur dans le dénombrement officiel, une section obtient
un nombre de conseillers municipaux supérieur à celui
auquel elle a droit, le seul moyen de réparer l'erreur est
de rectifier le dénombrement officiel et ensuite d'appeler
le conseil général à modifier la répartition des conseillers. (Avis du ministre de l'intérieur du 28 décembre
1874.)

315. — Les modifications apportées par les conseils
généraux au sectionnement électoral, ne sont exécutoires

qu'en cas de renouvellement intégral du conseil municipal (circulaire ministérielle du 8 octobre 1871); mais elles
peuvent être appliquées en cas de renouvellement intégral, sans attendre la révision des listes électorales.
Cette solution résulte de deux décisions contentieuses
du conseil d'Etat en date des 23 juillet et 7 août 1875,
qui n'ont fait d'ailleurs que confirmer l'interprétation
donnée par la circulaire du ministre de l'intérieur, en
date du 17 novembre 1874. « La loi du 14 avril 1874,
disait le ministre, dispose que le tableau de sectionnement adopté par le conseil général, dans sa session
ordinaire d'août, sera permanent pour les élections
municipales à faire dans l'année ; » l'administration est
donc strictement obligée de se conformer à ce tableau,
à quelque époque que ce soit, et pour qu'elle pût ajourner
la mise à exécution des décisions de l'assemblée départementale jusqu'à la prochaine révision des listes
électorales, c'est-à-dire jusqu'au 31 mars de l'année
suivante, il faudrait qu'une disposition légale l'y auto-
risât. »

316. — La délibération par laquelle un conseil général a divisé une commune en sections est valable jusqu'à
la clôture de la session pendant laquelle il doit être ré-
visé. En conséquence, doivent être annulées des élections
municipales faites au scrutin de liste pour toute la commune, contrairement à ce sectionnement, sous le prétexte que la décision confirmative du conseil général
n'a pas été connue en temps utile. (Décision contentieuse du conseil d'Etat en date du 17 décembre 1875.)

317. — C'est devant le conseil de préfecture, et non
directement devant le conseil d'Etat, que les électeurs
doivent former leur recours, sous forme de protestations, contre les délibérations prises par les conseils
généraux relativement au sectionnement électoral. Une
décision contentieuse du conseil d'Etat, en date du

9 avril 1875, a posé nettement ce principe. Un certain nombre de conseillers généraux du Nord et de conseillers municipaux de Lille avaient attaqué devant le conseil d'Etat, pour excès de pouvoirs, une délibération du conseil général du Nord, contenant division de la ville de Lille en sections pour les élections municipales et répartition entre lesdites sections des conseillers à élire. Les requérants alléguaient que, contrairement à l'article 3 de la loi du 14 avril 1871, le conseil général n'avait pas proportionné exactement le nombre des conseillers à élire dans chaque section au chiffre de la population de chacune d'elles. Le conseil d'Etat a rejeté le pourvoi, en déclarant que les décisions des conseils généraux en cette matière ne peuvent être attaquées en vertu des lois des 7-14 octobre 1790 et 24 mai 1872, et que c'est devant le conseil de préfecture que les intéressés doivent porter leur instance sous forme de protestation contre les opérations électorales.

Remarquons que les membres du conseil général du Nord s'étaient pourvus contre une décision du conseil dont ils faisaient partie, et que leur pourvoi n'a pas été déclaré non recevable ; c'est qu'en effet, comme le dit une décision contentieuse du conseil d'Etat, en date du 16 juillet 1875, « les membres d'un conseil général ont intérêt, et, par suite, qualité pour contester la régularité des délibérations prises par cette assemblée. »

Le conseil de préfecture est donc seul compétent comme juge de la validité des élections municipales, pour décider si le conseil général a observé la proportion dans le sectionnement électoral (décision du conseil d'Etat des 2 juillet et 3 décembre 1875), pour apprécier la régularité du sectionnement (décision du 7 août 1875), ainsi que toutes les irrégularités qui peuvent se présenter en cette matière.

*Nomination et révocation des titulaires des bourses
entretenues sur les fonds départementaux.*

318. — Sous la législation antérieure, c'était le préfet, ou plus ordinairement par suite d'un usage qui s'était
établi de lui-même, c'étaient le préfet et le conseil général qui nommaient ou révoquaient d'un commun accord
les titulaires des bourses entretenues sur les fonds départementaux. L'entretien des bourses était une dépense
facultative, le conseil général pouvait toujours refuser
les fonds, si le préfet lui refusait de contribuer à la nomination des boursiers ; mais il y avait là une situation
mal définie que le législateur de 1871 a voulu faire cesser, en attribuant définitivement et exclusivement au
conseil général le droit de nommer ou de révoquer les
titulaires des bourses entretenues sur les fonds départementaux. C'est le principe que consacre en termes
formels la loi du 10 août (art. 45).

319. *Nominations.* — Le projet de loi de 1871 portait simplement ces mots : « le conseil général nomme
et révoque les titulaires des bourses entretenues sur les
fonds départementaux ; » le ministre de l'instruction publique, tout en consentant à ce qu'on attribuât au conseil
général le droit de disposer des bourses dont il fournit
les fonds, voulut que la nouvelle loi fût d'accord avec la
législation antérieure en ce qui concerne les bourses,
et demanda que le conseil général ne pût prendre une
décision à cet égard, que, « sur l'avis motivé du directeur et de la commission de surveillance pour les *écoles
normales,* du proviseur ou du principal et du bureau
d'administration pour les *lycées* ou *colléges,* du chef
d'institution pour les institutions d'enseignement libre. »
L'amendement ministériel fut adopté (*J. officiel,* 1871,
p. 2057) ; et il a pour effet d'écarter les influences de

famille de la concession des bourses à des jeunes gens
qui seraient incapables d'en profiter ; il, faut en effet,
chaque fois que le département fait un cadeau à une
famille, que l'on soit au moins assuré par avance que
l'enfant qui en jouira est en état d'en tirer profit et que
l'argent est bien employé ; et cette assurance ne pouvait
être sérieusement donnée que par les autorités compétentes, sous la haute influence desquelles le conseil
général décidera désormais en dernier ressort.

320. — C'est à M. de la Rochette qu'on doit, dans la
rédaction définitive de l'article 45, l'addition de ces mots :
« Du chef d'institution, pour les *institutions d'enseignement libre.* » L'absence de ces mots pouvait laisser sup-
poser que les enfants des pères de famille, qui avaient
rendu des services à l'Etat ou au département, ne pouvaient être placés ailleurs que dans les lycées ou dans
les colléges communaux ; et dès lors, le père de famille
n'était pas libre de mettre son fils dans telle institution
qu'il voudrait : soit dans un lycée, soit dans un collége
communal, soit dans une institution libre. Par suite de
l'introduction de ces mots dans l'article 45, le législateur
a fait rentrer, disait avec quelque emphase l'auteur de
l'amendement, la liberté dans le foyer domestique, et a
livré au père ce qu'il doit toujours avoir : la libre édu-
cation de son enfant. (*J. officiel*, 1871, p. 2412.)

321. — L'article 45 de la loi du 10 août 1871 contient
encore quelques lacunes, malgré l'adoption des deux
amendements au projet primitif que nous venons de signaler. Le législateur n'a mentionné dans cet article que
les écoles normales, les lycées ou colléges et les établissements d'enseignement libre, et de suite s'est présenté
la question de savoir si, par analogie, le conseil général
pouvait également nommer les titulaires des bourses
que le département entretient dans les *écoles spéciales,*
telles que les écoles d'arts et métiers, l'école centrale,

l'école d'Alfort, l'école d'horlogerie de Cluses, les écoles de maternité, les établissements d'aveugles et de
sourds et muets, ou les autres institutions spéciales.
Par sa circulaire du 8 octobre 1871, le ministre de
l'intérieur s'est prononcé pour l'affirmative et a en-
joint aux préfets l'ordre de soumettre à l'assemblée
départementale la liste des candidats à toutes les écoles
spéciales. Ce mode de nomination était d'ailleurs déjà
employé sous l'ancienne législation dans la plupart des
départements, pour la désignation des élèves peintres,
sculpteurs ou musiciens auxquels le conseil général
allouait une subvention pendant la durée de leurs études.

322. — Il ne faudrait pas confondre la nomination
des boursiers, qui appartient exclusivement au conseil
général, avec l'admission de jeunes gens ou de jeunes
filles dans une école ou à un cours subventionné par le
département; cette admission appartenant exclusivement
au préfet. Le cas s'est présenté dans le département des
Basses-Pyrénées, qui fait de très grands sacrifices pour
l'entretien d'un *cours d'accouchement*. Le conseil général avait cru par suite de la large subvention qu'il four-
nissait à ce cours, qu'il avait par là même, et dans les
termes de l'article 45, paragraphe 1ᵉʳ de la loi du 10 août
1871, le droit de prononcer l'admission à ce cours des
élèves sages-femmes. Une décision du ministre de l'intérieur en date du 15 mai 1877 a fait observer que les
élèves sages-femmes admises au cours d'accouchement
dont s'agit n'étaient pas des boursières, puisque toutes
payaient la même rétribution, et que, simplement admises à suivre un cours *subventionné* par le département, le préfet seul avait le droit de statuer sur leur
admission.

323. — Bien que la loi de 1871 ait été mise d'accord,
par suite d'un amendement ministériel (V. nº 219), avec la
législation antérieure pour la nomination des boursiers, il

résulte toutefois d'une circulaire du ministre de l'instruction publique, en date du 13 avril 1872, que les dispositions du décret du 12 janvier 1870, qui déléguait aux recteurs la confirmation des bourses départementales, ne
sont plus en vigueur. L'article 45 de la loi du 10 août 1871,
ayant laissé aux conseils généraux la libre et entière
disposition des bourses entretenues par les départements dans les lycées et colléges, l'autorité académique
n'a plus à intervenir dans les conditions indiquées par
le décret du 12 janvier 1870. Ce sont les bureaux d'administration, les proviseurs et les principaux désignés
dans la loi de 1871 qui seuls ont le devoir d'assurer
l'exécution des règles scolaires (âge et examen), auxquelles les nominations des boursiers départementaux
demeurent soumises.

324. — Pour la nomination des boursiers, comme
d'ailleurs pour leur révocation, le conseil général peut
déléguer ses pouvoirs à la commission départementale ;
et celle-ci exerce valablement cette délégation, lorsqu'il
y a urgence, dans l'intervalle des sessions du conseil général. C'est ce qui résulte d'une circulaire ministérielle
du 10 avril 1874, aussi bien que d'un avis du conseil d'Etat
du 26 février de la même année, et ce qui a été en outre
confirmé par un autre avis du ministre de l'intérieur du
23 septembre 1876, dans le cas spécial où il s'agissait de
nommer des boursiers, dans l'intervalle des sessions,
par suite de vacances produites dans des institutions de
sourds et muets.

325. — *Révocations.* — Si le conseil général ne
peut nommer les boursiers qu'après avoir pris l'avis
des personnes compétentes énumérées dans l'article 45,
§ 1, à plus forte raison doit-il prendre, à peine de nullité de sa délibération, ces mêmes avis lorsqu'il s'agit
de révoquer des boursiers déjà nommés. Le conseil général du Var ne s'était pas conformé à cette règle, abso-

lue en cette matière, le 8 novembre 1871, et malgré les invitations gracieuses du préfet et du ministre, il avait, le 26 août suivant, persisté dans sa délibération par laquelle les sieurs Escolle, Vain, Talent et Augier-Pavas étaient privés des bourses qu'ils avaient, précédemment, régulièrement obtenues en passant les examens réglementaires devant un jury compétent. Les pères de ces jeunes enfants se sont pourvus alors devant le conseil d'Etat, et cette assemblée, par arrêté du 8 août 1873, a annulé la décision du conseil général du 8 novembre 1871. Et, en effet, si, aux termes de la loi du 10 août 1871 (art. 45, § 1), les conseils généraux ont qualité pour révoquer les titulaires des bourses entretenues sur les fonds départementaux, ils ne doivent le faire, aux termes de cette même loi, que sur l'avis motivé de certaines personnes compétentes énoncées dans la loi. Les bourses départementales, récompenses accordées aux services des parents, en même temps qu'encouragement donné aux mérites des enfants, peuvent seulement, d'après la législation en vigueur, être retirées en cas d'indignité des titulaires, ou si le crédit alloué était supprimé. Réduire les cas de révocation aux deux spécifiés ci-dessus, c'est mettre, selon nous un frein utile aux entraînements de certains conseillers généraux qui pourraient voir, dans des temps de crises, une arme politique dans la distribution des bourses ; c'est surtout assurer la fin de leurs études aux titulaires de ces bourses, une fois qu'ils les ont acquises par leurs efforts, et tant qu'ils s'en rendent dignes par leur application.

326. — L'autorité universitaire, ou le chef d'une institution libre, peut prononcer la révocation des boursiers dans les cas d'urgence ; mais il doit en donner immédiatement avis au président de la commission départementale, et lui en faire connaître les motifs.

Règlement des concours pour les agents salariés sur les fonds du département.

327. — Du principe qui veut que c'est au conseil général qu'il appartient de régler l'emploi des deniers départementaux, principe admis d'une façon absolue, notamment pour la nomination des boursiers du département, le projet primitif de la loi de 1871 accordait purement et simplement au conseil général le droit de nommer et de révoquer les titulaires de tous les emplois salariés sur les fonds départementaux. Dans l'esprit des promoteurs de cette loi, le conseil général devait nommer directement tous les employés supérieurs, tels que agents voyers en chef et d'arrondissement, les architectes, les archivistes départementaux, et les autres nominations d'employés subalternes devaient être nécessairement abandonnées à la commission départementale, sur la proposition des chefs de service. On allait même, dans le projet de loi, jusqu'à réserver au conseil général la nomination des directeurs et des médecins des asiles d'aliénés, dont la nomination appartient au ministre de l'intérieur, et en affirmant la compétence des conseils généraux dans le choix de ces hommes spéciaux, l'on espérait que les assemblées départementales pourraient, en nommant à ces emplois, restreindre les dépenses excessives auxquelles quelques-uns des établissements d'aliénés avaient donné lieu.

328. — Confier au conseil général la nomination et la révocation de tous les agents salariés sur les fonds départementaux, serait faire un pas dangereux dans la voie de décentralisation, et rendre impossible, pour les préfets, l'administration départementale et cantonale ; ce serait créer, dans chaque canton, toute une catégorie d'as-

gents qui seraient sous la dépendance du conseiller
général; ce serait mettre, notamment, à la discrétion et à
la merci de celui-ci les cantonniers et les agents voyers.
C'est ce que l'Assemblée nationale a bien compris : « Si
vous admettez, disait M. Delacour (*J. officiel*, 1871,
p. 2057), que le préfet soit l'exécuteur des décisions du
conseil général, et le représentant en même temps du
département et de l'Etat, il est impossible d'enlever au
préfet la nomination des agents qui sont sous ses
ordres, qui seront ses collaborateurs et l'aideront à exécuter les décisions du conseil général. Comment pouvez-
vous admettre que le préfet, responsable de l'exécution
des travaux décidés par le conseil puisse avoir sous ses
ordres des agents qu'il ne pourra ni récompenser ni
punir, et qui seront complétement indépendants. »

329. — C'est à M. Marcel Barthe que l'on doit la rédaction du § 3 de l'article 45 de la loi du 10 août 1871, qui,
tout en laissant subsister la législation antérieure, c'est-
à-dire la nomination et la révocation par le préfet des
agents départementaux, y a cependant apporté quelques
restrictions. « On veut faire disparaître certains abus
commis par les préfets, disait M. Barthe à l'Assemblée
nationale (*J. officiel*, 1871, p. 2060), vous n'avez, à la place
de l'arbitraire et du favoritisme, qu'à inscrire dans la loi
nouvelle un principe de moralité élevé, un principe de
justice; or, la justice veut que les fonctions soient données, non plus au protégé ou au plus intrigant, mais au
plus digne; la moralité, la capacité, l'aptitude aux travaux à faire, voilà les titres essentiels à exiger des candidats; et sans donner au conseil général le pouvoir de
reconnaître directement et de proclamer ces aptitudes
et cette moralité, vous n'avez qu'à lui confier le soin de
régler les concours auxquels les candidats seront soumis. » C'est ce qui a en effet été décidé, et, aux termes
de l'article 45, § 3, le conseil général détermine les conditions auxquelles seront tenus de satisfaire les candi-

dats aux fonctions rétribuées exclusivement sur les fonds départementaux, et les règles des concours d'après lesquels les nominations devront être faites.

330. — Nous ne voulons pas critiquer ici le mode de recrutement des agents départementaux au moyen des examens et des concours, mais nous ne pouvons nous empêcher de rappeler l'observation très-judicieuse que présenta, en 1871, devant l'Assemblée nationale, le ministre de l'intérieur d'alors, lorsqu'il disait : « Prenez garde de transformer les fonctions publiques en une sorte de mandarinat ; les examens sont très-bons pour les fonctions scientifiques, mais pour les autres fonctions, vous trouverez des hommes qui sont parfaitement capables de remplir la place, et qui ne le seront pas le moins du monde de répondre à un examen. »

L'épreuve du concours nous a toujours paru un peu solennelle pour des emplois aussi modestes que ceux d'agent voyer ou d'architecte départemental, et par suite aussi peu favorable à la multiplicité des candidatures et au développemement de l'émulation. Il ne faut pas oublier que le concours, appliqué ici dans toute sa rigueur, en donnant les plus savants et les plus heureux, ne donnerait pas toujours les plus dignes à d'autres égards ; les garanties d'honorabilité, si nécessaires pour de pareils emplois, ne peuvent jamais être le résultat du concours. Nous pensons qu'un simple examen de capacité sera toujours suffisant, notamment pour le recrutement des employés du service vicinal.

331. — Le principe du concours est aujourd'hui appliqué dans la plupart des départements pour le recrutement des agents attachés au service vicinal. Le conseil général est également juge de la question de savoir si le même système doit être mis en usage pour le choix de *l'architecte du département* ; il règle les conditions du concours et désigne, s'il lui convient de le faire, les membres du jury d'examen. Quoiqu'il en soit, les instructions qui avaient été adressées aux préfets au sujet de l'application du décret du 25 mars 1852, et aux termes desquelles une sorte de préférence devait être donnée aux architectes munis d'un diplôme de l'école des Beaux-Arts, n'ont plus aujourd'hui un caractère obligatoire ; elles demeurent seulement, dit une circulaire ministérielle du 8 octobre 1871, à l'état de conseil et de recommandation ; cette partie du service, qui intéresse à un si haut degré le bon emploi des finances départementales, est remise en entier à la libre décision du conseil général.

332. — Le pouvoir reconnu au conseil général de déterminer les règles des concours ne doit pas être étendu au delà de l'objet même indiqué par la loi, et doit être exercé sans porter aucune atteinte au droit de nomination, qui appartient au préfet ; dès lors, ainsi que l'a décidé un décret rendu, le conseil d'Etat entendu, le 10 décembre 1872, serait nulle la délibération par laquelle un conseil général, après avoir arrêté le programme du concours à ouvrir pour la nomination d'un agent départemental, déciderait que le candidat qui aurait obtenu le plus de points serait seul proposé à l'autorité supérieure pour recevoir l'investiture. — Il ne serait pas non plus dans les attributions du conseil général de décider que, toutes les fois qu'un concours aura été établi pour l'admission aux emplois rétribués sur les fonds départementaux, le préfet ne pourra nommer que les candidats inscrits en tête du tableau arrêté par le jury du concours. Une semblable décision, dit un décret rendu, le conseil d'Etat entendu, le 11 juillet 1873, constitue un empiètement sur le pouvoir légal du préfet et porte atteinte au droit exclusif de nomination qui lui appartient. — Enfin le conseil général ne pourrait charger la commission départementale d'arrêter la liste des candidats admissibles au concours ; c'est ce qui résulte d'un décret rendu, le conseil d'Etat entendu, le 27 janvier 1874 (Cantal), cet acte étant un acte d'exécution réservé exclusivement au préfet.

333. — De ce que le conseil général détermine les conditions auxquelles seront tenus de satisfaire les candidats aux fonctions rétribuées exclusivement sur les fonds départementaux, il en résulte qu'il est sans droit pour déterminer les conditions auxquelles seront tenus de satisfaire les candidats aux fonctions *d'agent voyer*, les règles du concours et le droit de l'avancement. Les agents voyers ne sont pas, en effet, exclusivement payés sur les fonds départementaux ; ils doivent, aux termes de l'article 11 de la loi du 21 mai 1836, être payés sur les fonds des travaux, c'est-à-dire sur les ressources que cette loi affecte à la construction et à l'entretien des chemins vicinaux. Le *personnel vicinal* échappe donc à la compétence du conseil général, qui est uniquement appelé à fixer le traitement des agents voyers. Plusieurs décrets rendus, le conseil d'Etat entendu, ont consacré ce principe, notamment les décrets en date des 10 décembre 1872, 8 novembre 1873 (Vaucluse), 25 juin 1874 (Vosges), 5 août 1875 (Cher) et 5 décembre 1876 (Bouches-du-Rhône). La commission départementale n'aurait d'ailleurs pas plus de droit que le conseil général pour réglementer ou simplement s'immiscer dans la réglementation des concours qui servent au recrutement des agents voyers.

334. — Un décret rendu, le conseil d'Etat entendu, le 8 mars 1873, a annulé une délibération du conseil général des Landes qui avait introduit dans le règlement du service vicinal une disposition qui exigeait l'intervention de la commission départementale pour la nomination de *l'agent voyer en chef*, pour la désignation des candidats admissibles au concours, pour les avancements, pour les révocations, pour l'inscription des agents révoqués sur la liste des candidats et pour l'admission

des *conducteurs et agents secondaires* des ponts et chaussées, dans le personnel des agents des chemins vicinaux. C'était là un empiètement manifeste sur les pouvoirs légaux du préfet qui, seul, a le droit de nommer
à ces fonctions.

335. — L'organisation des bureaux des *préfectures*
et des *sous-préfectures*, dont les *employés* sont rétribués
sur les fonds du Trésor, et qui est soumise à l'approbation ministérielle, est également de la compétence exclu-
sive des préfets et des sous-préfets ; les conseils généraux
n'ont pas à y intervenir, non plus que dans la nomination de ces employés.

336. — Nous avons déjà parlé des *médecins* ou des
directeurs attachés aux asiles d'aliénés (V. n° 327); il est
certain que le conseil général n'a le droit d'intervenir
dans leur nomination ou leur révocation que si ces fonctionnaires sont exclusivement rétribués sur les fonds
départementaux. Mais il arrive presque toujours que les
revenus de ces établissements hospitaliers ne proviennent qu'en partie du budget départemental et du prix
des pensions, et dès lors la nomination des directeurs
et des médecins est laissée au ministre de l'intérieur,
conformément à l'ancienne législation.

337. — Le dernier paragraphe de l'article 45 de la loi
du 10 août 1871 est relatif aux *archivistes paléographes*
qui, bien que rétribués sur les fonds départementaux,
demeurent à la nomination du préfet, avec l'approbation
du ministre de l'intérieur. La législation antérieure est
applicable à ces fonctionnaires et le décret du 4 février 1850
demeure en vigueur. Les archivistes départementaux
sont donc dispensés de tout concours, et les places d'archivistes sont réservées aux élèves de l'école des Char-
tes, et ne peuvent qu'à leur défaut être accordées à
d'autres personnes.

Lors de la discussion de la loi de 1871, un membre de l'Assemblée nationale fit observer qu'aucune loi n'obligeait les départements à avoir des archivistes; mais il a été répondu que : « que là où il y a des archives, il faut un archiviste; que le conseil général est souverain en cette matière, mais que dans le cas où il choisit un archiviste, il doit le choisir d'après les lois antérieures qui ont conféré aux archivistes paléographes ce privilège. » C'est pour consacrer ce droit que le § 4 de l'article 45 a été adopté.

Des propriétés départementales.

338. — Ce n'est qu'à partir de la loi de 1838 que le département a été légalement et définitivement considéré comme une personne civile, bien qu'en fait, et dès sa création, ce caractère lui appartînt et que les lois et décrets de 1811 l'eussent consacré implicitement (V. *suprà*, n° 14). Les départements peuvent donc posséder, à titre de personnes civiles, des propriétés immobilières, des propriétés mobilières et des droits incorporels.

339. — Le *domaine immobilier des départements* est de deux natures : il comprend d'abord tous les immeubles affectés aux services départementaux obligatoires, tels que les hôtels de préfecture et de sous-préfecture, — les casernes de gendarmerie, — les prisons, — les palais de justice, — les routes départementales — les écoles normales (loi du 10 août 1871. art. 46); enfin sont comprises définitivement parmi les propriétés départementales les anciennes routes impériales de troisième classe, dont l'entretien a été mis à la charge des départements par le décret du 16 décembre 1811 ou postérieurement (loi de 1871, art. 59 *in fine*).

La seconde partie du domaine immobilier des dépar-

tements comprend les immeubles qui, bien que non
affectés aux services départementaux, ont pourtant une
utilité départementale, tels que les terrains à usage de
pépinières, — les fermes modèles, — les eaux thermales
qui ne seraient pas d'un produit assez considérable pour
être livrés à l'industrie privée, — les édifices d'abord affectés à des services départementaux devenus libres par la
translation de ces services dans d'autres bâtiments, —
enfin les monuments historiques achetés par les départements pour les conserver. (Loi du 10 août 1871, art. 46.)

340. — Il peut se faire que certains immeubles départementaux produisent un revenu pour le département, mais le cas est rare, et l'on ne pourrait, pensons-
nous, citer un département qui ait acheté un domaine
dans le but unique d'en retirer un profit annuel.

341. — Le *domaine mobilier des départements* se
compose du mobilier affecté aux divers services départementaux, par exemple celui qui sert à meubler les préfectures et leurs bureaux, les palais de justice, les asiles
d'aliénés, les prisons, les écoles normales, etc.

342. — Quant aux *droits incorporels* que peuvent
posséder les départements, ils consistent presque exclusivement aujourd'hui dans les droits de péage.

343. — Tels sont les domaines et les droits concernant ces domaines, sur lesquels les conseils généraux
délibèrent souverainement, soit qu'ils en votent l'*acquisition*, l'*aliénation* ou l'*échange*. Il faut toutefois observer que l'aliénation, l'échange ou l'acquisition des hôtels
de préfecture et de sous-préfectures, des bâtiments affectés aux cours et tribunaux, à la gendarmerie, aux prisons, au casernement et aux écoles normales, ne peut
être faite par les conseils généraux qu'en se conformant
à l'article 29 de la loi de 1838, c'est-à-dire en soumettant

leurs délibérations à l'approbation du chef du pouvoir exécutif qui doit rendre un décret, le conseil d'Etat entendu.

Toutefois, l'autorisation du préfet en conseil de préfecture est suffisante pour l'acquisition, aliénation et échange lorsqu'il ne s'agit que d'une valeur n'excédant pas 20,000 francs. (Loi du 10 août 1871, art. 48, § 1 et 2.)

344. — Dans tous les cas, le pouvoir souverain des conseils généraux quant aux acquisitions, aliénations et échanges des biens départementaux, s'exerce suivant le droit commun ; c'est-à-dire, que les actes nécessaires pour monumenter ces acquisitions, aliénations ou échanges doivent être authentiques ou notariés ; mais, quant à leur forme, ils peuvent être faits administrativement.

345. — Comme conséquence du droit de propriété recourant aux conseils généraux, l'article 46, § 1er et suivants de la loi du 10 août 1871 leur reconnaît le droit d'opérer des *changements de destination* des propriétés départementales qu'ils peuvent acquérir, aliéner et même échanger. Pour les autres propriétés, il n'a le droit d'en changer la destination que conformément à l'article 29 de la loi de 1838. (V. *suprà*, n° 343)

346. — Quant à la *gestion des propriétés départementales*, le droit pour les assemblées départementales de donner à bail ou d'affermer les propriétés du département, est également consacré par la loi de 1866, et le conseil général ne pourrait même, sans excéder ses pouvoirs, déléguer à sa commission départementale le soin de statuer sur tous les baux à passer. (Décret en conseil d'Etat, du 17 juin 1876, annulant une délibération du conseil général d'Ille-et-Vilaine.)

Le droit de gestion accordé aux conseils généraux est le même à l'égard des propriétés appartenant à des tiers pour la location des édifices nécessaires aux services départementaux. D'après une décision royale du 16 octobre 1825, c'était aux préfets qu'il incombait de faire ces dernières locations, et ce sans recourir à l'approbation de l'autorité supérieure, pourvu que la dépense en ait été votée par le conseil général, que la durée des baux ne fût que de trois, six ou neuf années, et que le prix de la location pour l'ensemble de la durée ne dépassât pas 20,000 francs. Depuis la loi de 1866, confirmée par celle de 1871, les conseils seuls statueront désormais souverainement sur tous les baux intéressant les services départementaux.

347. — Les baux sur lesquels statuent souverainement les conseils généraux peuvent être faits dans la forme administrative, mais ils sont soumis au timbre et à l'enregistrement, et en cas de contestation, les difficultés auxquelles leur exécution peut donner lieu doit être de la compétence des tribunaux civils.

348. — Quant à *l'assurance des bâtiments départementaux*, le conseil général décide également dans quels cas les bâtiments départementaux doivent être assurés, et il règle lui-même définitivement les conditions de la police d'assurances (art. 46, § 14, loi du 10 août 1871, et circulaire ministérielle, 5 mai 1852 et 4 août 1866.) Le préfet continue toutefois à signer les polices.

Les conseils généraux ne possédaient pas le droit d'assurer les propriétés départementales avant 1841. A cette époque (21 mars 1841) une circulaire ministérielle disposa seulement que si les conseils généraux inscrivaient à leurs budgets des crédits destinés à assurer des bâtiments départementaux, le roi serait invité à maintenir ces crédits.

Des dons et legs faits aux départements.

349. — La loi de 1838 comprenait dans les attributions du conseil général le droit de statuer sur l'acceptation ou le refus des dons et legs faits au département ; mais la délibération prise à ce sujet devait être dans tous les cas approuvée par une ordonnance royale ; telle fut la première forme de procéder. Vint ensuite le décret du 25 mars 1852, qui conféra au préfet le droit d'autoriser l'acceptation des libéralités faites au département sans charges ni affectations immobilières, ou qui ne soulevaient aucune réclamation de la part des familles ; enfin, sous le régime de la loi du 18 juillet 1866, pour que le conseil général pût statuer définitivement sur l'acceptation ou le refus des dons et legs, il fallait, d'une part, que la libéralité n'eût point donné lieu à réclamation, et d'autre part, qu'elle n'impliquât pour le département aucune charge ou affectation immobilière.

350. — La loi du 10 août 1871 (art. 46, § 5), fait disparaître une des restrictions prescrites par la loi de 1866, mais elle maintient toujours l'incompétence du conseil général, lorsque les libéralités faites au département soulèvent des réclamations. Ainsi, sous l'empire de la législation nouvelle, tous les legs, toutes les donations, qui n'ont pas été l'objet de réclamations de la part des familles ou des intéressés, peuvent être acceptées ou refusées par une délibération souveraine du conseil général. Le conseil demeure ainsi juge de la question de savoir si les charges ou l'affectation immobilière attachée à un don ou à un legs sont de nature à être onéreuses ou non pour le département.

351. — Dans tous les cas, c'est au préfet, comme

chargé de l'exécution de la délibération prise par l'assemblée départementale, qu'il appartient de dresser l'acte qui constate l'acceptation ou le refus de la libéralité ; mais les projets de décret qui ont pour objet l'autorisation aux départements d'accepter des dons et legs dont la valeur excèderait cinquante mille francs, sont portés à l'assemblée générale du conseil d'Etat. (Décret du 21 août 1872, art. 5, § 5.)

352. — Lorsque les libéralités faites à un département soulèvent des réclamations de la part des familles ou des intéressés, c'est le gouvernement qui décide l'acceptation ou le refus des dons ou legs ; mais c'est toujours le préfet qui accepte ou refuse au nom du département.

353. — Le second paragraphe de l'article 53 de la loi du 10 août 1871, fait revivre une disposition de la loi de 1838 (art. 31), et permet d'assurer au département le bénéfice d'une donation, dans le cas où le donateur viendrait à décéder entre le moment où il avait offert la donation et celui où intervient l'acceptation. Le préfet peut toujours, en effet, aux termes de ce paragraphe, accepter, à titre conservatoire, les dons et les legs, et la décision du conseil général ou du gouvernement, qui intervient ensuite, a effet du jour de cette acceptation.

354. — Sans être faits directement aux départements les dons ou les legs peuvent être offerts en faveur d'institutions ou de créations qui sont entretenues par les départements. Le cas s'est présenté pour des libéralités faites aux tribunaux et cours d'assises, aux dépenses desquels les départements sont obligés de pourvoir, et une décision du ministre de l'intérieur (10 avril 1874) a déclaré que c'était au conseil général qu'il appartenait également dans ce cas spécial, de délibérer sur l'acceptation ou le refus de la libéralité, comme dans le cas où celle-ci est faite directement au département.

Des routes départementales.

335. — *Historique.* — Ce n'est qu'en 1807 que l'on songea à créer, pour compléter la viabilité du territoire français, des voies intermédiaires, destinées à prendre place entre les grandes routes nationales et les simples chemins vicinaux, seuls moyens de communication qui existassent alors. Une loi du 16 septembre 1807 (art. 28 et 29) essaya, mais sans grands résultats, de mettre en partie à la charge des départements, arrondissements et communes, celles des grandes routes qui seraient reconnues améliorer la valeur de ces circonscriptions territoriales. Enfin, le décret du 16 décembre 1811, autorisa les conseils généraux à créer des routes départementales qui seraient mises à la charge des départements qu'elles traversaient.

336. — L'article 1ᵉʳ de ce décret divisait les routes de l'empire français en routes impériales et *routes départementales;* les routes impériales étaient divisées en trois classes (art. 2), et les routes départementales étaient composées de toutes les routes impériales qui n'étaient dans aucune des trois classes, mais qui jusqu'alors, avaient été connues sous le nom de routes de troisième classe (art. 3). Pour assurer l'exécution de ce classement, les conseils généraux durent indiquer, dans leur session de 1812: 1º celles des routes départementales qu'ils jugeraient devoir être supprimées ou rangées dans la classe des chemins vicinaux, ou ceux des chemins vicinaux qu'ils jugeraient devoir être élevés au rang des routes départementales; — 2º celles des routes départementales qu'il était urgent

de réparer ; — 3° la situation des travaux qui étaient ordonnés et devaient être exécutés dans les départements
sur les routes départementales, en vertu des lois précédentes, en y joignant le tableau des impositions extraordinaires créées par lesdites lois, et de la portion pour
laquelle la loi avait spécifié que le trésor impérial concourrait auxdits travaux ; — 4° leurs vues sur la plantation de leurs routes départementales. Les préfets, les
ingénieurs, enfin le ministre, présentèrent à l'Empereur,
dans un rapport d'ensemble et avec leurs observations,
le travail primitif des conseils généraux, et des règlements d'administration publique statuèrent sur la
construction, la reconstruction, la plantation et l'entretien des routes départementales qu'on allait ainsi
créer.

337. — Le classement des routes départementales fut
ainsi fait, à son début, avec quelque précipitation et sans
grandes formalités ; mais pour remédier à ces inconvénients, inhérents à une création de cette nature, le législateur de 1811 environna, pour l'avenir (art. 18 à 22, du
décret du 16 décembre), le classement des routes départementales, des formes les plus sérieuses qui offrirent
toute garantie aux localités intéressées. Toute demande
pour l'ouverture, la reconstruction ou l'entretien des
routes départementales, formée par des arrondissements, des communes, des particuliers ou des associations de particuliers, devait être en effet (art. 18) présentée à la plus prochaine session du conseil général du
département, lequel était appelé à délibérer sur : l'utilité des travaux demandés ; la part que devrait supporter respectivement dans les dépenses, les départements,
les arrondissements et les communes, en proportion de
leur intérêt dans les travaux proposés ; — les offres
faites par les particuliers ou les associations de particuliers ou communes, et les conditions auxquelles les
offres seront faites. La délibération du conseil général,

ajoutait l'article 19 du décret, sera communiquée au conseil d'arrondissement, aux conseils municipaux, aux particuliers ou associations de particuliers qui ont fait des offres, lesquels seront tenus de fournir leurs observations dans un délai qui leur sera fixé par le préfet. Si la proposition d'ouverture, de reconstruction ou d'entretien d'une route départementale intéressait plusieurs départements, cette proposition devait être communiquée par le ministre de l'intérieur (art. 20) aux conseils généraux des départements intéressés, et il était procédé dans chacun des départements ainsi qu'il était prescrit aux articles 18 et 19. Les délibérations définitives des conseils généraux, une fois prises, le ministre statuait, sur le rapport du directeur général des ponts et chaussées (art. 20), avis du préfet et de l'ingénieur en chef du département préalablement pris. Enfin, le conseil général pouvait prendre l'initiative de l'ouverture, de la reconstruction ou de l'entretien des routes départementales (art. 22), à charge par lui de procéder en la forme prescrite par les articles 18 et 19 du décret du 16 décembre 1811.

356. — Les dispositions du décret de 1811 furent reconnues d'une utilité si grande et d'une sagesse telle que les lois postérieures les ont respectées et n'ont fait qu'ajouter, dans l'intérêt général, des garanties plus nombreuses. C'est ainsi qu'une loi du 20 mars 1835 déclara qu'à l'avenir, aucune route ne pourrait être classée au nombre des routes départementales, sans que le vote du conseil général n'eût été précédé d'une enquête, dont une ordonnance royale du 18 février 1834 avait indiqué les formes. Quant à la loi du 10 mai 1838 (art. 4, § 8), elle ne s'est occupée que de permettre aux conseils généraux de délibérer sur le classement des routes départementales, et une loi du 25 juin 1841, complétée par un règlement d'administration publique en date du 7 septembre 1842, ne fit encore que compléter la législation

antérieure sur l'ouverture, la reconstruction, l'entretien
et le classement des routes départementales[1].

359. — *Classement et déclassement des routes départementales.* — Le droit des conseils généraux, en ce qui
concerne le service des routes départementales, déjà
élargi par la loi du 18 juillet 1866, a reçu de la loi du 10
août 1871 (art. 46, § 6) une nouvelle extension. Sous l'empire de la loi de 1866, l'assemblée départementale ne
pouvait statuer définitivement que sur les routes dont le
tracé ne se prolongeait pas sur le territoire d'un département voisin; sous l'empire de la loi de 1871, cette condition n'est plus exigée, et les conseils généraux, que
les routes soient comprises en entier dans le département ou qu'elles en dépassent les limites, peuvent statuer à leur gré sur le classement et le déclassement des
routes départementales, sur les projets, plans et devis
qui sont nécessaires à l'exécution des travaux à exécuter sur ces routes pour leur construction, leur rectification, réparation et entretien.

360. — Souverains maîtres de tout ce qui se rap-
porte aux routes départementales, les conseils généraux

---

[1] Pour l'exécution des travaux concernant les routes départementales, on peut consulter : l'article 24 du décret du 16 décembre 1811 ; — la loi du 3 mai 1841 (art. 4 à 11) ; — l'ordonnance du 29 mai 1830 (art. 2) ; — l'instruction ministérielle des
11 juin 1813, 31 juillet 1814 et 12 juillet 1833.
En ce qui concerne les routes départementales qui se ratta-
chaient au système de la défense du pays, on peut consulter le
décret du 4 août 1811 ; les ordonnances du 18 septembre 1816,
du 28 décembre 1828, le décret du 16 août 1852 et celui du
8 septembre 1878. (*J. officiel*, du 11 octobre.)
Enfin, pour tout ce qui concerne les plantations des routes
départementales, le décret du 16 décembre 1811 (art. 16), la loi
du 12 mai 1825 et l'ordonnance du 29 mai 1830 doivent être
également consultées.

peuvent, à ce sujet, prendre toutes les mesures qui leur paraissent convenables, à la condition toutefois, de se soumettre aux formes de procédure et d'instruction prescrites par les lois antérieures. Ainsi, lorsque l'exécution de l'entreprise nécessite l'acquisition de terrains par voie d'expropriation, la déclaration d'utilité publique doit, comme autrefois, être prononcée par un décret, et la loi du 3 mai 1841 reste en vigueur, ainsi que les instructions contenues dans la circulaire de M. Béhic, ministre des travaux publics, en date du 4 août 1866 qui, pour tout ce qui touche le service des routes départementales, doit être chaque jour utilement consultée.

« Le classement d'une route, dit notamment cette circulaire, est une mesure trop importante, eu égard aux intérêts des tiers qui s'y rattachent, pour qu'il soit possible de les voter sans appeler d'abord les intéressés à présenter leurs observations. D'ailleurs rien n'autorise à croire que, sous ce rapport, la loi du 20 mars 1835 ait été abrogée. Il conviendra donc de procéder à une enquête d'utilité publique, suivant les formes prescrites par l'ordonnance du 18 février 1834, aussi bien pour les classements ne nécessitant aucune acquisition de terrain que pour ceux qui en exigent. Seulement dans le premier cas, l'enquête servira simplement à constater, aux yeux du conseil général, l'utilité et l'opportunité de la mesure, tandis que, dans le second, elle aura en outre pour effet de mettre le ministre des travaux publics à même de provoquer le décret sans lequel il ne serait pas possible au département de poursuivre les expropriations. »

361. — Tout en faisant disparaître les restrictions formulées par la loi de 1866, le législateur de 1871 a voulu que le classement, le déclassement, la rectification des routes fussent résolus par une délibération du conseil général, au lieu d'être subordonnés comme par le passé, à un décret rendu en conseil d'État. Ce n'est, à vrai dire, qu'un changement de juridiction ; mais la loi nouvelle n'a pas entendu supprimer l'instruction et la procédure préalables, dans lesquelles les intérêts des particuliers, des communes et même des départements limitrophes trouvent une protection et une garantie, et la loi du 20 mars 1835 demeure toujours en vigueur. (Circulaire ministérielle du 8 octobre 1871.) Aucune route ne peut donc être classée au nombre des routes départementales sans que le vote du conseil général ait été précédé d'une enquête (loi du 20 mars 1835, art. 1er), et cette enquête est faite par l'administration, ou d'office, ou sur la demande du conseil général dans les formes prescrites par la loi du 3 mai 1841, dont les articles 4 à 11 sont ainsi conçus :

Art. 4. — Les ingénieurs ou autres gens de l'art chargés de l'exécution des travaux lèvent, pour la partie qui s'étend sur chaque commune, le plan parcellaire des terrains ou des édifices dont la cession leur parait nécessaire.

Art. 5. — Le plan desdites propriétés particulières, indicatif des noms de chaque propriétaire, tels qu'ils sont inscrits sur la matrice des rôles, reste déposé, pendant huit jours, à la mairie de la commune où les propriétés sont situées, afin que chacun puisse en prendre connaissance.

Art. 6. — Le délai fixé à l'article précédent ne court qu'à dater de l'avertissement, qui est donné collectivement aux parties intéressées, de prendre communication du plan déposé à la mairie. — Cet avertissement est publié à son de trompe ou de caisse dans la commune, et affiché tant à la principale porte de l'église du lieu qu'à celle de la maison commune. — Il est en outre inséré dans l'un des journaux publiés dans l'arrondissement, ou s'il n'en existe aucun, dans l'un des journaux du département.

Art. 7. — Le maire certifie ces publications et affiches ; il mentionne sur un procès-verbal qu'il ouvre à cet effet, et que les parties qui comparaissent sont requises de signer, les déclarations et réclamations qui lui ont été faites verbalement, et y annexe celles qui lui sont transmises par écrit.

Art. 8. — A l'expiration du délai de huitaine prescrit par

l'article 5, une réunion a lieu au chef-lieu de la sous-préfecture. — Cette commission, présidée par le sous-préfet de l'arrondissement, sera composée de quatre membres du conseil général du département ou du conseil de l'arrondissement désignés par le préfet, du maire de la commune où les propriétés sont situées, et de l'un des ingénieurs chargés de l'exécution des travaux. — La commission ne peut délibérer valablement qu'autant que cinq de ses membres au moins sont présents. — Dans le cas où le nombre des membres présents serait de six, et où il y aurait partage d'opinions, la voix du président est prépondérante. — Les propriétaires qu'il s'agit d'exproprier ne peuvent être appelés à faire partie de la commission.

Art. 9. — La commission reçoit, pendant huit jours, les observations des propriétaires. — Elle les appelle toutes les fois qu'elle le juge convenable. Elle donne son avis. — Ses opérations doivent être terminées dans le délai de dix jours; après quoi le procès-verbal est adressé immédiatement par le sous-préfet au préfet. — Dans le cas où lesdites opérations n'auraient pas été mises à fin dans le délai ci-dessus, le sous-préfet devra, dans les trois jours, transmettre au préfet son procès-verbal et les documents recueillis.

Art. 10 — Si la commission propose quelque changement au tracé indiqué par les ingénieurs, le sous-préfet devra, dans la forme indiquée par l'article 6, en donner immédiatement avis aux propriétaires que ces changements pourront intéresser. Pendant huitaine, à dater de cet avertissement, le procès-verbal et les pièces resteront déposés à la sous-préfecture; les parties intéressées pourront en prendre communication sans déplacement et sans frais, et fournir leurs observations écrites. — Dans les trois jours suivants, le sous-préfet transmettra toutes les pièces à la préfecture.

Art. 11. — Sur le vu du procès-verbal et des documents y annexés, le préfet détermine, par un arrêté motivé, les propriétés qui doivent être cédées, et indique l'époque à laquelle il sera nécessaire d'en prendre possession. Toutefois, dans le cas où il résulterait de l'avis de la commission qu'il y aurait lieu de modifier le tracé des travaux ordonnés, le préfet sursoira jusqu'à ce qu'il ait été prononcé par l'administration supérieure. — L'administration supérieure pourra, suivant les circonstances, ou statuer définitivement, ou ordonner qu'il soit procédé de nouveau à tout ou partie des formalités prescrites par les articles précédents.

362. — Bien que les conseils généraux n'aient pas à intervenir dans la déclaration d'utilité publique, l'acquisition des terrains destinés à l'établissement des routes départementales ne peut se passer entièrement de l'intervention de la commission départementale, et son avis est nécessaire pour que le préfet puisse, au nom du département, passer les contrats d'acquisition, soit que la déclaration d'utilité publique ait été prononcée, soit qu'il s'agisse d'une convention amiable. C'est ce qui résulte des termes généraux de l'article 54 de la loi du 10 août 1871, aux termes duquel le préfet ne peut passer de contrats au nom du département que sur l'avis conforme de la commission départementale. (Voir en ce sens un avis du ministre des travaux publics du 19 décembre 1873.)

363. — Si le gouvernement a perdu, de par la loi de 1871, le droit de suspendre l'exécution de la décision prise par le conseil général, en ce qui concerne les routes départementales, et ne peut plus annuler cette décision que pour violation de la loi, ou d'un règlement d'administration publique, il a conservé au contraire, dans sa plénitude *la déclaration d'utilité publique*, lorsqu'il s'agit d'ouvrir une route nouvelle ou de rectifier une route sur une partie de son tracé. Ce droit du gouvernement n'est pas, il est vrai, inscrit formellement dans la loi du 10 août, comme il l'avait été dans celle de 1866; mais il ne peut être douteux, en présence du vote par lequel l'Assemblée nationale, lors de la troisième lecture de la loi, a rejeté un article proposé par la commission de décentralisation, et qui donnait au conseil général le droit de déclarer l'utilité publique de tous les travaux départementaux, sauf les chemins de fer d'intérêt local [1].

---

[1] Voir une circulaire du ministre des travaux publics du

14.

364. — Lorsqu'une route départementale intéresse deux ou plusieurs départements, lorsqu'il s'agit de *routes interdépartementales*, une loi du 25 juin 1841 réglait autrefois la procédure, mais cette loi nous paraît implicitement abrogée par la loi du 10 août 1871, puisque les articles 89 et 90 de cette loi autorisent les conseils généraux à se concerter, par l'entremise de leurs présidents ou dans des conférences, pour examiner les questions qui réclament une entente commune. C'est dans ces conférences que devront désormais se discuter et se résoudre les difficultés qui pourraient se produire au sujet du classement, du déclassement ou du changement de direction des lignes dont la conservation intéresse plusieurs départements. En cas de désaccord entre les départements intéressés, le gouvernement n'interviendrait plus comme sous l'empire de la législation de 1841 ; le classement ou le déclassement ne pourrait avoir lieu ; les questions d'intérêt commun doivent en effet être débattues dans des conférences interdépartementales, et les décisions qui y sont prises ne sont exécutoires qu'après avoir été ratifiées par tous les conseils généraux intéressés. Telle est la solution qui résulte d'un avis du conseil d'Etat (10 août 1875), aux termes duquel doit être prononcée l'annulation d'une délibération portant déclassement de routes interdépartementales, sans le consentement de tous les conseils généraux intéressés.

---

14 octobre 1871. — Sur la proposition de M. Janzé, l'assemblée nationale fut saisie en 1875, d'un projet de loi qui tendait à établir de nouvelles règles pour la déclaration d'utilité publique des chemins de fer, et dans le rapport de M. Krantz (29 juillet 1875), on peut voir que le commissaire chargé d'examiner la proposition de M. de Janzé, estimait qu'un décret rendu dans la forme d'un règlement d'administration publique après enquête et avis du conseil d'Etat, était suffisant pour autoriser l'exécution des routes départementales.

365. — La loi du 10 août 1871 (art. 46, § 6, 7, 8), donne aux conseils généraux le pouvoir de statuer définitivement sur le classement et le déclassement des routes départementales et des chemins vicinaux de grande communication et d'intérêt commun. Plusieurs conseils généraux ont pensé que cette disposition leur permettait le *déclassement en bloc de toutes les routes départementales* pour les classer ensuite comme chemins vicinaux. L'adoption de cette mesure fort grave avait pour but de décharger le budget du département de l'entretien de routes départementales, et de mettre désormais ces routes à la charge des communes, en les faisant toutefois bénéficier des ressources que la loi du 21 mai 1836 a spécialement établies en faveur des chemins vicinaux. Une semblable mesure nous paraît des plus regrettables et d'une gravité exceptionnelle ; elle modifie profondément l'économie du régime financier des départements et des communes, tel qu'il a été organisé par la loi, et détourne illégalement de leur destination les ressources spécialement affectées aux chemins vicinaux.

Cependant les délibérations des conseils généraux qui ont ainsi déclassé en bloc les routes départementales n'ont pas été annulées, et celles des conseils généraux du Calvados et de l'Oise qui ont été notamment déférées au conseil d'Etat ont été maintenues. (Voir arrêtés des 10 novembre 1876, ville de Bayeux ; 5 janvier 1877, Beaumini et autres ; 2 mars 1877, Desmarets, Delahaye et Cᵒ ; 27 avril 1877, Labruyère et Cⁱᵉ) ; mais il faut remarquer que dans toutes les affaires de cette nature, qui lui ont été soumises, le conseil d'Etat a repoussé les pourvois formés contre les délibérations des conseils généraux, par de simples fins de non recevoir, d'ailleurs fort discutables, et a toujours évité de se prononcer sur la véritable question litigieuse : les conseils généraux ont-ils, oui ou non, le pouvoir de déclasser en bloc toutes les routes départementales pour les classer comme chemins vicinaux. La question reste donc entière et demande, après discussions sérieuses, à être enfin résolue.

Il est vrai que le ministre de l'intérieur, consulté dans l'affaire Beaumini du 5 janvier 1877, s'est formellement prononcé pour la légalité du déclassement général (*Recueil de Lebon*, 1877, p. 7), et que M. Aucoc professe la même doctrine, non sans faire quelques réserves (*Cours de droit administratif*, t. III, n° 943); mais quelle que soit l'autorité qui s'attache à ces deux opinions, et bien que cette doctrine, consacrée par une pratique de plusieurs années, ait pour elle la sanction pour ainsi dire du fait accompli, nous nous permettrons de soutenir la thèse opposée et d'affirmer, avec M. Léon Choppard (*Revue critique de législation*, 1878, p. 169), que la loi du 10 août 1871 ne donne pas aux conseils généraux le pouvoir de déclasser, par mesure générale, toutes les routes départementales, comme l'ont fait impunément plus de vingt conseils généraux, pour leur appliquer le régime des chemins vicinaux. Admettre le contraire, c'est méconnaitre le véritable esprit de la loi, c'est agir à l'encontre des règles ordinaires de la voirie et des principes généraux de notre droit public; c'est créer une innovation considérable et dangereuse qui ne saurait être admise sans une disposition formelle de la loi. Et qu'on nous permette, en terminant, ce sujet de faire remarquer qu'en transformant en bloc, par mesure d'économie et pour alléger le budget départemental, les conseils généraux n'usent plus du pouvoir qu'ils tiennent de leur loi organique : ils ne déclassent plus les routes départementales, ils les *suppriment* et retranchent ainsi, par une simple délibération, une des trois classes des voies publiques que le législateur de 1811, de 1838 et de 1866, avait établie. Il est possible que des avantages sérieux ressortissent d'une modification dans cette division des voies publiques en trois classes; cette division peut ne plus répondre aux besoins nouveaux de notre viabilité nationale; mais tant que la législation générale de la voirie n'aura pas été soumise à un nouveau régime et l'objet de réformes législatives, nous repousserons l'illégalité que commettent certains conseils généraux en déclassant en bloc les routes départementales pour les classer comme chemins vicinaux.

366 — *Exécution des travaux, plans et devis.* — La loi de 1871 n'a pas seulement donné au conseil général le droit de statuer définitivement sur le classement, la direction et le déclassement des routes départementales, elle leur a donné également le droit de statuer sur les projets, plans et devis des travaux à exécuter pour la construction, la rectification ou l'entretien desdites routes, et enfin sur la désignation des services qui seront chargés de leur construction ou de leur entretien.

367 — Quelque étendus que soient les pouvoirs conférés aux conseils généraux en cette matière, ils ne sauraient toutefois comprendre l'ensemble des attributions qu'exerçait, avant la loi de 1871, le pouvoir exécutif à l'égard des routes départementales et aucun texte ne reconnaît expressément aux conseils généraux le droit de statuer notamment sur les *plans d'alignement des routes départementales.* Nous avons déjà dit (nº 363) que les conseils généraux n'avaient pas le pouvoir d'autoriser l'expropriation pour tous les travaux départementaux. Or, les résultats des actes qui approuvent les plans d'alignement sont analogues à ceux des décrets qui déclarent qu'un travail est d'utilité publique ; dans bien des cas, ils sont même plus préjudiciables à la propriété privée, car non-seulement l'administration est autorisée à acquérir tous les terrains et bâtiments qui font saillie sur l'alignement, mais encore les bâtiments sont frappés d'une servitude par suite de laquelle il est interdit de les réconforter ; on ne peut donc admettre, en l'absence d'une disposition expresse de la loi, que

les conseils généraux aient le pouvoir de statuer définitivement sur les plans d'alignement.' Mais lorsqu'il
s'agit d'apprécier les besoins de la circulation locale et
de faire des dépenses qui doivent retomber à la charge
des départements, il est impossible de ne pas faire la
part des conseils généraux après avoir revendiqué celle
qui revient au pouvoir exécutif, et il paraît conforme à
l'esprit de la loi de soumettre aux conseils généraux
les plans d'alignement des routes départementales, afin
d'obtenir l'avis de ces conseils, par application du dernier alinéa de l'article 50 de la loi du 10 août. Tel est le
sens de l'avis émis par le conseil d'Etat le 15 juillet 1873,
lequel est ainsi conçu : « La loi du 10 août 1871 n'a pas
conféré aux conseils généraux le droit de prendre des
délibérations exécutoires sur les plans d'alignement des
traverses des routes départementales, mais il convient
que ces conseils soient appelés à donner leur avis sur
ces plans, avant que le gouvernement les approuve par
décrets délibérés en conseil d'Etat. » Ainsi, désormais,
lorsqu'un plan d'alignement des traverses de routes
départementales aura subi les formalités d'enquête et de
publication déterminées par les règlements, lorsque la
commission d'enquête et le conseil municipal de la commune auront délibéré, en un mot, lorsque l'instruction
sera assez avancée pour que le conseil général soit à
même d'examiner en pleine connaissance de cause et
les dispositions projetées et les observations dont elles
auraient pu être l'objet, le conseil se fera soumettre le
dossier et émettra un avis qui sera transmis au ministre des travaux publics avec celui des ingénieurs qui
résumeront, comme de coutume, les phases de l'affaire
dans un rapport spécial (Circulaire du 7 août 1873), et le
ministre statuera définitivement.

368 — C'est devant le conseil général que doivent
être portées les questions relatives aux projets, plans et
devis des travaux à effectuer sur les routes départe-

mentales, et ce conseil ne saurait, sans excéder ses pouvoirs et élargir illégalement le cercle des ses attributions, charger sa commission départementale de lui soumettre des propositions pour tous les projets, plans et devis des travaux de construction ou d'entretien. Confier un tel soin à la commission départementale, c'est l'investir d'un rôle qui ne lui appartient pas et qui est réservé au préfet, puisque c'est ce fonctionnaire (art. 3 de la loi du 10 août 1871) qui est chargé de l'instruction de toutes les affaires qui doivent être soumises au conseil général. Il va sans dire que si le conseil général ne se trouve pas suffisamment éclairé, il peut toujours déléguer à la commission départementale le soin de prendre de nouveaux renseignements et d'étudier l'affaire plus à fond, mais un examen préalable confié à cette commission, constitue un empiétement soit sur les attributions du préfet, qui seul a qualité pour faire l'instruction, soit sur les prérogatives du conseil général, devant qui les propositions du préfet doivent venir entières. C'est dans ce sens qu'à la date du 27 juin 1874 s'est prononcé le conseil d'État, en annulant une délibération prise par le conseil général d'Ille-et-Vilaine.

369. — *Désignation du service auquel sont confiés les travaux.* - Nous avons dit (n° 366) que le conseil général était appelé par la loi de 1871 (art. 46, § 6, 3° alinéa) à désigner les services auxquels la construction et l'entretien des routes départementales devaient être confiés. Cette disposition finale de l'article 46, paragraphe 6, a eu pour but de laisser aux conseils généraux le droit d'enlever le service des routes départementales aux *ingénieurs des ponts et chaussées* et de le confier aux *agents voyers*, institués en vertu de la loi du 21 mai 1836, pour les travaux des chemins vicinaux.

Lors de la discussion de la loi du 10 août 1871, MM. le comte Jaubert et de Champvallier demandèrent

la suppression du troisième alinéa du § 6 de l'article 46,
c'est-à-dire le maintien dans les attributions des ingénieurs des ponts et chaussées de tout ce qui concerne
la construction, la réparation et l'entretien des routes
départementales. Adopter la mesure que le législateur
de 1871 a prise, c'était, dans l'opinion de MM. Jaubert
et de Champvallier, « porter une atteinte fatale a une
administration qui avait su conserver un esprit d'indépendance et de probité auquel chacun aime à rendre
hommage. » Ce n'était pas davantage une mesure éco-
nomique, et il fallait craindre que le niveau des études
spéciales, applicables aux travaux publics, se trouvât
abaisser. (*Journal officiel*, 1871, p. 2061.) A ces observations, M. de Tillancourt répondait : qu'il fallait remédier aux tiraillements qui avaient eu lieu jadis entre les
administrations départementales et le corps des ponts
et chaussées, qui se considérait trop volontiers comme
souverain sur les routes départementales et ne tenait
aucun compte des désirs, des préférences des conseils
généraux. « C'est pour cela, disait l'orateur, que bon
nombre d'administrations départementales ont chargé
les agents voyers des chemins sur lesquels elles avaient
liberté entière ; la création de ce service a eu un effet
salutaire sur l'administration des ponts et chaussées ;
celle-ci a appris à tenir un plus grand compte de l'expérience des représentants des intérêts locaux ; à ne pas
résister systématiquement à leurs inspirations. Aussi je
ne doute pas que cette administration n'obtienne la direction des routes départementales, alors que les conseils
généraux ne seront plus obligés de la lui conférer. Là,
comme partout, le bien découlera de la liberté. Lorsque
les conseils départementaux ne trouveront plus chez les
ingénieurs dépouillés de leurs priviléges une prépon-
dérance de nature à les effrayer, ils seront heureux de
profiter des qualités que possèdent à un si haut degré
les élèves distingués sortis de notre école polytechnique.
Ceux-ci feront de leur côté quelques concessions et ils

joindront alors à la science, à l'indépendance, à l'honorabilité, au dévouement dont ils ont donné tant de
preuves, l'observation des nécessités locales qu'on leur
a parfois contestée et qu'il leur sera si facile d'acquérir. »
(*Journal officiel*, 1871, p. 2063.) A la suite de ces observations, l'amendement Joubert ne fût pas accepté, et le
paragraphe 6, 3ᵉ alinéa de l'article 46 fut voté tel qu'il
figure actuellement dans la loi du 10 août 1871.

370. — Une circulaire du 14 octobre 1871 a appelé
l'attention des conseils généraux sur les conséquences
graves que pourrait entraîner l'exercice du pouvoir que
le 3ᵉ alinéa du paragraphe 6 de l'article 46 leur avait conféré, et, en fait, depuis 1871, un petit nombre de conseils
généraux (huit seulement) ont confié aux agents-voyers
le service des routes départementales; quelques autres
(trois) ont enlevé ce service aux ingénieurs chargés des
routes nationales pour le confier à des ingénieurs ou
sous-ingénieurs des ponts et chaussées en service détaché; d'autres enfin (sept) ont déclassé les routes
départementales et les ont transformées en chemins
vicinaux, mais en confiant le service soit aux ingénieurs
du service ordinaire, soit à un ingénieur ou sous-ingé-
nieur en service détaché; dix-neuf départements ont au
contraire confié le service des chemins vicinaux aux
ingénieurs, en même temps que celui des routes départementales. On voit ainsi que, sur ce point, les assemblées départementales ont usé avec prudence de la
faculté que le législateur de 1871 leur a laissé, par l'article 46, § 6, 3ᵉ alinéa [1].

371. — Les conseils généraux ayant le droit de choi-

---

[1] On peut consulter à ce sujet une circulaire du ministre de
l'Intérieur du 18 octobre 1874 qui résume les décisions prises
par les conseils généraux en exécution de cette disposition de
la loi de 1871.

sir leurs agents pour le service des routes départementales, sont également maîtres de fixer les indemnités
qu'ils entendent leur allouer. Une instruction du 12 juillet
1817 a fixé les indemnités auxquelles les ingénieurs et
agents sous leurs ordres ont droit pour le service des
routes départementales, et a réglé ces indemnités proportionnellement au montant des dépenses faites dans
le cours de l'année. La circulaire de·1817 ne lie en
aucune façon, aujourd'hui, les conseils généraux qui
règlent souverainement toutes les conditions financières
du service qu'ils ont le droit de constituer pour la construction et l'entretien de leurs routes départementales ;
mais une circulaire ministérielle du 14 octobre 1871 les
engage à adopter des conditions aussi semblables que
possibles à celles prescrites par la circulaire de 1817,
« afin qu'en passant d'un département dans un autre,
les fonctionnaires et agents du service des routes départementales ne soient pas soumis à un régime trop
différent. »

4. — DES CHEMINS VICINAUX.

Historique et textes de lois.

372. — Les chemins vicinaux, qui sont des voies
publiques destinées à mettre en communication soit
une commune avec un ou divers points de son territoire, soit plusieurs communes entre elles, sont divisées,
d'après leur importance en trois classes : 1° les chemins
vicinaux de grande communication ; 2° les chemins
vicinaux d'intérêt commun ; 3° les chemins vicinaux
ordinaires.

C'est *la loi du 21 mai 1836* qui contient encore aujour-
d'hui les éléments les plus importants et les plus nombreux du régime auquel la voirie vicinale est soumise,
et les lois des 24 mai 1842, 4 mai et 8 juin 1864, 12 juillet
1865, 18 juillet 1866 (art. 1, 5 et 8), 24 juillet 1867 (art. 3),

11 juillet 1868, 21 juillet 1870, 10 août 1871 et 25 juillet 1873, n'ont fait que modifier légèrement la loi organique de 1836 ; voici d'ailleurs le texte de cette loi avec l'indication des modifications qu'elle a reçues des lois postérieures :

ARTICLE PREMIER. — Les chemins vicinaux légalement reconnus sont à la charge des communes, sauf les dispositions de l'article 7 ci-après (V. art. 86, loi du 10 août 1871).

ART. 2. — En cas d'insuffisance des ressources ordinaires des communes, il sera pourvu à l'entretien des chemins vicinaux à l'aide soit de prestations en nature, dont le maximum est fixé à trois journées de travail, soit de centimes spéciaux en addition au principal des quatre contributions directes, et dont le maximum est fixé à cinq (V. l'art. 3 de la loi du 24 juill. 1867, et l'art. 3 de la loi du 11 juill. 1868).

Le conseil municipal pourra voter l'une ou l'autre de ces ressources, ou toutes les deux concurremment.

Le concours des plus imposés ne sera pas nécessaire dans les délibérations prises pour l'exécution du présent article.

ART. 3. — Tout habitant, chef de famille ou d'établissement, à titre de propriétaire, de régisseur, de fermier ou de colon partiaire, porté au rôle des contributions directes, pourra être appelé à fournir, chaque année, une prestation de trois jours :

1° Pour sa personne et pour chaque individu mâle, valide, âgé de dix-huit ans au moins et de soixante ans au plus, membre de la famille et résidant dans la commune ;

2° Pour chacune des charrettes ou voitures attelées, et, en outre, pour chacune des bêtes de somme, de trait, de selle, au service de la famille ou de l'établissement dans la commune.

ART. 4. — La prestation sera appréciée en argent, conformément à la valeur qui aura été attribuée annuellement pour la commune à chaque espèce de journée par le conseil général, sur les propositions des conseils d'arrondissement.

La prestation pourra être acquittée en nature ou en argent, au gré du contribuable. Toutes les fois que le contribuable n'aura pas opté dans les délais prescrits, la prestation sera de droit exigible en argent.

La prestation non rachetée en argent pourra être convertie

en tâches, d'après les bases et évaluations de travaux préalablement fixées par le conseil municipal.

ART. 5. — Si le conseil municipal, mis en demeure, n'a pas voté, dans la session désignée à cet effet, les prestations et centimes nécessaires, ou si la commune n'en a pas fait l'emploi dans les délais prescrits, le préfet pourra, d'office, soit imposer la commune dans les limites du maximum, soit faire exécuter les travaux.

Chaque année, le préfet communiquera au conseil général l'état des impositions établies d'office en vertu du présent article.

ART. 6. — Lorsqu'un chemin vicinal intéressera plusieurs communes, le préfet, sur l'avis des conseils municipaux, désignera les communes qui devront concourir à sa construction ou à son entretien, et fixera la proportion dans laquelle chacune d'elles y contribuera. (Modifié par l'art. 46 de la loi du 10 août 1871.)

ART. 7. — Les chemins vicinaux peuvent, selon leur importance, être déclarés chemins vicinaux de grande communication par le conseil général, sur l'avis des conseils municipaux, des conseils d'arrondissement, et sur la proposition du préfet.

Sur les mêmes avis et proposition, le conseil général détermine la direction de chaque chemin vicinal de grande communication, et désigne les communes qui doivent contribuer à sa construction ou à son entretien (V. loi du 21 juill. 1870).

Le préfet fixe la largeur et les limites du chemin, et détermine annuellement la proportion dans laquelle chaque commune doit concourir à l'entretien de la ligne vicinale dont elle dépend ; il statue sur les offres faites par les particuliers, associations de particuliers ou de communes. (Modifié par l'art. 44 de la loi du 10 août 1871.)

ART. 8. — Les chemins vicinaux de grande communication et, dans des cas extraordinaires, les autres chemins vicinaux pourront recevoir des subventions sur les fonds départementaux.

Il sera pourvu à ces subventions au moyen des centimes facultatifs ordinaires du département, et de centimes spéciaux votés annuellement par le conseil général.

La distribution des subventions sera faite, en ayant égard aux ressources, aux sacrifices et aux besoins des communes, par le préfet, qui en rendra compte, chaque année, au conseil général. (Modifié par l'art. 46, § 7, de la loi du 10 août 1871.)

Les communes acquitteront la portion des dépenses mises à leur charge au moyen de leurs revenus ordinaires, et, en cas d'insuffisance, au moyen de deux journées de prestation sur les trois journées autorisées par l'article 2, et des deux tiers des centimes votés par le conseil municipal en vertu du même article.

ART. 9. — Les chemins vicinaux de grande communication sont placés sous l'autorité du préfet. Les dispositions des articles 4 et 5 de la présente loi leur sont applicables.

ART. 10. — Les chemins vicinaux reconnus et maintenus comme tels sont imprescriptibles.

ART. 11. — Le préfet pourra nommer des agents voyers (V. art. 46, § 7, de la loi du 10 août 1871).

Leur traitement sera fixé par le conseil général.

Ce traitement sera prélevé sur les fonds affectés aux travaux.

Les agents voyers prêteront serment ; ils auront le droit de constater les contraventions et délits, et d'en dresser les procès-verbaux.

ART. 12. — Le maximum des centimes spéciaux qui pourront être votés par les conseils généraux, en vertu de la présente loi, sera déterminé annuellement par la loi de finances.

ART. 13. — Les propriétés de l'Etat, productives de revenus, contribueront aux dépenses des chemins vicinaux dans les mêmes proportions que les propriétés privées, et d'après un rôle spécial dressé par le préfet.

Les propriétés de la couronne contribueront aux mêmes dépenses, conformément à l'article 13 de la loi du 2 mars 1832.

ART. 14. — Toutes les fois qu'un chemin vicinal, entretenu à l'état de viabilité par une commune, sera habituellement ou temporairement dégradé par des exploitations de mines, de carrières, de forêts, ou de toute entreprise industrielle appartenant à des particuliers, à des établissements publics, à la couronne ou à l'Etat, il pourra y avoir lieu à imposer aux entrepreneurs ou propriétaires, suivant que l'exploitation ou les transports auront eu lieu pour les uns ou les autres, des subventions spéciales, dont la quotité sera proportionnée à la dégradation extraordinaire qui devra être attribuée aux exploitations.

Ces subventions pourront, au choix des subventionnaires, être acquittées en argent ou en prestations en nature, et seront exclusivement affectées à ceux des chemins qui y auront donné lieu.

Elles seront réglées annuellement, sur la demande des communes, par les conseils de préfecture, après des expertises contradictoires, et recouvrées comme en matière des contributions directes.

Les experts seront nommés suivant le mode déterminé par l'article 17 ci-après.

Ces subventions pourront être aussi déterminées par abonnement : elles seront réglées, dans ce cas, par le préfet en conseil de préfecture (V. art. 86, loi du 10 août 1871).

ART. 15. — Les arrêtés du préfet portant reconnaissance et fixation de la largeur d'un chemin vicinal attribuent définitivement au chemin le sol compris dans les limites qu'ils déterminent (V. art. 44, loi du 10 août 1871 ; v. art. 86, id.).

Le droit des propriétaires riverains se résout en une indemnité, qui sera réglée à l'amiable ou par le juge de paix du canton, sur le rapport d'experts nommés conformément à l'article 17.

ART. 16. — Les travaux d'ouverture ou de redressement des chemins vicinaux seront autorisés par arrêtés du préfet (V. loi du 8 juin 1864 ; — V. art. 44, loi du 10 août 1871 ; — V. art. 86, id.).

Lorsque, pour l'exécution du présent article, il y aura lieu de recourir à l'expropriation, le jury spécial chargé de régler les indemnités ne sera composé que de quatre jurés. Le tribunal d'arrondissement, en prononçant l'expropriation, désignera, pour présider et diriger le jury, l'un de ses membres ou le juge de paix du canton. Ce magistrat aura voix délibérative en cas de partage.

Le tribunal choisira, sur la liste générale prescrite par l'article 29 de la loi du 7 juillet 1833, quatre personnes pour former le jury spécial, et trois jurés supplémentaires. L'administration et la partie intéressée auront respectivement le droit d'exercer une récusation péremptoire.

Le juge recevra les acquiescements des parties.

Son procès-verbal emportera translation définitive de propriété.

Le recours en cassation soit contre le jugement qui prononcera l'expropriation, soit contre la déclaration du jury qui réglera l'indemnité, n'aura lieu que dans les cas prévus et selon les formes déterminées par la loi du 7 juillet 1833.

ART. 17. — Les extractions de matériaux, les dépôts ou enlèvements de terre, les occupations temporaires de terrains, seront autorisés par arrêté du préfet, lequel désignera les lieux ; cet arrêté sera notifié aux parties intéressées au moins dix jours avant que son exécution puisse être commencée.

Si l'indemnité ne peut être fixée à l'amiable, elle sera réglée par le conseil de préfecture, sur le rapport d'experts nommés, l'un par le sous-préfet et l'autre par le propriétaire.

En cas de discord, le tiers expert sera nommé par le conseil de préfecture.

ART. 18. — L'action en indemnité des propriétaires, pour les terrains qui auront servi à la confection des chemins vicinaux et pour extraction de matériaux, sera prescrite par le laps de deux ans.

ART. 19. — En cas de changement de direction ou d'abandon d'un chemin vicinal, en tout ou partie, les propriétaires riverains de la partie de ce chemin qui cessera de servir de voie de communication pourront faire leur soumission de s'en rendre acquéreurs, et d'en payer la valeur, qui sera fixée par des experts nommés dans la forme déterminée par l'article 17.

ART. 20. — Les plans, procès-verbaux, certificats, significations, jugements, contrats, marchés, adjudications de travaux, quittances et autres actes ayant pour objet exclusif la construction, l'entretien et la réparation des chemins vicinaux, seront enregistrés moyennant le droit fixe de un franc.

Les actions civiles intentées par les communes ou dirigées contre elles, relativement à leurs chemins, seront jugées comme affaires sommaires et urgentes, conformément à l'article 405 du code de procédure civile.

ART. 21. — Dans l'année qui suivra la promulgation de la présente loi, chaque préfet fera, pour en assurer l'exécution, un règlement qui sera communiqué au conseil général et transmis, avec ses observations, au ministre de l'intérieur, pour être approuvé, s'il y a lieu.

Ce règlement fixera, dans chaque département, le maximum de la largeur des chemins vicinaux ; il fixera, en outre, les délais nécessaires à l'exécution de chaque mesure, les épo-

ques auxquelles les prestations en nature'devront être faites,
le mode de leur emploi ou de leur conversion en tâches, et
statuera, en même temps, sur tout ce qui est relatif à la confection des rôles, à la comptabilité, aux adjudications et à
leur forme, aux alignements (V. loi du 4 mai 1864, art. 2),
aux autorisations de construire le long des chemins, à l'écoulement des eaux, aux plantations, à l'élagage, aux fossés, à
leur curage, et à tous autres détails de surveillance et de
conservation.

373. — La loi de 1836 sur les chemins vicinaux
trouve son complément naturel dans une autre *loi du
11 juillet 1868*, relative à l'achèvement des chemins
vicinaux et à la création d'une caisse spéciale pour leur
exécution, loi dont voici le texte :

ARTICLE PREMIER. — Une subvention de cent millions,
payable en dix annuités à partir de 1869, est accordée aux
communes pour faciliter l'achèvement des chemins vicinaux
ordinaires, dont la longueur kilométrique aura été approuvée,
pour chaque département, par un arrêté du ministre de l'intérieur, avant la répartition de la première annuité.

ART. 2. — Chaque annuité sera répartie entre les départements par un décret délibéré en conseil d'Etat, en ayant
égard aux besoins, aux ressources et aux sacrifices des communes et des départements.

Un dixième pourra être réservé pour être appliqué directement, après avis de la section de l'intérieur du conseil
d'Etat, aux besoins exceptionnels dans les départements dont
le centime est d'un produit inférieur à vingt mille francs.

Dans chaque département, la subvention de l'Etat et celle
du département seront réparties entre les communes par le
conseil général, sur la proposition du préfet, et suivant les
bases indiquées par le paragraphe 1er du présent article.

ART. 3. — Dans les communes dont les charges extraordinaires excèdent dix centimes, les conseils municipaux pourront, pendant le période d'exécution de la présente loi, opter
entre une journée de prestation et les trois centimes extraordinaires autorisés par l'article 3 de la loi du 24 juillet 1867.

ART. 4. — Une nouvelle subvention de quinze millions est
affectée, en dix ans à partir de 1869, à l'achèvement des che-

mins vicinaux actuellement désignés comme chemins d'intérêt commun.

Chaque annuité sera répartie entre les départements et les communes, conformément aux paragraphes 1 et 3 de l'article 2 de la présente loi.

Art. 5. — Dans les départements dont le centime est d'un produit inférieur à vingt mille francs, le conseil général pourra appliquer aux chemins vicinaux de grande communication la moitié des subventions accordées en vertu du paragraphe 1er de l'article 2 et de l'article 4 de la présente loi ; la délibération qu'il aura prise à cet effet ne sera exécutoire qu'après avoir été approuvée par décret impérial.

Art. 6. — Il est créé, sous la garantie de l'Etat, une caisse des chemins vicinaux chargée de faire, pendant dix ans, aux communes dûment autorisées à emprunter, les avances nécessaires pour l'achèvement des chemins vicinaux ordinaires.

Ces avances ne pourront excéder la somme de deux cent millions, dont la répartition entre les départements sera faite, et pourra être modifiée par un décret délibéré en conseil d'Etat.

Art. 7. — Les départements dont les conseils généraux en feraient la demande peuvent emprunter à ladite caisse au lieu et place des communes qui ne pourraient user de la faculté ouverte par l'article précédent. Les emprunts contractés dans ces conditions ne pourront, en aucun cas, être affectés à la subvention que les départements accorderont aux chemins vicinaux ordinaires.

Les départements dont le centime est d'un produit inférieur à vingt mille francs pourront emprunter à la même caisse les sommes nécessaires pour l'achèvement des chemins vicinaux de grande communication actuellement classés et celui des chemins vicinaux d'intérêt commun désignés dans l'article 4 de la présente loi.

La délibération que le conseil général aura prise à cet effet ne sera exécutoire qu'après avoir été approuvée par décret impérial.

Art. 8. — La caisse des chemins vicinaux est gérée par l'administration de la caisse des dépôts et consignations ; elle pourvoira aux dépenses prévues par les articles précédents au moyen de la partie disponible des fonds déposés par les communes et établissements publics au Trésor et à la caisse des dépôts et consignations.

15.

En cas de besoin, elle pourra être autorisée par un décret impérial à créer et à émettre des titres négociables portant intérêt, amortissables en trente années, dans la forme et aux conditions qui auront été approuvées par le ministre des finances.

ART. 9. — Les communes et les départements seront libérés de ces avances par le paiement de trente annuités de quatre pour cent des sommes empruntées.

Il sera tenu compte à la caisse, par le Trésor, tant de la dépense complémentaire d'amortissement que des divers frais de gestion de la caisse.

ART. 10. — Chaque année, le ministre de l'intérieur et le ministre des finances rendront compte à l'empereur de la distribution des subventions, de la marche des travaux, des opérations de la caisse, dans un rapport qui sera communiqué au Sénat et au Corps législatif.

374. — L'on sait les excellents résultats produits par la loi du 11 juillet 1868 au point de vue du développement et de l'amélioration du réseau vicinal; mais aujourd'hui la caisse des chemins vicinaux se trouvait épuisée, et n'était plus en état de faire face aux demandes en instance; il était donc urgent, pour ne pas arrêter le jeu d'un des rouages qui donnent une impulsion si efficace à la loi de 1869, d'ouvrir de nouveau la caisse des chemins vicinaux, en reconstituant la dotation de cette caisse. Tel a été le but de la loi du 10 avril 1879 qui a augmenté de 300 millions la dotation de la caisse des chemins vicinaux; cette loi, qui a été suivie d'une circulaire ministérielle (V. *J. officiel*, 1879, p. 3350, et *France judiciaire*, 78-79, II, p. 425), est ainsi conçue :

ARTICLE PREMIER. — La dotation de la caisse des chemins vicinaux, instituée par la loi du 11 juillet 1868, est augmentée de trois cent millions (300,000,000 fr.), payables à partir de 1879, en douze annuités, les quatre premières de seize millions, les sept suivantes de quatre millions, et la dernière de vingt-six millions.

Si, pendant une année de la période, les prêts consentis n'atteignaient pas le maximum de l'annuité correspondante, la somme disponible pourrait être reportée à l'année suivante.

ART. 2. — L'article 7 de la loi du 11 juillet 1868 est abrogé. La caisse est ouverte aux départements comme aux communes, dans les conditions stipulées par les articles 6, 8 et 9 de ladite loi et par l'article 3 ci-après.

ART. 3. — La nouvelle dotation de 300 millions est ainsi attribuée :

1° Deux cent millions à l'achèvement des chemins de grande communication et d'intérêt commun actuellement classés, et des chemins vicinaux ordinaires compris dans le réseau subventionné. Continueront à compter dans ce réseau, sous la condition qu'ils n'y soient pas remplacés, les chemins ou portions de chemins classés dans une catégorie supérieure ;

2° Soixante millions aux chemins de grande communication et d'intérêt commun et aux chemins vicinaux ordinaires autres que ceux ci-dessus spécifiés.

Le décret portant répartition de ces avances pourra en réserver une part applicable au rachat des ponts à péage dépendant des chemins vicinaux de toute catégorie.

La réalisation des emprunts imputables sur les fonds mentionnés aux paragraphes 1er et 2 du présent article, ne sera autorisée par le ministre de l'intérieur que sur la justification par les départements et les communes, qu'ils consacrent à la vicinalité la totalité des ressources spéciales mises à leur disposition.

En outre, dans le cas prévu par le premier alinéa du paragraphe 2, les communes ou les départements empruntant pour elles devront justifier qu'elles sont en mesure de construire ou d'entretenir les chemins désignés au paragraphe 1er, ainsi que ceux auxquels les emprunts seraient destinés;

3° Quarante millions sont affectés aux communes et aux départements de l'Algérie pour l'achèvement des chemins de grande communication, d'intérêt commun et vicinaux ordinaires, dont la longueur kilométrique aura été approuvée, pour chaque département, par un arrêté du ministre de l'intérieur, avant la répartition de la première annuité.

ART. 4. — Il sera rendu compte, chaque année, au président de la République, de la marche des travaux et de la situation de la caisse, dans un rapport qui sera communiqué au sénat et à la chambre des députés.

375. — Enfin, une loi du 21 juillet 1870, complète la

législation spéciale des chemins vicinaux et s'exprime en ces termes :

ARTICLE UNIQUE. — Les communes dans lesquelles les chemins vicinaux classés sont entièrement terminés pourront, sur la proposition du conseil municipal et après autorisation du conseil général, appliquer aux chemins publics ruraux l'excédant de leurs prestations disponibles, après avoir assuré l'entretien de leurs chemins vicinaux et fourni le contingent qui leur est assigné pour les chemins de grande communication et d'intérêt commun.

Toutefois, elles ne pourront jouir de cette faculté que dans la limite maximum du tiers des prestations et lorsque, en outre, elles ne reçoivent, pour l'entretien de leurs chemins vicinaux ordinaires, aucune subvention de l'Etat ou du département.

376. — Il importe de remarquer tout d'abord que la législation relative aux chemins vicinaux dont nous venons de citer le texte, ne s'applique ni aux chemins non classés ni au travers des bourgs et villages ; les chemins vicinaux légalement reconnus, c'est-à-dire classés, sont les seuls qui soient à la charge des communes et dont se soit occupée la loi de 1836. Mais cette loi n'a pas dit de quelle manière se ferait la *reconnaissance des chemins vicinaux*, et jusqu'à la loi du 10 août 1871, conformément à la loi du 28 juillet 1824 (art. 1), « les chemins devaient être reconnus par un arrêté du préfet, sur une délibération du conseil municipal. » Le conseil donnait son avis, et sans être tenu de s'y conformer, le préfet puisait dans une loi du 23 messidor an V, le droit de décider ceux des chemins qui, à raison de leur utilité devaient être conservés, reconnus légalement, en un mot classés parmi les chemins vicinaux dont l'entretien appartenait aux communes.

Cette manière de reconnaître les chemins vicinaux qui, nous le répétons, jusqu'à la loi du 10 août 1871, était entrée dans les pratiques administratives, avait, selon nous, un grand avantage ; c'est que le préfet qui, d'après la loi de 1836, reconnaissait le domaine vicinal,

qui ordonnait par ses arrêtés l'ouverture ou le redressement des chemins vicinaux, était toujours soumis au
contrôle du ministre compétent, et ses arrêtés toujours
susceptibles d'un recours ; tandis qu'aujourd'hui d'après
la loi de 1871 (art. 44), qui enlève aū préfet pour le confier au conseil général le soin d'opérer la reconnaissance du domaine vicinal, de déterminer la largeur et
de prescrire l'ouverture ou le redressement des chemins
vicinaux, ce contrôle et ce recours disparaissent, et leur
absence peut parfois nuire aux intérêts communaux bien
entendus.

377. — La loi du 10 août 1871, dans son article 44, a
donc apporté une innovation dans la pratique administrative en matière de chemins vicinaux, qui nous paraît
être d'une certaine gravité ; mais on ne peut passer ici
sous silence l'innovation bien plus considérable et infini-
ment plus dangereuse dont la commission, qui a élaboré
la loi du 10 août, avait menacé la législation si prudente
qui régit les chemins vicinaux.

Le projet de la commission, adopté d'ailleurs en
seconde lecture par l'Assemblée nationale, donnait le
droit au conseil général « de *prononcer la déclaration
d'utilité publique* des routes départementales, des chemins vicinaux de grande communication, et des autres
travaux à exécuter sur les fonds du département,
à l'exception des chemins de fer d'intérêt local. Le droit
ainsi donné aux conseils généraux, le droit souverain,
sans recours d'aucune sorte, de déclarer tous les travaux quels qu'ils soient d'utilité publique départementale, a paru exorbitant à de forts bons esprits, et lors de la
troisième lecture, M. Clément, député à l'Assemblée
nationale, démontra, par des arguments irréfutables,
que donner un tel pouvoir aux conseils généraux, c'était
porter l'atteinte la plus grave à la propriété elle-même
qui ne peut être, d'après toute la législation antérieure,
expropriée pour cause d'utilité publique que par une

décision du chef de l'Etat (loi du 8 juin 1864, art. 2) ; la propriété privée ne pouvant être abandonnée à des corps administratifs qui ne seraient pas au plus haut degré de la hiérarchie des pouvoirs. Le conseil général serait d'ailleurs complètement incompétent, en droit, pour prononcer la déclaration d'utilité publique qui doit dépouiller les citoyens de leur propriété, car enfin quelle est la nature de cet acte ?

« Un corps administratif, disait M. Clément (*Journal Officiel* 1871, p. 2420), une commune, un département, ont le droit de dire : tel ou tel travail est utile, j'en autorise la dépense ; mais cela ne suffit pas pour que la propriété cède devant les réclamations d'un corps administratif quelconque, il faut que l'utilité, la nécessité de céder la propriété soit constatées dans les formes voulues par la loi, c'est ce que disent toutes les constitutions.

« Eh bien ! quelle est la nature de ce droit, quelle est la nature de cet examen préalable ? Je n'hésite pas à le dire, c'est là un droit de juridiction souveraine. Et si l'administration, si les Assemblées législatives ont été investies du droit de prononcer et non pas les tribunaux, c'est par une raison bien simple et que vous allez comprendre facilement. Lorsque l'administration décide l'exécution d'un projet, il faut éviter les conflits entre l'administration et l'autorité judiciaire ; comment faire alors pour éviter ces conflits ? Il n'y a qu'un moyen, c'est de recourir au principe de la justice retenue en vertu duquel le souverain prononce, dans certains cas exceptionnels. Les tribunaux eux-mêmes sont alors obligés de reconnaître la force exécutoire de cette décision rendue par le souverain. C'est uniquement pour cela que le chef de l'Etat ou le Corps législatif est investi du droit de prononcer sur la nécessité où se trouvent les citoyens d'abandonner leur propriété pour cause d'utilité publique. La preuve, c'est que dans notre ancienne jurisprudence, lorsqu'il n'y avait pas un édit du roi déclarant l'utilité publique, lorsque c'était par

exemple, une commune, une paroisse, une fabrique, un
établissement public qui demandait à exproprier des
bâtiments ou des terrains, la cause était portée devant
les parlements, et vous pourrez voir dans Merlin, par
exemple, des espèces nombreuses dans lesquelles les
parlements ont déclaré que l'expropriation ne devait
pas être accordée. C'est donc un droit de juridiction
souveraine, et, à ce titre, il n'est pas possible de l'accorder aux conseils généraux. »

Ainsi, pour les chemins vicinaux comme pour les
routes départementables (V. *suprà*, n° 363), le gouvernement a gardé depuis la loi de 1871 comme auparavant,
et dans toute sa plénitude, le droit de déclarer d'utilité
publique l'ouverture, l'élargissement ou le redressement
des chemins vicinaux.

378. — En vertu de l'article 46, § 7°, de loi du 10 août
1871, les conseils généraux continuent, comme sous
l'empire de la loi du 21 mai 1836, à opérer le *classement
des chemins vicinaux* de grande communication; ils
ont de plus le droit qui, sous la législation antérieure,
appartenait aux préfets de classer également les chemins vicinaux d'intérêt commun. Le classement des
chemins vicinaux ordinaires est de la compétence de la
commission départementale (art. 80, de la loi du 10 août
1871). Mais, tout en étendant les attributions des conseils généraux en matière de voirie vicinale, la loi de 1871
n'a fait, d'une part, que maintenir le pouvoir de ces con-
conseils tel qu'il existait au moment où elle a été
promulguée, en ce qui concerne le classement des
chemins vicinaux de grande communication ; et, d'autre
part, que substituer aux préfets les conseils généraux
pour le classement des chemins d'intérêt commun.

379. — Il résulte tout d'abord de cette situation que
les conseils généraux restent incompétents pour le *classement en chemins vicinaux des anciennes routes natio-*

nales, et que la loi du 24 mai 1842 (art. 1er), qui attribue au chef de l'Etat ce droit de classement, demeure toujours en vigueur. (Décision ministérielle du 20 août 1876.) Si l'abrogation de la loi du 24 mai 1842 avait eu lieu, une simple décision du conseil général ou de la commission départementale ne suffirait pas d'ailleurs pour faire produire tous ses effets au classement d'une ancienne route départementale parmi les chemins vicinaux. Les communes ne pourraient devenir propriétaires du sol qu'en vertu d'une loi spéciale, si l'Etat l'abandonnait gratuitement, et d'un décret, s'il le cédait à un titre onéreux. Ce serait un système compliqué et contraire non-seulement à l'esprit général de notre législation, mais encore à l'intérêt communal, puisque le classement, sous l'empire de la loi du 24 mai 1842, transfère toujours immédiatement et gratuitement la propriété de l'ancienne route nationale aux communes sur le territoire desquelles elle est située. Ajoutons en terminant que depuis la loi de 1871, la loi du 24 mai 1842 (art. 5) a été souvent appliquée par des décrets rendus sur l'avis favorable du conseil d'Etat et après avoir consulté les conseils généraux et les commissions départementales, qui ont eux-mêmes implicitement reconnu que leurs revendications à ce sujet ne seraient pas fondées.

380. — Quoi qu'il en soit, on peut dire que le pouvoir des conseils généraux sur la voirie vicinale est presque souverain, et leurs décisions peuvent, en cette matière, se diviser en trois catégories bien distinctes, puisqu'elles résolvent : 1° le classement d'un chemin parmi les chemins vicinaux, sans toutefois ordonner immédiatement l'exécution d'aucun travail ; — 3° l'exécution des travaux d'ouverture ou de redressement d'un chemin vicinal ; — 3° l'élargissement des chemins vicinaux. Nous allons passer successivement en revue les pouvoirs des conseils généraux sur ces trois points, ainsi qu'en matière de déclassement des chemins vicinaux.

Classement des chemins vicinaux.

381. — Sous la dénomination générale de *classement*, il faut également comprendre ce qu'on appelle la *déclaration* ou la *reconnaissance* d'un chemin vicinal. Les trois expressions que nous venons de rappeler sont aujourd'hui synonymes, et le mot *classement* paraît seul s'être généralisé dans la pratique. Toutefois on peut dire que le mot *classement* s'emploie quand il s'agit de faire entrer dans la catégorie des chemins vicinaux une voie déjà ancienne, aussi bien que lorsqu'il s'agit d'ouvrir un chemin nouveau au travers des propriétés privées ; les mots de *déclaration* et de *reconnaissance*, ne s'emploient au contraire que lorsqu'il s'agit du classement d'une voie publique déjà existante.

382. — Autrefois régi par les articles 1er de la loi du 28 juillet 1824 et 7, § 1er et 2 de la loi du 21 mai 1836, le classement, la reconnaissance ou la déclaration d'un chemin vicinal est aujourd'hui régi par les articles 44, 46, § 7, et 86, § 1er de la loi du 10 août 1871. Ce n'est donc plus le préfet, comme sous l'empire de la législation antérieure, mais le *conseil général* ou la *commission départementale* qui *statue sur le classement des chemins vicinaux*, et la décision prise est presque toujours conçue dans les termes suivants :

« Tel chemin, allant de telle localité à telle autre, et passant par tel lieu, est reconnu, déclaré ou classé comme chemin vicinal, et sa largeur est fixée à tant de mètres. »

Une semblable décision a pour conséquence immédiate, si elle a été prise au sujet d'une voie publique déjà existante, de faire porter cette voie au tableau des chemins vicinaux, et de la faire participer, quant à la dépense d'entretien, aux ressources spéciales réservées aux chemins vicinaux de la catégorie dans laquelle elle a été placée. Si la décision ne porte que sur un chemin à ou-

vrir au milieu des propriétés privées, elle n'a d'autre conséquence que de déclarer, en principe, l'utilité du chemin
et la largeur qu'il faudra lui donner, afin qu'on puisse
entreprendre utilement les études et ouvrir la procédure
qui devra précéder l'exécution des travaux ; et après
l'accomplissement de cette procédure, le conseil général
aura à statuer de nouveau sur la mise à exécution des
travaux.

383. — Il faut donc distinguer, comme a eu occasion
de le faire plusieurs fois le conseil d'Etat (notamment
arrêtés des 8 mai 1869, aff. Laîné ; — 12 février 1875,
aff. Barge ; — 12 mai 1876, aff. de la commune de Pithi-
viers-le-Viel ; — 3 août 1877, aff. Gallet, Caron et autres)
entre les actes de classement proprement dit, et les décisions autorisant l'exécution des travaux ou fixant les
limites des chemins. Mais il peut se faire que la proposition de classement soumise au conseil général ait été
au préalable étudiée dans ses détails, et rien ne s'oppose
alors à ce que l'assemblée départementale, par une seule
et même décision, en fait, mais en réalité accomplissant
deux actes distincts, classe le chemin et ordonne l'exécution des travaux nécessaires.

384. — Les *formalités préalables au classement* d'un
chemin vicinal, dont nous allons donner le détail suivant
la catégorie à laquelle ce chemin appartient, aboutissent toutes en réalité à l'avis préalable des conseils municipaux pour toutes les natures de chemins vicinaux
sans distinction (L. du 28 juillet 1824, art. 1er ; — L. du
du 21 mai 1836, art. 7 ; — L. du 10 août 1871, art. 86),
et de plus à l'avis du conseil d'arrondissement, seulement lorsqu'il s'agit d'un chemin vicinal de grande
communication (L. de 1836, art. 7 ; — L. du 10 mai 1838,
art. 41). Mais, disons de suite que ces avis, dont le conseil général doit légalement prendre connaissance, ne le
lient en aucune sorte, et que l'assemblée départementale

n'est pas tenue de s'y conformer. On comprend facilement que le conseil d'arrondissement, qui ne représente pas des personnes morales, et n'est l'interprète d'aucun intérêt financier déterminé, ne puisse lier par ses avis l'assemblée départementale; on le comprend moins tout d'abord lorsqu'il s'agit des avis des conseils municipaux, puisque ceux-ci auraient à inscrire au budget communal les sommes nécessaires à l'entretien des chemins vicinaux à classer; mais il faut se rappeler que l'entretien de ces chemins est une dépense obligatoire pour les communes, et que, dès lors, celles-ci ne pourraient être fondées à soutenir que leur assentiment est nécessaire pour le classement d'un chemin vicinal (Cons. d'Etat, 9 déc. 1845, aff. des communes de Cerences; — Avis de la section de l'intérieur du 29 juillet 1870).

385. — Une fois munis de l'avis des conseils compétents, le conseil général peut donc prononcer souverainement sur le classement et le déclassement des chemins vicinaux, excepté toutefois, nous l'avons déjà dit (*suprà*, n° 379), pour les anciennes routes nationales délaissées; nous ajouterons, conformément à ce que nous avons déjà fait observer en nous occupant du déclassement des routes départementales (*suprà*, n° 365), que les conseils généraux ne doivent pas user du droit souverain que les lois de 1866 et 1871 semblent leur accorder en matière de voirie vicinale, jusqu'à faire passer dans la classe des chemins vicinaux, d'un seul coup par voie de mesure générale, ou même successivement, le réseau entier des routes départementales.

386. — Dans tous les cas, s'il faut admettre, tout en le regrettant (1), que la législation actuelle accorde aux

---

(1) Voir en ce sens un article de M. J. Sauzey, auditeur au conseil d'Etat, publié dans le *Revue critique de législation*, 1879, p. 209.

conseils généraux le droit de transformer les routes départementales en chemins vicinaux, elle ne leur permet
en aucune façon de créer en leur faveur une situation spéciale en dehors des règles du droit commun applicable
aux chemins vicinaux de grande communication. Ainsi,
le conseil général ne pourrait pas stipuler que les articles 8 et 14 de la loi de 1836 ne seraient pas applicables
aux nouveaux chemins classés, ou bien que la propriété
du sol des chemins resterait au département au lieu de
passer aux communes; de semblables décisions consti-
tueraient une violation flagrante de la loi.

387. — Enfin, si les conseils généraux sont souverains pour décider le classement des chemins vicinaux,
il faut noter qu'ils n'excèdent pas leurs pouvoirs en refusant de classer un chemin vicinal (cons. d'Etat, 13 nov.
1874, aff. de la commune de Chepniers); et que la décision par laquelle l'assemblée départementale a ordonné
le classement d'un chemin vicinal peut être rapportée
tant qu'elle n'a pas reçu un commencement d'exécution,
car elle ne constitue qu'un acte d'administration pure
que l'autorité dont elle émane peut anéantir tant qu'il
n'en est pas résulté de droits acquis (cons. d'Etat, 13 juin
1873, commune de Liévin, et 24 juillet 1874, aff. Roby-
Pavillon.)

388. — Voici maintenant les *formalités préalables
au classement des chemins vicinaux ordinaires;* mais il
importe encore ici de distinguer si le classement à opérer a pour but de faire entrer dans la vicinalité un
chemin public existant et appartenant à une commune;
ou bien de rendre vicinal un chemin privé, ou bien encore s'il s'agit de classer un chemin à ouvrir.

389. — S'il s'agit du *classement d'un chemin public
appartenant à une commune,* l'instruction générale du
ministre de l'intérieur du 6 décembre 1870 sur le service

vicinal, prescrit de procéder tout d'abord à la constatation de l'état et de la situation du chemin. C'est le maire de la commune à laquelle le chemin appartient qui, avec l'aide d'un agent voyer, est chargé de cette première opération dont procès-verbal est dressé avec plans annexes. Une enquête de quinze jours est alors ouverte pour recueillir les observations de tout intéressé, et ce n'est qu'au bout de ces quinze jours d'enquête que le conseil municipal se prononce, non-seulement sur l'utilité du classement projeté, mais aussi sur toutes les observations produites à l'enquête, sur la largeur à donner au chemin et sur les ressources qu'il entend consacrer à son entretien. Ce n'est qu'après l'accomplissement de ces diverses formalités prescrites par les lois des 28 juillet 1824 (art. 1er) et 18 juillet 1837 (art. 9), que la commission départementale statue, tant sur le classement que sur la largeur du chemin.

390. — Dans le cas où la propriété du chemin, considéré comme public et communal, viendrait à être revendiquée par un particulier, la commission départementale devrait surseoir au classement jusqu'à ce que la question de propriété ait été résolue, soit par une transaction, soit par une décision de justice; c'est ce qui résulte notamment d'un arrêté du conseil d'Etat en date du 12 janvier 1870 (affaire Evain).

391. — Pour le *classement*, non plus d'un chemin public appartenant à une commune, mais *d'un chemin privé ou d'un chemin à ouvrir*, c'est l'ordonnance royale du 23 août 1835 qui détermine les formes de l'enquête préalable à laquelle il faut procéder. Le délai de cette enquête est de quinze jours, et pendant ce délai doivent être déposées à la mairie de la commune intéressée, un plan figurant le chemin projeté, un nivellement de ce chemin et le rapport d'un agent voyer ou d'autre homme

de l'art. Après l'enquête, le conseil municipal délibère
tant sur l'utilité du projet que sur les réclamations formulées dans l'enquête; enfin, sont jointes aux pièces
l'avis du sous-préfet et celui de l'agent voyer d'arrondissement, puis l'avis du préfet et celui de l'agent voyer
en chef; telles sont les pièces dont doit se composer le
dossier qui est alors soumis par le préfet à la commission départementale. Celle-ci prononce alors, si elle juge
la mesure opportune, le classement du chemin, et déclare d'utilité publique les travaux à exécuter pour son
établissement ou son ouverture; mais cette déclaration
d'utilité publique n'est pas de la compétence de la commission départementale si les terrains au travers desquels le nouveau chemin vicinal doit passer sont des
terrains bâtis, couverts de bâtiments ou simplement clos
de murs. Dans ce dernier cas, aux termes de la loi du
8 juin 1864 (art. 2), le chef du pouvoir exécutif peut seul
déclarer l'utilité publique.

392. — Les pouvoirs de la commission départementale, en matière de classement de chemins vicinaux ordinaires, ne sont pas absolus. Lorsque le classement a
pour objet de faire passer de la voirie rurale dans la voirie
vicinale un chemin public appartenant à une commune,
l'avis du conseil municipal ne lie pas la commission
départementale, en ce sens que celle-ci peut classer ou
refuser le classement, contrairement à l'avis du conseil
municipal (V. *suprà*, n° 384, la règle générale que nous
avons tracée à ce sujet); mais lorsqu'il s'agit de ranger au
nombre des chemins vicinaux ordinaires un chemin privé
ou un chemin à ouvrir, la commission départementale
doit se conformer à la délibération prise à ce sujet par le
conseil municipal, et légalement on peut dire, avec le
conseil d'Etat (avis de la section de l'intérieur du 29 juillet
1870), que le classement, en pareil cas, ne peut être prononcé par la commission départementale si le conseil
municipal n'y adhère pas. Toutefois, lorsqu'une com-

mune, ayant intérêt à l'établissement d'un chemin sur le territoire d'une commune voisine s'engage à supporter les frais d'acquisition, de construction et d'entretien, la commission départementale peut, sans excéder la limite de ses attributions, prononcer le classement de la nouvelle voie comme chemin vicinal ordinaire de la seconde commune et en ordonner l'ouverture, après l'avis et malgré l'opposition de son conseil municipal [1].

393. — Plusieurs voies de recours existent contre les délibérations par lesquelles la commission départementale prescrit le classement des chemins vicinaux ordinaires. Autrefois, on pouvait appeler de la décision du préfet au ministre de l'intérieur, aujourd'hui (art. 88 de la loi du 10 août 1871) les conseils municipaux ou toute personne intéressée [2] peuvent, pour cause d'inopportunité ou fausse appréciation des faits, faire déférer, par le préfet, les décisions de la commission départementale au conseil général qui statue définitivement dans sa prochaine session. Si le recours a pour base un excès de pouvoir ou la violation d'une loi ou d'un règlement d'administration publique, c'est sous l'empire de la législation antérieure, comme sous l'empire de celle de 1871, devant le conseil d'État, statuant au contentieux, qu'il doit être porté.

394. — Le conseil général peut, en vertu de la législation nouvelle, statuer sur le *classement des chemins vicinaux de grande communication* sans attendre, comme sous l'empire de la loi du 21 mai 1836 (art. 7), que le

---

[1] Voir dans ce sens un arrêté du conseil d'État du 5 décembre 1873 (affaire de la commune de Saint-Maurice).

[2] Par *personne intéressée* il faut entendre celle qui justifierait d'un *intérêt direct personnel* (conseil d'État, arrêté du 5 décembre 1873, affaire Bouillon-Lagraux).

préfet lui en fasse la proposition. Et non-seulement le
conseil général classe les chemins vicinaux d'intérêt
commun et de grande communication, mais il en détermine encore la direction, et fixe la largeur, désigne les
communes qui doivent contribuer tant à la construction
qu'à l'entretien de ces chemins, et arrête le contingent
annuel de chacune d'elles dans les dépenses. (Loi du
10 août 1871, art. 44 et 46, n° 7.)

395. — Les formalités qui précèdent la décision du
conseil général sur le classement des chemins vicinaux
d'intérêt commun ou de grande communication sont les
suivantes : un avant-projet des agents voyers, les avis
des conseils municipaux et d'arrondissement intéressés,
sans que ces avis puissent d'ailleurs obliger le conseil
général qui, au nom de l'utilité générale du département, reste le maître de statuer comme il le juge convenable. Il n'y a lieu à enquête, conformément aux prescriptions de l'ordonnance du 18 février 1834, que s'il
s'agit de classer un chemin privé ou un chemin à ouvrir. Quant à la déclaration d'utilité publique des travaux d'établissement ou d'ouverture des chemins vicinaux d'intérêt commun ou de grande communication,
elle doit émaner du conseil général (loi du 10 août 1871,
art. 44), à moins que le sol à occuper comprenne des
terrains bâtis ou clos de murs.

396. — Les *décisions* par lesquelles le conseil général
opère le classement des chemins vicinaux d'intérêt commun ou de grande communication, sont *exécutoires par
elles-mêmes* si dans le délai de vingt jours à partir de
la clôture de la session pendant laquelle ces décisions sont
intervenues, le préfet n'en a pas demandé l'annulation
pour excès de pouvoir ou pour violation de la loi (Loi du 10
août 1871, art. 47). Toute partie intéressée peut en outre
déférer au conseil d'État, en vertu de la loi des 7-14
octobre 1790, pour excès de pouvoirs, les décisions du

conseil général dont il s'agit, et ce, dans les trois mois qui suivent leur notification ou publication [1].

397. — Quant aux *routes nationales délaissées*, le chef du pouvoir exécutif, aux termes de la loi du 24 mai 1842, peut seul les classer soit au nombre des chemins vicinaux ordinaires, soit au nombre des chemins vicinaux d'intérêt commun ou de grande communication (V. *suprà*, n° 379). Lorsque ce cas spécial se présente, le conseil général peut seulement demander que ces routes ou portions de routes entrent dans son réseau vicinal d'intérêt commun ou de grande communication, et la commission départementale est consultée, lorsqu'il s'agit de classer l'ancienne route parmi les chemins vicinaux ordinaires.

398. — Quant aux *rues* qui, aux termes de la loi du 8 juin 1864 (art. 1er), sont *reconnues être le prolongement d'un chemin vicinal*, étant soumises aux mêmes règles que les chemins vicinaux, c'est à l'autorité qui serait compétente pour prononcer le classement du chemin vicinal qu'il appartient de classer la rue qui en est le prolongement. Dès lors la commission départementale doit classer les rues qui sont reconnues être le prolongement des chemins vicinaux ordinaires, et c'est le conseil général qui statue sur le classement des rues qui servent de prolongement aux chemins vicinaux d'intérêt commun ou de grande communication.

Ouverture et redressement des chemins vicinaux.

399. — Le conseil général et la commission départementale tiennent de la loi du 10 août 1871 (art. 44 et 86) le

---

[1] Voir dans ce sens deux arrêtés du conseil d'État des 14 février 1873 (commune de Saint-Pierre-le-Moutier) et 28 novembre 1873 (commune de Villeneuve-sous-Dammartin).

pouvoir que le préfet, en vertu de la loi du 9 ventôse
an XIII (art. 6) et de celle du 21 mai 1836 (art. 7, 15 et
21), avait de fixer la largeur, de prescrire les travaux
d'ouverture ou de redressement des chemins vicinaux à
quelque classe qu'ils appartiennent. C'est le conseil général qui est compétent s'il s'agit de chemins vicinaux
d'intérêt commun ou de grande communication, c'est
la commission départementale s'il s'agit des chemins
vicinaux ordinaires.

400. — Rappelons tout d'abord que dans l'intérêt
d'une bonne viabilité, le ministre de l'intérieur, dans son
instruction du 24 juin 1836, a reconnu qu'il convenait de
ne pas donner *une largeur aux chemins vicinaux ordinaires* de plus de six mètres. Quant aux autres chemins vicinaux, leur largeur ne saurait excéder non
compris les fossés, sept mètres pour les chemins d'intérêt commun, et huit mètres pour les chemins de
grande communication.

401. — En décidant les travaux d'ouverture et de
redressement d'un chemin vicinal, le conseil général
prononce pour les riverains de ce chemin la dépossés-
sion de leur propriété, et nous devons ainsi examiner
de suite le procédé spécial d'expropriation prévu par
l'article 16 de la loi du 21 mai 1836.

Pour donner plus de facilité aux travaux d'amélioration et d'extension de la voirie vicinale, le législateur a
pensé qu'il fallait s'écarter de la règle générale qui veut,
en matière d'expropriation pour cause d'utilité publique,
qu'une déclaration préalable de cette utilité soit prononcée par une loi ou un décret rendu en conseil d'État,
et a cru pouvoir, dès 1824, confier aux préfets, en conseil de préfecture, le droit de prononcer la *déclaration
d'utilité publique, en matière de voirie vicinale,* quand
la valeur des terrains à exproprier n'excéderait pas trois

mille francs (L. du 28 juillet 1824, art. 10). La limitation
du maximum de trois mille francs et l'obligation de
prendre l'arrêté en conseil de préfecture ont disparu en
1836, et la loi du 10 août 1871 (art. 44 et 86) a transféré
aux conseils généraux et aux commissions départementales le pouvoir de prononcer la déclaration d'utilité
publique en matière de voirie vicinale.

402. — Lors donc que le conseil général, pour les
chemins vicinaux de grande communication, ou la commission départementale, pour les chemins vicinaux
ordinaires, a prononcé la déclaration d'utilité publique
l'ouverture ou le redressement d'un chemin, l'expropriation des propriétés nécessaires à cette ouverture ou
à ce redressement, se trouve par là même prononcée [1]
et la *procédure spéciale d'expropriation* n'a plus qu'à
suivre son cours. Nous disons procédure spéciale,
parce que la loi de 1836 (art. 16) a introduit, en faveur
des chemins vicinaux, des simplifications dans la procédure ordinaire d'expropriation pour cause d'utilité
publique, en organisant un jury restreint spécial, dont
les membres sont désignés chaque année par l'assemblée départementale ; et de plus, la loi du 3 mai 1841
(art. 12) a dispensé de l'enquête au chef-lieu d'arrondissement, et l'a remplacée par l'obligation pour le préfet
de prendre, en conseil de préfecture, l'arrêté de cessi-
bilité. (Cons. d'État, 9 avril 1868, Millelot.) Mais si
l'enquête au chef-lieu d'arrondissement n'est pas prescrite, l'enquête dans la commune doit toujours avoir
lieu, l'avis préalable des conseils municipaux est nécessaire. (Cons. d'État, 14 nov. 1873, comm. d'Olmeto.)
Bien que, non rappelée dans les lois de 1836 et de 1871,

---

[1] En cas d'acquisitions amiables de terrains pour l'ouverture ou le redressement de chemins vicinaux, le conseil général n'aura jamais à intervenir.

l'article 10 de la loi de 1824 est toujours en vigueur sur
ce point, et le conseil d'Etat a jugé (20 nov. 1874, Pui-
chaud) que l'absence d'enquête dans la commune pouvait motiver l'annulation pour excès de pouvoir de la
décision du conseil général.

403. — Nous avons vu (n° 384) qu'en matière de
classement, l'assemblée départementale n'est pas liée
par les avis des conseils communaux, il n'en est pas de
même en matière d'*ouverture* ou de *redressement d'un
chemin vicinal ordinaire ;* l'ouverture ou le redressement de celui-ci ne peut être ordonné que sur l'*avis
conforme des conseils municipaux*. L'on comprend
d'ailleurs la raison de cette différence : la création d'une
voie nouvelle, la modification du tracé d'un chemin
vicinal ordinaire entraînent, pour la commune, des dépenses qui ne sauraient être mises à sa charge sans
son consentement exprès ; l'entretien seul des chemins
vicinaux légalement reconnus est mis à la charge des
communes par les lois de 1824 et de 1836, mais on ne
saurait aller jusqu'à leur imposer, malgré elles, des
acquisitions de terrains et des travaux qui sont la conséquence nécessaire de l'ouverture d'une voie nouvelle
ou du redressement d'une voie ancienne. (Voir en ce
sens des décisions très formelles du conseil d'Etat ;
27 juin 1873, comm. de Villers ; 21 nov. 1873, comm. de
Saint-Pierre-les-Etiers ; 19 mars 1875, Périn ; 18 févr.
1876, Proulland.) « Si le pouvoir conféré aux préfets par
l'article 16 de la loi du 21 mai 1836, dit un des arrêtés
que nous signalons, consistait à autoriser le redressement et l'ouverture des chemins vicinaux ordinaires, il
n'appartenait pas aux préfets, et il n'appartient pas aujourd'hui aux commissions départementales de prescrire, sans l'assentiment des conseils municipaux,
l'ouverture ou le redressement des chemins vicinaux,
alors qu'il doit en résulter pour la commune une dépense qui, d'après les dispositions combinées des arti

cles 1er et 16 de la loi de 1836, et 19, 30 et 45 de la loi
de 1837, n'est obligatoire pour les communes qu'autant qu'elle a été votée par les conseils municipaux. »

Remarquons toutefois que si le conseil municipal a
approuvé sans réserve la création ou le redressement
du chemin, il n'est pas nécessaire qu'il ait en même
temps pourvu à la dépense au moyen d'une ressource
spéciale; le conseil municipal ayant accepté la dépense
en principe, la condition de l'avis conforme est remplie
et la commission départementale ne commet pas un
excès de pouvoir en autorisant l'exécution des travaux.
(Cons. d'Etat, 3 août 1877, Gallet.) — Enfin si le chemin
proposé ne devait pas retomber à la charge de la commune dont il traverse le territoire, si, par exemple, une
commune voisine s'est engagée à pourvoir aux dépenses de construction et d'entretien, l'avis conforme du
conseil municipal de la commune traversée n'est pas
non plus nécessaire et la commission départementale
peut, sans cet avis préalable, et même contrairement à
son avis, ordonner l'ouverture de la voie nouvelle ou le
redressement du chemin ancien. (Cons. d'Etat, 5 déc.
1873, comm. de Saint-Maurice.)

404. — Si l'assentiment préalable des conseils municipaux des communes traversées est indispensable
pour que la commission départementale puisse ordonner l'ouverture ou le redressement d'un chemin vicinal
ordinaire, *l'avis des conseils municipaux* n'est plus que
facultatif pour que le conseil général puisse valablement prononcer l'ouverture ou le redressement d'un
chemin vicinal de grande communication ou d'intérêt
commun. Les chemins vicinaux de ces deux dernières
catégories sont en effet d'utilité générale, leur comptabilité est centralisée au chef-lieu du département, et si
les communes traversées par eux sont appelées à contribuer à la dépense, la loi a fixé les limites de cette

16.

contribution, et, dans ces limites, la dépense est obligatoire pour les communes.

405. — Il faut encore observer, avant de terminer ce qui concerne l'ouverture ou le redressement des chemins vicinaux, que les règles que nous venons de rappeler ne s'appliquent, en vertu de la loi de 1836, qu'aux seuls chemins vicinaux, et que ce serait commettre un excès de pouvoir que de vouloir les appliquer pour la création des places publiques ou des rues. (Cons. d'Etat, 24 juin 1840, Antoine; 27 déc. 1875, Colson; 31 mai 1878, Touchy). — Il est parfois difficile de décider si une voie publique est une rue ou un chemin vicinal, mais c'est dans tous les cas une question de fait qui sera tranchée dans chaque espèce soumise au Conseil d'Etat.

Elargissement des chemins vicinaux.

406. — Le conseil général ou la commission départementale (s'il s'agit d'un chemin vicinal ordinaire), est compétent pour prescrire l'élargissement d'un chemin soit au moment du classement, soit à une époque ultérieure; mais cet élargissement ne se prescrit jamais sans qu'un agent voyer ait au préalable dressé un plan des travaux à exécuter, et un état parcellaire des propriétés riveraines à occuper, et sans qu'il ait été procédé à une enquête dans les formes déterminées par une circulaire ministérielle du 20 août 1825.

407. — Contrairement à ce qui a lieu, lorsqu'il s'agit de l'ouverture ou du redressement d'un chemin vicinal, la décision par laquelle le conseil général ou la commission départementale prescrit l'élargissement d'un chemin, attribue *ipso facto* à ce chemin la propriété des terrains compris dans les limites fixées (l. du 21 mai 1836, art. 15); et la prise de possession des terrains réunis aux chemins vicinaux, par voie d'élar-

gissement, peut même précéder le réglement et le paiement de l'indemnité (arrêt de cassation du 10 juillet 1854,
affaire Labarthe).

C'est là une mesure sommaire et toute exceptionnelle,
une dérogation aux principes généraux en matière d'expropriation qu'il importe de ne pas étendre au-delà des
limites que le législateur a lui-même tracées. C'est
uniquement à l'égard des propriétés non bâties que la
décision du conseil général ou de la commission départementale a pour effet d'incorporer par elle-même les
terrains nécessaires à l'élargissement d'un chemin
vicinal ; si les terrains sont couverts de constructions
ou clos de murs, la déclaration d'utilité publique ne
peut être prononcée que par un décret, la loi du 3 mai
1841 redevient la règle, sauf en ce qui concerne le jury
spécial institué par la loi de 1836 (art. 6).

S'il s'agissait non plus d'élargir, mais en réalité de
transformer un chemin vicinal en augmentant par exemple sa largeur de trois à dix mètres, la décision du
conseil général fixant ces nouvelles limites ne saurait
être davantage attributive de propriété (Conseil d'Etat,
26 janvier 1870, Lefebure-Wély), et le droit commun
reprendrait également ici son empire.

408. — L'élargissement d'un chemin vicinal ne peut
s'appliquer qu'à un *chemin existant à l'état de voie publique ;* il faut, pour pouvoir ordonner un élargissement
que le sol même de la voie appartienne en *propriété à la
commune,* un simple droit d'usage établi en faveur du
public serait insuffisant. Telle est du moins la jurisprudence adoptée aujourd'hui. De 1813 à 1862, le conseil
d'Etat et la cour de cassation admettaient que si le chemin était, en fait, à *la disposition du public,* cela suffisait pour qu'une simple décision administrative pût,
sans expropriation régulière, en reconnaître, en constater la vicinalité, et en ordonner l'élargissement. La
cour de cassation modifia la première sa jurisprudence

(arrêt du 9 mars 1847), le conseil d'Etat se rangea quinze ans plus tard à l'opinion de la cour suprême (arrêté du 27 fév. 1862, Massé ; et 9 fév. 1865, de la Broue) ; et depuis, la loi de 1871, deux fois (28 nov. 1873, comm. de Bastennes ; et 19 mars 1875, Letellier), le conseil d'Etat persista dans sa nouvelle jurisprudence et décida que l'article 15 de la loi de 1836 ne pouvait s'appliquer à un chemin dont la commune ne serait pas propriétaire, et que le conseil général ou la commission départementale qui agirait autrement commettrait un excès de pouvoir.

409. — S'il faut, pour que le conseil général décide l'élargissement d'un chemin vicinal que ce chemin soit non-seulement à la disposition du public, mais encore la propriété de la commune, à plus forte raison l'excès de pouvoir existerait si l'assemblée départementale avait prononcé l'élargissement d'un *chemin absolument privé* quant à la propriété et quant à l'usage. Il suffit même que la propriété d'un chemin fasse l'objet d'une contestation sérieuse entre la commune et un particulier, pour que l'article 15 de la loi de 1836 ne puisse être appliquée. (Cons. d'Etat, 27 fév. 1862, Massé.)

410. — L'article 15 de la loi de 1836 ne s'applique qu'aux chemins vicinaux et non aux chemins ruraux, et l'on s'est demandé, à l'occasion de deux affaires portées devant le conseil d'Etat (26 janv. 1870, Lefebure-Vély, et 19 mars 1875, Letellier), si les conseillers généraux pouvaient, par une même délibération, ordonner le *classement d'un chemin rural* parmi les chemins vicinaux *en même temps que l'élargissement* en vertu de l'article 15. Remarquons de suite que le conseil d'Etat n'a pas résolu la question telle que nous la posons ; il n'a basé ses décisions que sur l'importance excessive de l'élargissement, et a déclaré que porter la largeur d'un chemin vicinal de trois à dix mètres, ce n'était plus élargir un chemin, mais en créer un nouveau. Quant à nous, il nous semble qu'aucun intervalle entre le classement et l'élargissement d'un chemin rural n'est exigé par la loi, et que dès lors, si toutes les formalités préalables soit au classement, soit à l'élargissement, ont été observées, rien ne s'oppose à ce que le conseil général, par une seule et même délibération, ordonne les deux mesures à la fois [1].

411. — La loi de 1836 (art. 21) donne au préfet, sous réserve de l'approbation du ministre de l'intérieur, le droit de déterminer, par un règlement, la *largeur maxima des chemins vicinaux* du département qu'il administre. Nous avons déjà dit (*supra*, nº 376), que depuis la loi du 10 août 1871, les conseils généraux avaient le pouvoir de déterminer la largeur des chemins vicinaux, mais l'article 21 de la loi de 1836 demeure toujours en vigueur, et un conseil général ne peut, en fixant la largeur des chemins vicinaux, dépasser valablement le maximum fixé par le règlement préfectoral. Toutefois, si ce maximum n'était dépassé que sur quelques points du chemin, et à raison de difficultés topographiques déterminées, il nous semble que la décision de l'assemblée départementale ne serait pas entachée d'excès de pouvoir.

412. — Quant aux emplacements nécessaires aux *dépôts des matériaux d'entretien*, le conseil général et la commission départementale peuvent valablement les comprendre dans les limites des chemins vicinaux (cons. d'Etat, 3 août 1877, Cavelier de Mocomble) ; ces

---

1 C'est d'ailleurs la solution admise par M. Jean Sauzey, auditeur au conseil d'Etat, dans une étude publiée dans la *Revue critique et législative*, 1879, p. 209, et à laquelle nous avons emprunté un grand nombre d'autres solutions dans notre chapitre concernant les chemins vicinaux.

emplacements constituent de véritables dépendances de la voie publique.

413. — Les *formalités* qui doivent précéder les décisions par lesquelles les conseils généraux ordonnent l'élargissement d'un chemin vicinal, sont les mêmes que celles exposées plus haut (n° 403) pour l'ouverture ou le redressement d'un chemin de même nature; elles se résument d'ailleurs dans l'enquête et l'avis des conseils municipaux intéressés.

Mais en matière d'élargissement comme en matière d'ouverture ou de redressement, l'avis conforme des conseils municipaux est-il obligatoire pour le conseil général. Un arrêté du conseil d'Etat du 7 août 1874 (Pégoit), décide que l'assemblée départementale peut agir ici, « contrairement à l'avis du conseil municipal ; » c'est-à-dire que la dépense nécessitée par l'élargissement du chemin peut être imposée malgré elle à la commune que ce chemin traverse. Cette solution, contraire d'ailleurs à l'avis exprimé dans l'affaire Pégoit par le ministère de l'intérieur, nous paraît difficile à justifier dans l'état actuel de notre législation; et nous estimons que les communes doivent avoir seules l'initiative de l'élargissement comme elles l'ont (loi du 28 juillet 1824, art. 10), et sans contestation possible pour l'ouverture ou le redressement des chemins vicinaux ordinaires[1]. L'arrêt Pégoit est du reste isolé dans la jurisprudence du conseil d'Etat, et le 13 juillet 1877 (affaire de la commune de Bosbénard-Commin), il a été déclaré que l'élargissement d'un chemin ne pouvait être exécuté qu'après l'accomplissement des formalités de l'article 16 de la loi de 1836, c'est-à-dire après l'assentiment du conseil municipal.

---

[1] Voir Guillaume, *Traité de la voirie vicinale*, n° 21.

414. — *Interprétation contentieuse du conseil géné-ral.* — Du principe que l'interprétation contentieuse d'un acte administratif doit être donnée par l'autorité qui l'a rendu, il résulte que le conseil général ou la commission départementale peut avoir à interpréter des décisions précédemment prises en matière de classe-ment, d'ouverture, de redressement ou d'élargissement d'un chemin vicinal. L'assemblée départementale a hérité encore de tous les pouvoirs du préfet en cette matière et le remplace aussi bien pour interpréter les décisions postérieures que celles antérieures à la loi du 10 août 1871. (Cons. d'Etat, 21 nov. 1873, Beaudoin, et 9 mars 1878, Brescon.)

Déclassement des chemins vicinaux.

415. — L'on comprend que ce soit l'autorité qui est compétente pour classer les chemins, qui ait le pouvoir de les déclasser ; cependant la loi du 10 août 1871 (art. 86), qui a conféré à la commission départementale le droit de classer les chemins vicinaux ordinaires, a gardé le silence sur le déclassement de ces chemins ; mais une circulaire ministérielle du 23 septembre 1871 a formel-lement investi la commission départementale du pouvoir de prononcer le déclassement des chemins dont elle a le droit d'opérer le classement.

Toute demande de déclassement d'un chemin vicinal ordinaire peut donc être adressée directement au pré-sident de la commission départementale si l'on veut se dispenser de l'adresser par l'intermédiaire du pré-fet. Sur cette demande s'ouvre une enquête de quinze jours, l'avis du conseil municipal est demandé avec celui des agents voyers, du sous-préfet et du préfet, et la commission départementale ne statue que sur le vu du dossier ainsi composé. Un chemin vicinal ordinaire, ainsi déclassé, devient un chemin rural, à moins que le conseil municipal en ait demandé, et obtenu du préfet, la suppression comme voie publique.

416. — Le conseil général a également le pouvoir de déclasser les chemins vicinaux qu'il a le droit de classer, c'est-à-dire ceux d'intérêt commun et de grande communication (Loi du 10 août 1871, art. 46, n° 8); mais la décision du conseil général doit être précédée de l'avis des conseils municipaux et d'arrondissements où sont situés les chemins, quoique le déclassement puisse se faire légalement sans l'assentiment de ces conseils.

Si l'on consulte l'esprit bien plus que la lettre de la loi de 1871 (art. 46 n° 8), il convient de décider, conformément à la circulaire ministérielle du 23 septembre 1871, que le conseil général a le droit de déclasser un chemin de grande communication ou d'intérêt commun, lors même que le tracé de ce chemin s'étend dans un ou plusieurs départements voisins. Mais ce déclassement ne peut être que le résultat d'un accord entre les départements voisins, accord dont la procédure est réglée par les articles 89 et 90 de la loi du 10 août 1871 que nous étudierons plus loin.

417. — Lorsqu'il est déclassé, un chemin de grande communication peut devenir, d'après la décision du conseil général, chemin d'intérêt commun si les conseils municipaux et d'arrondissements intéressés ont été consultés à ce sujet; mais si le conseil général s'est borné à déclasser le chemin de grande communication, celui-ci rentre dans la catégorie des chemins d'intérêt commun ou des chemins ordinaires, selon qu'il appartenait à l'une ou l'autre de ces deux catégories, lors de son classement; il peut même redevenir chemin rural s'il n'était pas chemin vicinal avant son classement. Quant au chemin d'intérêt commun, le conseil général, en le déclassant, peut bien le classer comme chemin de grande communication si toutes les formalités pour le nouveau classement ont été remplies ; mais son pouvoir ne pourrait aller jusqu'à le ranger dans la catégorie des chemins vicinaux ordinaires, car la commission départementale est seule compétente pour opérer ce classement. Le chemin d'intérêt commun déclassé peut redevenir chemin vicinal ordinaire ou chemin rural s'il avait ce caractère avant son classement.

418. — Remarquons, en terminant ce qui concerne le déclassement des chemins vicinaux, que ni la commission départementale, ni le conseil général ne sont compétents pour autoriser l'aliénation des terrains retranchés de la vicinalité. C'est au préfet qu'il appartient d'autoriser cette aliénation, quelle que soit la valeur des terrains ; et ce, aux termes du décret du 25 mars 1852 sur la décentralisation.

Travaux de la voirie vicinale.

419. — Les travaux de voirie vicinale s'effectuent, avec le concours des agents voyers ou des ingénieurs, sous l'autorité et la direction du préfet, lorsqu'ils concernent les chemins d'intérêt commun ou de grande communication, sous l'autorité du préfet et la direction du maire, quand ils concernent des chemins ordinaires ; les conseils généraux n'interviennent, en cette matière, que pour désigner les services auxquels sera confiée l'exécution des travaux sur les chemins vicinaux de grande communication et d'intérêt commun (Loi du 10 août 1871 art. 46, n° 7).

C'est donc au conseil général qu'il appartient de choisir, suivant les besoins et les intérêts de la vicinalité, soit les *agents voyers*, soit les *ingénieurs* des ponts et chaussées. Il est vrai qu'on a essayé, lors de l'élaboration de la loi du 10 août 1871, d'enlever au conseil général ce droit d'option entre les agents voyers et les ingénieurs ;

17

un rapport présenté à l'assemblée nationale le 24 mai 1871, sur l'état des routes, chemins et ponts, proposait en effet : de substituer aux agents voyers, le corps des ponts et chaussées pour le service vicinal ; de distraire ce service des attributions du ministre de l'intérieur et de le placer dans celles du ministre des travaux publics. Cette innovation, qui nous paraîtrait dangereuse à plus d'un titre, si elle avait été accueillie par le législateur de 1871, aurait eu pour résultat d'enlever au conseil général le droit qu'il possède aujourd'hui de choisir entre les diverses catégories d'hommes de l'art, celle dont le concours paraîtrait le plus avantageux pour l'exécution des travaux des chemins de grande communication ou d'intérêt commun.

420 — Dans l'exécution des travaux de la vicinalité, le conseil général intervient encore dans le cas où, s'agissant de chemins intéressant plusieurs communes, les conseils municipaux de celles-ci seraient en désaccord sur la part de contribution de chacune d'elles dans les frais d'établissement ou d'entretien des ouvrages. Dans ce cas, le conseil général se prononce après l'avis des conseils d'arrondissement dans la circonscription desquels se trouvent les communes intéressées. Si ces communes appartiennent à des départements différents, c'est le chef du pouvoir exécutif qui prononce, mais après avoir pris l'avis préalable des conseils généraux.

Dépenses des chemins vicinaux.

421. — Les dépenses qu'entraînent les travaux d'établissement, d'élargissement, de redressement, d'entretien des chemins vicinaux, sont à la charge des communes ; l'on sait d'autre part, que les ressources de la vicinalité ne peuvent être légalement appliquées qu'aux chemins vicinaux, et que par exception seulement, au termes de la loi du 10 août 1871 (art. 60), les conseils

généraux qui, pour assurer le service des chemins vicinaux, n'ont pas besoin de faire emploi des centimes
spéciaux établis en vertu de la loi du 21 mai 1836, ont
la faculté d'appliquer le surplus aux autres dépenses de
leur budget ordinaire.

422. — La loi du 21 mai 1836 (art. 2) affecte aux dépenses des chemins vicinaux, d'abord les revenus ordinaires des communes, subsidiairement trois journées de
prestations et cinq centimes spéciaux, en laissant aux
conseils municipaux la faculté de voter ces deux dernières ressources, soit concurrement, soit séparément. Le
conseil général n'a à intervenir ici que pour fixer chaque année, sur les propositions des conseils d'arrondissements, la valeur des prestations en argent, c'est-à-
dire la valeur de chaque journée d'homme, de bêtes de
somme, de trait ou de selle, de chaque voiture attelée.
(Loi du 10 août 1871, art. 46, n° 7).

Subventions accordées aux chemins vicinaux.

423. — Aux termes de l'art. 8 de la loi du 21 mai 1836,
les chemins vicinaux de grande communication, et, dans
les cas extraordinaires, les autres chemins vicinaux
peuvent recevoir des *subventions sur les fonds départementaux*. Il est pourvu à ces subventions au moyen de
centimes facultatifs du département et de centimes spéciaux votés annuellement par le conseil général. Le
maximum de ces centimes, d'après l'article 12 de la même
loi, doit être déterminé annuellement par la loi de
finance. Fixé à cinq centimes jusqu'en 1868, il a été porté
à sept centimes depuis cette époque (Voir les dernières
lois de finances et notamment celle du 24 juillet 1873). Le
maximum des centimes facultatifs ordinaires est également déterminé chaque année par la loi de finances ; il
a été fixé par les dernières lois à 25 centimes additionnels au principal des contributions foncières et person-

nelle-mobilière, plus un centime additionnel au principal
des quatre contributions directes. — Enfin, le conseil général peut en outre voter des subventions en faveur des
chemins vicinaux sur le produit d'impositions extraordinaires ou d'emprunts; et les délibérations qu'il prend à
cet effet sont exécutoires par elles-mêmes ou en vertu
d'une loi, selon les cas. (Voir loi du 10 août 1871, art. 40
et 41).

424. — Aux termes de l'article 8 de la loi du 21 mai
1836, c'était le préfet qui devait opérer la répartition des
subventions départementales; il devait la faire en ayant
égard aux ressources, aux nécessités et aux besoins
des communes, mais à charge seulement d'un compte-
rendu annuel à l'assemblée départementale. Depuis la
loi du 18 juillet 1866, confirmée par celles des 11 juillet
1868 et 10 août 1871 (art. 46, § 7), c'est le conseil général
lui-même qui procède maintenant à la répartition des
subventions départementales accordées aux chemins
vicinaux de toute catégorie.

425. — Jusqu'en 1868, *les subventions accordées par
l'État* pour les chemins vicinaux avaient été relativement modestes [1]; mais à cette époque, voulant donner
une vive impulsion aux travaux de la vicinalité, le gouvernement de l'Empereur est venu en aide aux com-

---

[1] Ces subventions ont consisté principalement : 1° en une
allocation annuelle affectée à la construction des ponts de la
voirie vicinale, allocation qui, après avoir été portée à quatre
cent mille francs, s'est trouvée réduite à deux cent mille et ne
tarda pas à être supprimée complètement; 2° en un crédit
de cinq cent mille francs ouvert au budget du ministère de
l'intérieur par une ordonnance royale du 7 décembre 1846, pour
la réparation des dommages causés aux chemins vicinaux de
divers départements, par les inondations d'octobre 1846;
3° en un secours de six millions affecté, par décret de l'Assemblée nationale du 22 septembre 1848, tant à l'achèvement
des chemins vicinaux de grande communication qu'à l'amé-

munes (loi du 11 juillet 1868 recueillie, *suprà*, n° 373) :
1° par une subvention de cent millions destinée à l'achèvement des chemins vicinaux ordinaires et payables en
dix annuités à partir de 1869 ; — 2° par une subvention
de quinze millions affectée dans le même délai, à l'achèvement des chemins vicinaux alors désignés comme
chemins d'intérêt commun ; — 3° et par la création
d'une caisse spéciale dont nous allons parler (n° 427).

426. — Les subventions annuelles, ainsi affectées par
l'Etat à l'achèvement de la voirie vicinale, sont réparties entre les départements par un décret délibéré en
conseil d'Etat, en ayant égard aux besoins, aux ressources et aux sacrifices des communes et des départements ; et la subvention annuelle ainsi allouée à chaque département est ensuite répartie par le conseil
général entre les communes, sur la proposition du préfet et en adoptant les mêmes bases que le conseil d'Etat
pour la répartition entre les départements.

427. — Nous avons dit (*suprà*, n° 424) que le conseil général, en vertu de la loi du 10 août 1871 (art. 46,
§ 7), statuait sur la répartition des fonds de subvention
de l'Etat et du département. Le préfet remet chaque
année au conseil un travail de proposition à cet effet,
et l'assemblée départementale ne pourrait statuer sur
la répartition sans l'instruction préalable du préfet,
sans tenir compte de son travail, ni accueillir des demandes non instruites, accordant de sa propre initiative
une allocation à des communes qui n'auraient pas été
désignées par le préfet. Mais le conseil général peut

lioration des chemins de petite communication ; 4° en une
somme de vingt-cinq millions, divisée après prélèvement de
deux millions pour l'exercice de 1861, en sept annuités, à partir
de 1862, et destinée, par décret impérial du 4 octobre 1861,
à l'achèvement des chemins d'intérêt commun. (GUILLAUME,
Traité de la voirie vicinale, 1875, p. 197.)

modifier les propositions du préfet ; c'est ce qui résulte
notamment d'un avis du ministre de l'intérieur, en date
du 22 octobre 1874, sur la question qui lui avait été
posée par le préfet des Bouches-du-Rhône.

428. — Le conseil général doit répartir lui-même,
entre les communes, les subventions accordées par
l'Etat pour l'achèvement des chemins vicinaux ; il ne
peut déléguer cette attribution à la commission départementale. En permettant aux conseils généraux de
remettre à leur commission départementale le soin de
statuer sur certaines affaires spéciales, parfaitement
définies, le législateur de 1871 n'a pu les autoriser à
modifier l'organisation créée par la loi du 11 juillet 1868,
et à se décharger sur les représentants de quelques
cantons d'une mission que la loi a voulu confier à tous
les mandataires du département. D'ailleurs la délégation du droit de répartition constituerait une délégation
générale ; or, le conseil d'Etat, par une jurisprudence
constante, a toujours nié aux conseils généraux le droit
de renvoyer à la commission départementale, par délégation générale, l'examen de toute une catégorie d'affaires. (Avis du ministre de l'intérieur du 23 mars 1877,
consulté par le préfet de l'Hérault.)

429. — L'article 2, § 2 de la loi du 11 juillet 1868,
porte qu'un dixième de la subvention accordée par
l'Etat aux chemins vicinaux, pourra être réservée pour
être appliquée directement à des besoins exceptionnels
dans certains départements. Il importe de remarquer
que le conseil général serait incompétent pour faire la
sous-répartition de cette réserve qui est du ressort seul
du ministre de l'intérieur. (Décision ministérielle du
24 juillet 1875.)

430. — Enfin, le conseil général chargé de répartir
entre les communes la part assignée au département

dans le crédit inscrit au budget de l'Etat, en vertu de la
loi du 11 juillet 1868, doit se conformer pour cette sous-
répartition aux conditions prescrites pour la répartition entre les départements, et notamment exclure les
communes qui ne voteraient pas l'intégralité des ressources mises à leur disposition. (Avis ministériel du
25 janvier 1876 au préfet de l'Hérault.) L'on sait en effet
que les communes ne peuvent être admises dans le
réseau subventionné qu'à la condition de voter *toutes*
les ressources mises à leur disposition par la loi du
21 mai 1836.

Caisse-spéciale des chemins vicinaux.

431. — Ce sont moins les subventions de l'Etat,
quelque libéralement accordées qu'elles aient été, que la
création et le fonctionnement de la caisse spéciale des
chemins vicinaux, qui a donné un véritable essor à l'a-
chèvement et au complément du réseau vicinal. Créé par
la loi du 11 juillet 1868 (art. 6), cette caisse a été chargée
de faire aux communes, et, dans quelques cas extraordinaires, aux départements, des avances pouvant s'élever jusqu'à deux cent millions, remboursables par le
payement de trente annuités de 4 p. 0/0 et destinées à
l'achèvement des chemins vicinaux ordinaires. Cette
caisse, créée sous la garantie de l'Etat, est gérée par
l'administration de la caisse des dépôts et consignations
qui pourvoit aux dépenses ordinaires à son fonctionnement, au moyen de la portion disponible des fonds
déposés par les communes et établissements publics au
Trésor et à la caisse des dépôts et consignations.

432. — Nous venons de dire que les départements
pouvaient emprunter à la Caisse spéciale des chemins
vicinaux dans des cas extraordinaires ; voici ces cas.
D'abord, lorsque les communes ne sont pas en situation
de contracter un emprunt dans l'intérêt de leurs che-

mins vicinaux ordinaires, le département peut se substituer à elles et emprunter à leur place. De nombreux emprunts de cette nature ont été autorisés par des lois spéciales. Quelques-unes de ces lois ont même accordé au département qui devait contracter l'emprunt, l'autorisation d'exécuter les travaux d'après le mode adopté pour les chemins d'intérêt commun. (Voir notamment la loi du 5 mai 1869, département de l'Orne, et celle du 25 février 1874, département des Côtes-du-Nord.) — Les départements peuvent encore emprunter à la Caisse spéciale des chemins vicinaux, lorsque le produit de leur centime est inférieur à vingt mille francs, pour l'achèvement des chemins de grande communication ou d'intérêt commun qui se trouvaient classés au moment de la promulgation de la loi du 11 juillet 1868.

433. — La création de la caisse des chemins vicinaux depuis 1868 a produit, tout le monde le proclame, les meilleurs effets, et une loi du 10 avril 1879 vient de doter de nouveau cette caisse de trois cent millions de francs, afin de poursuivre sinon l'achèvement complet, tout au moins l'active continuation du réseau vicinal. (Voir le texte de cette loi, *suprà*, n° 374.)

434. — La loi du 10 avril 1879 modifie quelque peu, tout en conservant ses bases essentielles, la loi du 11 juillet 1868. Ainsi, sous l'empire de celle-ci, les départements ne pouvaient emprunter que si le centime était d'un produit inférieur à vingt mille francs (art. 7, § 2), aujourd'hui, tous les départements, quel que soit le chiffre de leur centime, auront la faculté d'emprunter pour achever leurs chemins de grande et de moyenne communication; de plus, les chemins vicinaux ordinaires pourront être classés dans des catégories supérieures, sans perdre leurs droits aux subventions et aux avances. Dès lors, les conseils généraux n'auront plus besoin, comme ils le faisaient dans la crainte de perdre la part qui leur revenait dans les subventions, de différer des classements importants.

435. — Par la loi du 10 avril 1879, deux cent millions sont spécialement affectés à la continuation des travaux de construction du réseau vicinal de 1868, mais soixante millions sont de plus réservés pour la création d'un nouveau réseau, afin de faciliter la construction des chemins qui, n'ayant pas été compris dans le réseau de 1868, seraient aujourd'hui, ou ultérieurement, reconnus indispensables.

Ces chemins doivent former un nouveau réseau parfaitement distinct de celui de 1868 ; ils ne recevront pas de subventions et ne seront pas limités à une longueur kilométrique. « Le nouveau réseau, dit une circulaire ministérielle du 15 avril 1879, est réservé aux départements et aux communes qui justifieront de ressources suffisantes pour achever le réseau de 1868 et construire les nouveaux chemins dont ils demanderont le classement. Ces départements et ces communes ont reçu et continueront à recevoir, jusqu'à la fin de 1882, la part qui leur revient dans la subvention de cent quinze millions. En leur allouant une subvention supplémentaire, on aurait porté atteinte aux bases de répartition arrêtées en 1868 et on les aurait favorisés, à l'exclusion des autres. Il n'en est pas de même des avances qui jusqu'ici n'ont effectivement imposé au Trésor, et conséquemment aux contribuables, qu'une très-faible charge. En conservant ces avances, l'Etat se borne à mettre son propre crédit à la disposition des départements et des communes, et n'a à supporter que la différence des intérêts de 1/21 p. 100 qu'il reçoit, et de ceux variables de mois en mois suivant la situation du marché des capitaux, qu'il paye pour la dette flottante. »

Contingents des communes
dans les frais d'établissement et d'entretien
des chemins vicinaux.

436. — Rappelons d'abord ici les ressources des chemins vicinaux. — Les *ressources des chemins vicinaux ordinaires* comprennent : 1° l'ensemble des revenus communaux ordinaires disponibles, les cinq centimes spéciaux et les trois journées de prestation autorisées par l'article 2 de la loi du 21 mai 1836 ; 2° les trois centimes extraordinaires qui peuvent être imposés en vertu de l'article 3 de la loi du 24 juillet 1867, ou une quatrième journée de prestation dans les cas prévus par l'article 3 de la loi du 11 juillet 1868 ; 3° les autres ressources extraordinaires votées par les conseils municipaux, telles que les emprunts et impositions extraordinaires et aliénations ; 4° les ressources éventuelles, c'est-à-dire les subventions spéciales ou industrielles, les prestations dues par suite de condamnations judiciaires, les souscriptions particulières, les subventions départementales et les subventions de l'Etat attribuées aux chemins vicinaux ordinaires. — Quant aux *ressources des chemins de grande communication ou d'intérêt commun*, elles se composent : 1° de contingents imposés aux communes pour les dépenses de ces chemins et imputables sur les revenus ordinaires, les centimes spéciaux et les prestations dont elles disposent ; 2° de ressources extraordinaires votées par les conseils municipaux et provenant d'emprunts ; 3° de ressources éventuelles consistant en subventions spéciales et industrielles, prestations dues par suite de condamnations judiciaires, souscriptions particulières, subventions du département et de l'Etat.

437. — Pour fixer les *contingents des communes* dans les frais d'établissement et d'entretien des chemins vicinaux de grande communication et d'intérêt commun, la loi du 21 mai 1836 (art. 6 et 7) avait donné attribution au préfet; mais la loi du 10 août 1871 (art. 46, n° 7) confie ce soin au conseil général, qui doit exercer ce pouvoir sur l'avis des conseils municipaux intéressés et des conseils d'arrondissement. Le conseil général se trouve, par conséquent, investi du droit, non-seulement de désigner les communes qui sont tenues de concourir aux dépenses des chemins vicinaux de grande communication ou 'd'intérêt commun, mais encore de déterminer la *part contributive* de chacune d'elles dans ces dépenses. Mais il faut remarquer que les contingents assignés aux communes, aux termes de l'article 8 de la loi du 21 mai 1836, sont acquittés au moyen de leurs revenus ordinaires, et en cas d'insuffisance, au moyen de deux journées de prestation sur les trois autorisées par l'article 2, et des deux tiers des centimes spéciaux votés par les conseils municipaux en vertu du même article. La loi a donc voulu réserver une partie des ressources spéciales de la vicinalité pour les voies vicinales qui ne sont pas des chemins de grande communication; et, lorsqu'une commune possède des chemins vicinaux ordinaires ou d'intérêt commun, son contingent dans les dépenses des chemins de grande communication ne peut excéder, indépendamment des revenus ordinaires dont elle dispose, les deux tiers des prestations et des centimes spéciaux que la loi de 1836 lui permet d'imposer. La décision du conseil général qui dépasserait ce maximum serait entachée d'excès de pouvoirs et devrait être annulée par le conseil d'État délibérant au contentieux, si elle lui était régulièrement déférée.

438. — Mais si le législateur a fixé un *maximum* pour les contingents relatifs aux dépenses des chemins vicinaux de grande communication, il n'en a pas fixé lorsqu'il s'agit de chemins d'intérêt commun. C'est une omission regrettable qu'il faudrait se hâter de réparer, car elle expose une commune à voir ses chemins vicinaux ordinaires privés entièrement des centimes spéciaux et des prestations autorisés par l'article 2 de la loi du 21 mai 1836, si le conseil général lui assignait, pour les chemins d'intérêt commun, un contingent qui absorberait toutes ses ressources spéciales non destinées aux chemins de grande communication.

439. — En mettant à la charge des communes l'entretien de leurs chemins vicinaux ordinaires, la loi du 21 mai 1836 leur a réservé la disposition des ressources spéciales créées pour cet objet, sauf les cas prévus par les articles 6, 7 et 8 de ladite loi. Aux termes de ces articles, une commune ne peut être désignée pour concourir à la dépense d'un chemin d'intérêt commun ou de grande communication, qu'autant qu'elle a été reconnue intéressée à l'existence de ces chemins et dans une proportion déterminée par le degré d'intérêt qu'elle peut y avoir. Avant 1866, c'étaient les préfets qui désignaient les *communes intéressées* et fixaient leurs contingents ; depuis les lois des 18 juillet 1866 et 10 août 1871, ces pouvoirs sont transférés aux conseils généraux ; mais ceux-ci n'en sont pas moins tenus de se conformer aux dispositions ci-dessus rappelées de la loi du 21 mai 1836 qui n'ont pas été abrogées. Ainsi, serait illégale la délibération qui imposerait à toutes les communes du département un contingent uniforme (40 p. 100 par exemple) pour l'ensemble des chemins de grande communication ; c'est ce qui a été décidé par le conseil d'Etat, à la date du 14 février 1873, sur le pourvoi formé par la ville de Saint-Pierre-le-Moutier contre une délibération du conseil général de la Nièvre. Ce conseil général avait pris pour base de sa décision l'application de cette idée, qu'il considérait comme plus conforme à l'esprit de la loi de 1836, « que toutes les communes étant également intéressées, à l'entretien du réseau, doivent y contribuer dans la même proportion; » mais cette idée est absolument contraire à la lettre de la loi de 1836, qui ne permet d'imposer un contingent à une commune, qu'autant qu'elle a intérêt à l'exécution et à l'entretien du chemin, et en proportion de cet intérêt.

440. — Il faut d'ailleurs rapprocher de la décision du conseil d'Etat, mentionnée dans le paragraphe précédent, un avis du ministre de l'intérieur au préfet du Doubs, en date du 7 avril 1873, aux termes duquel le conseil général ne peut changer le *mode de fixation* des contingents communaux, et former, par exemple, un fonds commun en faveur des chemins de grande communication et d'intérêt commun, au moyen d'un prélèvement uniforme sur chaque commune des 2/5 des centimes communaux, pour répartir ensuite ce fonds entre les lignes, au prorata de leurs besoins, et en complétant en outre le budget afférent à chaque ligne par un nouveau prélèvement sur les prestations.

441. — Les *contingents* demandés aux communes par le conseil général *ne peuvent excéder* pour les chemins de grande communication : 1° tous les fonds libres sur les revenus ordinaires, après acquittement des dépenses obligatoires; 2° deux journées de prestations et les deux tiers du produit des cinq centimes spéciaux; et pour les chemins d'intérêt commun, le reliquat de ces ressources, c'est-à-dire la troisième journée de prestation et le dernier tiers du produit des centimes. Les contingents fixés par le conseil général ne peuvent donc être considérés comme une dette (avis ministériel du 16 juillet 1877, au préfet de la Drôme), qu'autant qu'ils portent sur les *revenus ordinaires* et sur les *ressources spéciales*, et l'on ne pourrait obliger les communes à s'imposer des centimes additionnels pour couvrir des dépenses excédant la limite fixée par la loi.

442. — Le conseil d'arrondissement doit être consulté sur la fixation du contingent, mais il n'est pas indispensable qu'il donne son avis. (Décision du conseil d'Etat, 20 décembre 1873, commune d'Ambarès.)

443. — Le recours devant le conseil d'Etat n'est ouvert aux communes qui prétendent avoir à se plaindre de la fixation du contingent faite par le conseil général, que pour excès de pouvoirs et non pour fausse appréciation de l'intérêt des communes. (Décision du conseil d'Etat, 26 décembre 1873, commune d'Ambarès, et 3 août 1877, ville de Clamecy.) — Le conseil général a, en effet, un pouvoir souverain pour déterminer la proportion dans laquelle une commune doit, suivant son degré d'intérêt, concourir à la dépense ; et pour éviter tout recours contentieux contre sa décision, l'assemblée départementale n'a qu'à déclarer, dans sa délibération, prendre pour base de sa décision le degré d'intérêt de la commune. (Décision du conseil d'Etat, 19 mars 1875, commune de Saint-Pierre-le-Moutier, et 7 mai 1875, commune de Flers.)

444. — Nous devons signaler, en terminant le chapitre des chemins vicinaux, que des projets de lois sont actuellement confiés à l'examen d'une commission spéciale, et relatifs à la *révision de la législation qui régit la voirie vicinale*. Les conseils généraux ont été et seront peut-être encore consultés sur ces projets ; leur expérience en cette matière nous fait espérer que les assemblées départementales observeront, dans leurs avis, une grande réserve et éviteront de proposer des mesures radicales qui seraient le bouleversement de la législation de 1836, législation qui peut être assurément améliorée, mais qui a pour elle son passé, c'est-à-dire le magnifique réseau vicinal qui s'est créé sous son égide bienfaisante.

5. — DES PONTS ET DES BACS.

445. — Les routes et les chemins peuvent être interrompus par des obstacles, qu'on franchit ordinairement au moyen de ponts ; ou bien encore ce sont des bacs ou bateaux qui relient, au passage d'un fleuve, d'une rivière ou d'un cours d'eau deux tronçons de routes ou de chemins. Nous allons examiner quelles sont les attributions du conseil général en ces différentes matières.

Des ponts, et principalement des ponts à péage.

446. — Les ponts se divisent en deux catégories distinctes : ceux qui sont livrés librement à la circulation des voyageurs et ceux à l'entrée desquels se perçoit une taxe au profit des entrepreneurs qui les ont construits et les entreprennent. Suivant les derniers renseignements officiels, le nombre des ponts à péage qui subsistent encore en France est environ de quatre cents : 28 sont établis sur les routes nationales, 78 sur les routes départementales, et 281 sur les chemins vicinaux de toute catégorie.

447. — C'est par un décret que la création des ponts sur les routes nationales est ordonnée ; sur les routes départementales, ce sont les conseils généraux qui statuent définitivement à cet égard, sauf au gouvernement à prononcer ensuite sur la déclaration d'utilité publique ; sur les chemins vicinaux, la construction des ponts est décidée, en principe, sous les mêmes conditions que les travaux d'ouverture de ces chemins, par les préfets. Il n'appartient pas toutefois aux préfets d'autoriser l'établissement des ponts sur les rivières navigables, sans que les projets aient été soumis à l'enquête et approuvés par l'administration supérieure. (Arrêt du conseil d'État, 27 mai 1863, aff. de la Haye.)

448. — Les frais de construction et d'entretien des ponts ne sont à la charge du département que lorsqu'il s'agit de franchir un obstacle naturel sur le parcours d'une route départementale ; lorsqu'il s'agit de franchir un obstacle artificiel, comme un canal ou un chemin de fer, ils sont à la charge de ceux qui ont créé le canal ou construit le chemin de fer. Il faut toutefois réduire des dépenses qui sont supportées par les compagnies, les frais d'entretien de la route avant la création du pont. (Arrêt du conseil d'Etat, 29 mars 1853, aff. de la Compagnie du chemin de fer de Saint-Germain contre la ville de Paris.)

449. — Les *droits de péage* sur les ponts, maintenus provisoirement par les lois des 15-28 mars 1790, furent supprimés définitivement par les lois des 25-28 août 1792 et 17 juillet 1793 ; mais bientôt la loi du 14 floréal an X, donna au gouvernement le droit d'autoriser pendant dix ans l'établissement des ponts à péage, et la loi de finances du 25 mars 1817 (art. 124), a renouvelé la délégation contenue dans la loi de l'an X : elle a autorisé le gouvernement à établir des péages pour la construction des ponts à la charge de l'État, des départements et des communes, à en fixer les tarifs et le mode de perception, à en déterminer la durée. Chaque année, une disposition analogue de la loi de finances maintient la législation de 1817.

450. — L'établissement des ponts à péage est autorisé, après enquête, par décret rendu en la forme des règlements d'administration publique, quand il s'agit de ponts sur des routes nationales ou départementales, sur le rapport du ministre de l'intérieur seulement, quand il s'agit de ponts à établir sur des chemins vicinaux. La loi du 10 août 1871 n'a donné aux conseils généraux aucun droit de statuer sur les péages à établir pour les ponts, car l'article 46, paragraphe 18, n'est relatif qu'aux bacs et bateaux de passage, et sa disposition ne saurait être étendue aux ponts, par analogie.

451. — Remarquons que la nouvelle loi du 10 avril 1879 (art 3, n° 2), déclare que les départements, tout comme les communes, pourront obtenir des avances sur la dotation de soixante millions faite à la caisse des chemins vicinaux, pour le rachat des ponts à péage [1].

Des bacs et passages d'eau.

452. — Sous le régime féodal, le droit d'établir les bacs et passages d'eau appartenait aux seigneurs, et les droits de bacs ne furent supprimés que par la loi des 25-28 août 1792 (art. 7) ; cette loi laissait cependant à tout particulier le droit d'établir des passages d'eau, sauf à l'administration départementale à en fixer les tarifs. La loi du 6 frimaire an VII attribue à l'Etat le monopole des bacs et bateaux de passages publics, et ce monopole dura, sans contestations sérieuses, jusqu'en 1866, époque à laquelle, lors de la discus-

---

[1] Le ministre de l'intérieur a présenté, au Sénat, le 1er juillet 1879, une proposition de loi ayant pour objet de déterminer le mode de rachat des ponts à péage (*J. officiel*, 1879, n. 6787). D'après ce projet (art. 1er), le rachat de la concession de tout pont à péage dépendant de la grande et de la petite voirie, pourrait être autorisé et déclaré d'utilité publique, par décret rendu en conseil d'Etat après enquête. A défaut d'arrangement amiable (art. 2), une commission spéciale fixerait l'indemnité à allouer. — Enfin, la chambre des Députés a été saisie, le 26 juillet 1879 (V. *Journal Officiel*, du 15 août 1879) d'un projet de loi relatif au rachat des ponts à péage. Aux termes de ce projet, il ne devrait plus être construit, à l'avenir, de ponts à péage, et ceux qui sont actuellement établis sur les routes nationales devraient être rachetés dans un délai de huit ans ; enfin l'Etat pourrait accorder, pour le rachat des ponts à péage dépendant des routes départementales ou vicinales, des subventions dont le maximum serait fixé au tiers de la dépense.

sion de la loi relative aux conseils généraux, on voulut
rattacher les bacs aux voies publiques dont ils dépen-
daient. « Les produits des passages d'eau, disait le
projet de loi, autres que ceux qui réunissent deux sections de routes impériales, sont attribués aux communes
et aux départements, lesquels sont chargés de leur
établissement et de leur entretien. Les péages sont per-
çus conformément aux tarifs établis par les préfets,
sur l'avis des conseils généraux ou municipaux. »
Cette disposition de loi ne fut pas accueillie en 1866,
mais nous la retrouvons reproduite, en partie du moins,
dans la loi du 10 août 1871.

483. — L'article 46, paragraphe 13 de la loi de 1871,
porte que le conseil général statue définitivement sur
l'établissement et l'entretien des bacs et passages d'eau
sur les routes et chemins à la charge du département,
et qu'il fixe les tarifs de péage. Par ces mots : « routes
et chemins à la charge du département, » il faut entendre les routes départementales et les chemins de grande
communication, et non pas les chemins d'intérêt commun. (Circulaire ministérielle du 14 octobre 1871.)

484. — D'après un document statistique publié en
1870, il y avait en France 1209 passages d'eau, dont 1240
affermés avec redevance ; en 1865, il y en avait 1333,
dont 37 sur les routes départementales et 55 sur les
chemins de grande communication.

485. — L'établissement des bacs départementaux
doit être précédé d'une instruction qui se fait dans les
formes suivies avant la loi de 1871. Toutes les fois qu'il
s'agira d'établir un nouveau bac ou passage d'eau sur
une route départementale ou sur un chemin de grande
communication, le projet devra être soumis aux formalités tracées par la loi des 6 frimaire an VII et par
les instructions administratives contenues dans la circu-

laire du ministre des travaux publics du 31 août 1851 [1],
et comme il s'agit de travaux à exécuter sur les rivières
ou canaux, les projets de ces travaux seront nécessairement préparés par les ingénieurs des ponts et chaussées chargés du service de la rivière ou du canal, qui
proposeront en même temps le tarif de péage à percevoir. (Circulaire du 14 octobre 1871.)

456. — Pour tous les bacs et passages d'eau qui ren-
trent dans le domaine départemental, les départements
devront naturellement tenir compte à l'Etat de la valeur
du matériel qui y est affecté, sans préjudice, bien
entendu, des conditions particulières des baux d'adjudication. Cette valeur est établie au moment de l'adjudication ; et, en fin de bail, il est tenu compte à l'Etat,
par le fermier sortant, de la moins-value sur la valeur
primitive, augmentée de toutes les améliorations faites
pendant la durée du bail. Les ingénieurs dressent à cet
effet une estimation exacte de la valeur du matériel qui
dépend des bacs départementaux, et cette estimation,
après avoir été soumise à l'appréciation du ministre des
travaux publics, est communiquée au conseil général
qui prend les mesures nécessaires pour en rembourser
le montant au trésor public.

457. — L'exploitation des bacs et bateaux de passage est adjugée aux enchères publiques (loi du 6 frimaire an VII, art. 25), et les conditions d'exploitation,
généralement uniformes, sont détaillées dans un cahier
des charges rédigé d'après les instructions contenues

---

[1] Le conseil général n'a pas compétence pour déclarer d'utilité publique des travaux relatifs à l'établissement des bacs et
passages d'eau. — Si deux départements ne peuvent s'entendre pour l'acquisition et la gestion à frais commun d'un bac
intéressant les deux départements, le différend ne peut être
résolu par la voie administrative (Avis du conseil d'Etat, 16 juin
1875).

dans la circulaire du 31 août 1852, modifiée par une autre du 17 décembre 1868.

488. — Enfin, les bacs ne peuvent être considérés comme partie intégrante des tronçons de route qu'ils relient, et ainsi les dommages qui peuvent leur être causés ne constituent pas une contravention de grande voirie. (Arrêté du conseil d'Etat, 15 mai 1874, Sauvégnon.) Cette décision a été rendue à l'occasion d'une contestation relative à l'abordage d'un bac à vapeur se rattachant à une route départementale, par un bateau qui avait causé des avaries à ce bac.

6. — DES CHEMINS DE FER D'INTÉRÊT LOCAL.

Historique et texte de loi.

489. — La loi du 10 août 1871 détermine, en peu de mots, dans l'article 46 paragraphe 12, les attributions des conseils généraux en matière de chemin de fer d'intérêt local. Les conseils généraux, dit le législateur de 1871, « statuent définitivement sur la direction de ces lignes, sur le mode et les conditions de leur construction, sur les traités et les dispositions nécessaires pour en assurer l'exploitation. » Lors de la discussion du paragraphe 12 de l'article 46, M. de Montgolfier avait proposé d'ajouter les mots suivants : « Conformément à la loi du 12 juillet 1865, dont les dispositions sont maintenues, » et le rapporteur de la loi de 1871 a répondu : « l'addition qu'on demande n'a vraiment aucun but ; nous avons simplement maintenu ce qui existe, et quand même on rejetterait ce paragraphe, on resterait simplement sous l'empire de la loi de 1865. » (*Journal officiel*, 1871, p. 2076) ; c'est donc cette dernière loi qui, seule, doit servir de base à notre examen ; en voici le texte.

LOI DU 12 JUILLET 1865.

ARTICLE PREMIER. — Les chemins de fer d'intérêt local peuvent être établis :

1° Par les départements ou les communes, avec ou sans le concours des propriétaires intéressés ;

2° Par des concessionnaires, avec le concours des départements ou des communes.

Ils sont soumis aux dispositions suivantes :

ART. 2. — Le conseil général arrête, après instruction préalable par le préfet, la direction des chemins de fer d'intérêt local, le mode et les conditions de leur construction, ainsi que les traités et les dispositions nécessaires pour en assurer l'exploitation.

L'utilité publique est déclarée, et l'exécution est autorisée par décret délibéré en conseil d'Etat, sur le rapport des ministres de l'intérieur et des travaux publics.

Le préfet approuve les projets définitifs, après avoir pris l'avis de l'ingénieur en chef, homologue les tarifs et contrôle l'exploitation.

ART. 3. — Les ressources créées en vertu de la loi du 21 mai 1836 peuvent être affectées en partie par les communes et les départements à la dépense des chemins de fer d'intérêt local.

L'article 13 de ladite loi est applicable aux centimes extraordinaires que les communes et les départements s'imposeront pour l'exécution de ces chemins.

ART. 4. — Les chemins de fer d'intérêt local sont soumis aux dispositions de la loi du 15 juillet 1845 sur la police des chemins de fer, sauf les modifications ci-après :

Le préfet peut dispenser de poser des clôtures sur tout ou partie du chemin.

Il peut également dispenser d'établir des barrières au croisement des chemins peu fréquentés.

ART. 5. — Des subventions peuvent être accordées sur les fonds du Trésor pour l'exécution des chemins de fer d'intérêt local. Le montant de ces subventions pourra s'élever jusqu'au tiers de la dépense que le traité d'exploitation à intervenir laissera à la charge des départements, des communes et des intéressés.

Il pourra être fixé à la moitié pour les départements dans lesquels le produit du centime additionnel au principal des quatre contributions directes est inférieur à vingt mille francs, et ne dépassera pas le quart pour ceux dans lesquels ce produit sera supérieur à quarante mille francs.

Art. 6. — La somme affectée chaque année, sur les fonds du Trésor, au paiement des subventions mentionnées en l'article précédent, ne pourra dépasser six millions.

Art. 7. — Les chemins de fer d'intérêt local qui reçoivent une subvention du Trésor peuvent seuls être assujettis envers l'État à un service gratuit ou à une réduction du prix des places.

Art. 8. — Les dispositions de l'article 4 de la présente loi seront également applicables aux concessions de chemins de fer destinés à desservir des exploitations industrielles.

460. — Institués par la loi du 12 juillet 1865, « destinés exclusivement à relier les localités secondaires aux lignes principales, en suivant soit une vallée, soit un plateau, et en ne traversant ni faites de grandes montagnes ni grandes vallées [1], » les chemins de fer d'intérêt local n'ont pas encore d'histoire; mais qui ne connait les vives discussions et les polémiques auxquelles ils ont déjà donné lieu. « La question des droits respectifs du gouvernement, fait remarquer M. Aucoc [2], ou plutôt de l'autorité centrale et des autorités départementales, la question de la concurrence faite aux lignes d'intérêt général par les lignes d'intérêt local, les questions financières qui se rattachent à la constitution des sociétés et à l'émission des actions et des obligations, les questions techniques, ont été débattues avec beaucoup d'animation dans de nombreux discours prononcés à l'Assemblée nationale, dans les délibérations des conseils généraux, dans des brochures, dans plusieurs consultations de jurisconsultes, enfin, et surtout, dans la plupart des organes de la presse périodique de Paris et des départements. »

461. — La loi du 10 août 1871 (art. 46, § 12), qui n'a pas étendu les pouvoirs des conseils généraux en ma-

---

[1] Voir le rapport de M. Le Hon, au *Moniteur universel* année 1865.

[2] Aucoc, *Droit administratif*, T. III, p. 625.

tière de chemin de fer d'intérêt local, comme on l'a prétendu bien à tort, — la réponse de M. Waddington à la proposition M. Montgolfier (voir n° 458) en est une preuve irréfutable, — a cependant renouvelé et accru les discussions qui ont accueilli la loi du 12 juillet 1865 dès ses débuts. De 1871 à 1875, les conseils généraux se sont adonnés, avec une extrême ardeur, souvent avec une grande imprudence, à l'étude des chemins de fer d'intérêt local ; plus de 8,000 kilomètres de chemins furent concédés par eux en moins de deux années ! Et M. Krantz, dans de remarquables observations publiées en 1875 [1], a constaté, avec beaucoup d'impartialité et de justesse, cette regrettable tendance des conseils généraux : « Attirés par cette séduisante formule, dit M. Krantz : *Concession sans subvention ni garantie d'intérêt*, les conseils généraux prêtent une oreille bienveillante aux offres qui leur sont faites, sans trop s'enquérir si elles sont ou peuvent être bien sérieuses, si les spéculateurs qui les font présentent bien toutes les garanties désirables d'honorabilité et de solvabilité... Si l'on n'y prend garde, tous les bons résultats que l'on pouvait attendre des lois de 1865 et de 1871 vont être compromis... Il est arrivé plus d'une fois que les conseils généraux, emportés par leur ardeur, désireux de hâter la solution des questions importantes pour leur département, ont voulu les instruire eux-mêmes, séance tenante. Instruire des questions si complexes en quelques heures, sous le feu de la discussion, au milieu de préoccupations de toute nature, c'était en vérité commettre une imprudence devant laquelle reculeraient les hommes les plus autorisés et les plus compétents. Il n'est pas besoin de dire que cette hardiesse a été rarement couronnée de succès. »

462 — Au 7 avril 1879, la longueur des chemins de fer d'intérêt local donnait les chiffres suivants : 1,950 kil.

---

[1] KRANTZ, *Observations sur les chemins de fer d'intérêt général et local.*

exploités, 558 en construction, 1,855 kil. à construire,
au total 4,363 kil. de voies ferrées.

Conditions d'établissement d'un chemin de fer d'intérêt local.

463. — Aux termes de la loi du 12 juillet 1865 (art. 1ᵉʳ),
l'initiative des projets et la concession des chemins de
fer d'intérêt local peuvent émaner soit des départements,
soit des communes; mais, en fait, il n'y a eu que fort
peu de concessions accordées par celles-ci, et presque
toutes l'ont été au contraire par ceux-là.

C'est le conseil général qui arrête la direction des
chemins de fer, le mode et les conditions de leur
construction, ainsi que les traités et les dispositions
nécessaires pour en assurer l'exploitation (loi du 12 juillet 1865, art. 2, et loi du 10 août 1871, art. 46, § 12), et
les pouvoirs du conseil général s'exercent dans tous
les cas, sans distinction entre ceux où il s'agit de chemins concédés par le département et de chemins concédés par les communes. Quant à l'utilité publique, elle
est déclarée et l'exécution des travaux autorisés par
décret délibéré en conseil d'Etat, sur le rapport des ministres de l'intérieur et des travaux publics. (Loi du
12 juillet 1865, art. 2).

464. — Dans une circulaire du 8 octobre 1871, le ministre de l'intérieur paraît avoir considéré que, dans le
cas où un chemin de fer d'intérêt local pourrait s'exécuter sans qu'il fût nécessaire de recourir à l'expropriation
pour l'acquisition des terrains, et à une subvention du
Trésor public, l'autorité centrale n'aurait pas à intervenir. L'hypothèse ne s'est pas, croyons-nous, présentée
jusqu'ici; mais, le cas échéant, nous n'hésiterions pas
à dire que l'appréciation du ministre était inexacte, et à
affirmer de nouveau que si le conseil général statue
définitivement sur les points spéciaux qui sont placés

dans sa compétence par les lois de 1865 et de 1871, le gouvernement reste toujours seul compétent pour déclarer les chemins d'utilité publique et en autoriser l'exécution. Le législateur de 1865, pas plus que celui de 1871, n'a en effet donné aux conseils généraux « le droit de classer le chemin de fer parmi les chemins d'intérêt local, de le déclarer d'utilité publique et d'en autoriser l'exécution, » il a, au contraire, réservé à l'Etat le pouvoir « d'apprécier l'entreprise projetée dans ses rapports avec les lignes aujourd'hui concédées ou qui restent à concéder pour le grand réseau. (Exposé des motifs de la loi de 1865.) Il y a là des intérêts complexes très-graves, très-sérieux qui ne relèvent pas uniquement du département. (Affirmation du rapporteur de la loi de 1871). »

465. — Ainsi, la délibération du conseil général ne constitue pas un acte en vertu duquel un chemin de fer d'intérêt local peut être établi; et, dans tous les décrets intervenus depuis la loi du 10 août 1871, pour l'établissement de ces chemins, l'on trouve toujours, et avec raison, suivant nous, deux dispositions distinctes : l'une, qui déclare d'utilité publique l'exécution du chemin de fer; l'autre, qui autorise le département ou la commune intéressée à pourvoir à l'exécution de ce chemin comme chemin d'intérêt local, suivant les dispositions de la loi de 1865, et conformément à la convention arrêtée par le conseil général. C'est en appliquant cette doctrine que le conseil d'Etat a pu établir, dans un avis du 11 juin 1874 (chemin de fer de grande ceinture autour de Paris), que pour empêcher l'exécution, à titre de chemin d'intérêt local, d'un chemin de fer voté par un conseil général, le gouvernement n'avait pas à annuler sa délibération dans le délai fixé par l'article 47 de la loi de 1871 ; qu'il lui suffisait de ne pas déclarer le chemin d'utilité publique et de ne pas en autoriser l'exécution.

466. — En résumé, pour établir un chemin de fer d'intérêt local, le conseil général, qui en a pris l'initiative, discute et arrête en principe la création du chemin, en fixe le tracé, passe un marché avec un concessionnaire, met les populations en mesure de s'expliquer par une enquête sur l'utilité publique du chemin, et ce n'est qu'après l'accomplissement de toutes ces formalités que le gouvernement, dans un délai laissé à sa guise, autorise l'exécution du chemin ou refuse de le déclarer d'utilité publique. Cette manière de procéder nous paraît vicieuse, et c'est le contraire qui devrait avoir lieu ; le chef de l'Etat devrait intervenir au début et non à la fin de la procédure ; avant de statuer sur les détails d'exécution et de s'entendre avec un concessionnaire, les conseils généraux devraient savoir quelle est la décision du gouvernement sur le caractère du chemin qu'on se propose d'établir [1]; et nous nous associons vivement, pour notre part, aux réclamations nombreuses formulées en ce sens par les conseils généraux, afin d'obtenir sur ce point une modification dans la législation de 1865 et 1871.

467. — Tout chemin de fer dont le conseil général décide l'exécution n'est donc pas un chemin de fer d'intérêt local; mais alors, quel est donc le caractère d'*un chemin de fer d'intérêt local?* Aucune loi n'en donne une définition juridique, et le conseil d'Etat ne s'appuie que sur des considérations de faits pour statuer, dans chaque espèce, sur le caractère des chemins pour lesquels avis lui est demandé. C'est ainsi que le conseil d'Etat a été d'avis que « des chemins de fer qui traversaient un ou plusieurs départements, parallèlement à des lignes d'intérêt général déjà existantes, dont le but principal n'était pas de desservir les relations locales, et qui devaient emprunter une partie notable de leur trafic au commerce général du pays, ne pouvaient être considérés comme chemins d'intérêt local,

---

[1] Telle est aussi l'opinion de MM. Krantz et Aucoc, *loc. cit.*

dont les conseils généraux avaient seuls le pouvoir
de fixer le tracé et les conditions d'exécution, d'exploitation. (Avis du 1ᵉʳ mai 1873 relatif aux chemins de
fer d'intérêt local du Gard); — que les lignes abou-
tissant à la frontière avaient un intérêt international
et que le gouvernement seul pouvait en disposer (Avis
des 3 et 24 octobre 1872, 3 et 16 avril 1873, relatifs à des
chemins de fer concédés par le Nord et le Pas-de-Calais);
— qu'il était nécessaire que le tracé d'un chemin de
ceinture, passant par plusieurs départements et reliant
entre eux les chemins de fer qui aboutissent à Paris,
fût apprécié à ce point de vue par le Gouvernement, au
lieu d'être laissé à l'appréciation souveraine des conseils généraux (Avis du 11 février 1874, relatif au chemin de fer de Milly à Crouy-sur-Ourcq, concédé par le
département de Seine-et-Marne) ; etc. » — Ajoutons que
la jurisprudence du conseil d'Etat a été consacrée par
les lois des 3 juillet, 4 août, 13 et 31 décembre 1875 qui
ont autorisé le gouvernement à disposer souverainement des lignes que les conseils généraux avaient cru
pouvoir concéder en vertu des lois de 1865 et 1871.

468. — Lorsque la *création d'un chemin de fer* d'intérêt local est *due à l'initiative d'une commune*, c'est le
conseil municipal qui doit délibérer sur les *conditions
d'exécution et d'exploitation* du chemin et sur le traité à
passer avec le concessionnaire ; c'est au maire à passer
le contrat; le conseil général n'intervient que pour exercer son contrôle et a peu à se préoccuper des charges
de l'entreprise puisque celles-ci ne doivent pas peser sur
le département. Quand au contraire le chemin de fer
doit être établi *sur l'initiative du département*, c'est le
conseil général qui arrête toutes les bases du projet,
mais il ne le peut faire qu'après l'instruction préalable
du préfet. Un décret du 14 janvier 1875 a en effet annulé
une délibération du conseil général de l'Isère qui avait
concédé un chemin de fer d'intérêt local sans que

l'instruction préalable eût été faite par le préfet. Cette instruction préalable ne comprend d'ailleurs que des études faites par les hommes de l'art et les agents de l'administration au point de vue du tracé préférable, de la dépense des travaux, de trafic probable ; mais n'est pas comprise dans cette instruction préalable l'enquête qui précède la déclaration d'utilité publique, cette déclaration ne pouvant avoir lieu qu'après que le conseil général aura fixé la direction du chemin et se sera assuré des moyens de l'exécuter et de l'exploiter.

469. — Aux termes des lois de 1865 et de 1871, le conseil général, statuant sur la direction, le *mode* et les *conditions de la construction et d'exploitation* des chemins de fer d'intérêt local, est libre de choisir, pour les traités, la forme qui lui convient ; il pourrait même selon nous, quoiqu'on lui en ait refusé le droit, confier au département l'exploitation directe du chemin. Non seulement aucun texte de loi n'interdit aux départements ou aux communes d'exploiter directement leurs chemins de fer, mais le rapport de la commission sur la loi de 1865, contient ce passage significatif : « Exécutés en grande partie à leurs frais, ces chemins doivent être leur propriété et leur permettre de *recueillir les avantages pouvant résulter soit de l'exploitation directe*, soit par la concession à une compagnie existante ou nouvelle, d'un partage de bénéfice, de redevances ou de tout autre profit. Il peut se produire à cet égard des combinaisons multiples tenant à chaque cas spécial. » — Ajoutons toutefois, qu'en fait, aucun département n'a adopté jusqu'ici le système de l'exploitation directe.

470. — Les conseils généraux recherchent donc toujours un *concessionnaire* pour construire et exploiter les lignes d'intérêt local ; mais ils peuvent avoir recours soit aux adjudications publiques, soit aux concessions directes. Les deux systèmes ont été employés ; mais l'adjudication qui, au premier abord, parait offrir tant de garantie, n'est pas toujours le meilleur moyen de mettre dans des mains sûres la concession des chemins de fer ; l'adjudication au rabais, disait déjà en 1837 M. Gaubert à la chambre des députés, est souvent une pure illusion ; une concession directe, basée sur des exigences raisonnables, nous paraît en réalité une adjudication des plus intelligentes.

471. — Il n'y a pas de règles fixes pour dresser les *contrats de concession* et les *cahiers des charges*; ceux-ci se sont peu à peu perfectionnés à la suite de l'expérience acquise, mais il nous paraît regrettable que le législateur français, suivant en cela l'exemple du législateur suisse, n'ait pas fait une loi d'ensemble sur ce sujet. C'est une lacune à combler.

472. — Nous avons dit que les conseils généraux peuvent recourir à l'adjudication publique, ou faire des concessions directes, ils peuvent aussi provoquer des soumissions et choisir entre les soumissionnaires, en tenant compte des conditions de solvabilité et de capacité offertes pour l'exécution du contrat. (Conseil d'Etat, 16 février 1870, affaire Balossier, et Cⁱᵉ.)

473. — Les conseils généraux doivent encore exiger des *sociétés concessionnaires* qu'elles constituent leur capital de façon à donner des garanties sérieuses de durée, et notamment que les actions de la société représentent au moins une valeur égale à celle des obligations. Faute par les assemblées départementales de prendre ces précautions en vue du succès de l'entreprise qu'elles concèdent, l'Etat accomplirait un devoir en intervenant dans l'intérêt du crédit public.

Pour donner une garantie aux créanciers des sociétés concessionnaires, les conseils généraux peuvent également imposer à celles-ci l'obligation de remettre tous les trois mois, à l'administration départementale le compte-rendu détaillé des résultats de l'exploitation et décider que ce compte-rendu sera public.

474. — Sans insister ici sur une difficulté particulière qui s'est élevée au sujet du *droit d'enregistrement dû pour les conventions et cahiers des charges* des chemins de fer d'intérêt local, il importe de mettre les conseils généraux en garde contre cette habitude d'insérer dans l'article final du cahier des charges qu'ils approuvent en cette matière spéciale, que la convention ne sera passible que d'un droit fixe de un franc. Cette clause ne saurait être maintenue et doit être remplacée par un article portant que les droits d'enregistrement dus à l'occasion de la convention seront payés par le concessionnaire (Décision ministérielle du 9 novembre 1874); c'est d'ailleurs la pratique actuellement suivie par toutes les assemblées départementales. Quant à l'évaluation du droit de 1 p % à percevoir, l'administration de l'enregistrement a admis récemment qu'il serait évalué non d'après l'importance des travaux, mais d'après les bénéfices présumés; elle accepte donc, mais à titre provisoire, l'évaluation faite par les concessionnaires, sauf à réclamer plus tard des droits complémentaires, si les bénéfices s'élèvent au-dessus de l'évaluation primitive.

475. — C'est un décret du chef de l'État rendu en conseil d'État qui termine la procédure relative à la création des lignes d'intérêt local. N'oublions pas que ce décret d'autorisation n'est pas une simple déclaration d'utilité publique, mais bien une autorisation d'exécuter le chemin à titre de chemin de fer d'intérêt local[1]. Ce

---

[1] Un conseil général excéderait ses attributions s'il chargeait sa commission départementale du soin de poursuivre la reddition du décret d'utilité publique d'un chemin de fer concédé; cette mission rentre dans les actes d'exécution réservés au préfet par la loi du 10 août 1871 (art. 3); et les membres de la commission départementale ne peuvent agir qu'*officieusement* auprès du ministre des travaux publics. (Avis du Ministre de l'intérieur du 1er juillet 1874).

décret peut donc, non-seulement refuser l'autorisation, mais apporter aussi des modifications aux conditions arrêtées par le conseil général pour la construction et l'exploitation du chemin projeté. (En ce sens, le décret du 4 août 1869 qui autorise un remaniement complet du cahier des charges du chemin de fer de l'Hérault). — Le gouvernement peut encore introduire des clauses supplémentaires, dans les décrets en pareille matière, et notamment, stipuler qu'à l'expiration d'un délai déterminé, qui est le délai même donné par le conseil général pour l'exécution des travaux, la déclaration d'utilité publique cessera d'avoir son effet (En ce sens, le décret du 22 novembre 1874, relatif au chemin de fer de Saussage-la-Vacge, aux Andelys), — ou bien encore subordonné à cette clause que l'Etat pourra racheter le chemin et l'incorporer à une ligne d'intérêt général. (En ce sens, le décret du du 23 janvier 1872, relatif au chemin de fer de Patay à Nogent-le-Rotrou).

Ressources et subventions des chemins de fer d'intérêt local.

176. — Dans la plupart des cas, il est impossible de compter, pour les chemins de fer d'intérêt local, sur un trafic suffisant pour en acquitter avec les bénéfices la construction et l'exploitation[1]; de quelles ressources peuvent dès lors disposer les conseils généraux. — La principale ressource propre au département consiste dans les centimes additionnels, et la subvention allouée par l'Etat. Mais cette subvention est facultative (loi du 12 juillet 1865, art. 8), et le gouvernement qui, de 1865 à 1871, l'avait toujours accordée dans les limites du maximum

[1] Les conseils généraux ne devraient jamais concéder des chemins de fer à travers champs dont la recette devrait être inférieure à 4,000 francs par kilomètre, ou des chemins de fer sur route dont la recette devrait être inférieure à 3,000 francs; agir autrement serait, selon nous, faire acte de gestion déplorable.

fixé par la loi (6 millions par an), a informé les conseils généraux (circulaire ministérielle du 12 août 1873), qu'il entendait réduire désormais les subventions au-dessous du maximum, et même n'en accorder aucune, suivant les circonstances. En fait, depuis quelques années, la somme allouée au budget n'est que de 4,500,000 francs.

477. — La subvention du Trésor est, dans tous les cas, allouée aux départements, et non aux concessionnaires, et peut être subordonnée à des conditions générales et des réserves. La subvention est payée par termes semestriels égaux ; et, avant le payement de chaque terme, le département doit justifier d'une dépense en travaux, approvisionnements et acquisitions de terrains, triple de la somme à recevoir. Quant au dernier terme, il n'est payé qu'après l'achèvement complet des travaux. Il faut noter ici un cas dans lequel il avait été stipulé que la subvention serait remboursée au Trésor (décret du 5 août 1866 relatif au chemin de Munster à Colmar), et plusieurs autres dans lesquels, les départements ayant obtenu des concessionnaires un partage des bénéfices à leur profit, l'Etat a stipulé qu'il serait admis à partager ces bénéfices proportionnellement au montant de la subvention (décret du 16 août 1867, relatif au chemin de Mammers à Saint-Calais, 9 novembre 1867, relatif au chemin des Ardennes, etc.).

Recours contre les délibérations relatives aux chemins de fer d'intérêt local.

478. — Quand le gouvernement estime que les délibérations des conseils généraux relatives aux chemins de fer d'intérêt local sont entachées d'excès de pouvoir ou prises en violation de la loi, il peut les annuler, par décret rendu en conseil d'Etat (loi du 10 août 1871, art. 47). Dans le cas où le conseil a statué sur un objet qui ne rentre pas dans ses attributions, l'annulation est prononcée en vertu de l'article 33 de la même loi.

479. — La délibération par laquelle un conseil général vote la concession d'une ligne d'intérêt local, nous paraît pouvoir être l'objet d'un recours formé par des tiers devant le conseil d'Etat statuant au contentieux, en vertu de la loi des 7-14 octobre 1790. (Dans ce sens voir une décision du conseil d'Etat, le 16 février 1870, affaire Balmier et Compagnie.)

Des chemins de fer industriels.

480. — Un conseil général avait pensé à tort qu'il lui appartenait, en vertu de la loi du 12 juillet 1865, de concéder un chemin de fer industriel ; c'est une erreur ; ces chemins de fer sont concédés par la même autorité qui concède les chemins d'intérêt général, c'est-à-dire, depuis la loi du 27 juillet 1870, le gouvernement, si le chemin n'a pas plus de 20 kilomètres, et le pouvoir législatif, s'il a une étendue plus grande.

Des tramways.

481. — Il n'existe pas encore, en France, de législation spéciale qui règle l'établissement de chemins de fer sur le sol des routes. Ces voies ferrées, appelées *tramways*, ne sont pas nouvelles, mais l'application dans notre pays en est de date récente. Un chemin de fer sur route établi pour la première fois en France, appelé « chemin de fer américain, » date du 18 février 1854 et est celui de Paris (pont de la Concorde) à Sèvres ; depuis cette époque, aucune loi, mais une simple jurisprudence administrative a réglé l'établissement des tramways.

482. — C'est en 1872 que, pour la première fois, il a été question d'établir un tramway sur le sol des routes départementales et des chemins vicinaux ; le

conseil général et les conseils municipaux intéressés
ont nécessairement été appelés à donner leur consentement, et le conseil d'Etat a décidé (22 février 1872), que
l'établissement des tramways constituant par sa nature
une entreprise d'intérêt public, ne pouvait être autorisé
ou concédé que par le pouvoir central, c'est-à-dire par
un décret rendu après enquête, et dans la forme des
règlements d'administration publique. Cette doctrine a
été de nouveau consacrée par un avis du conseil d'Etat,
en date du 9 mars 1876. Le gouvernement a donc seul le
droit d'autoriser et de concéder l'établissement des
tramways, mais il ne peut autoriser cette entreprise
sans le consentement des départements et des communes intéressées, lorsque cette voie ferrée est posée sur
des routes départementales et communales.

483. — Les autorités locales ont cependant pris
plusieurs fois l'initiative pour l'établissement d'un réseau de tramway. Dans ces circonstances, le gouvernement a cru devoir adopter une combinaison qui consiste à concéder les tramways aux départements ou
aux villes dont les représentants ont organisé les entreprises, en les autorisant à rétrocéder, sauf à faire
approuver, par décret rendu en conseil d'Etat, l'acte
de rétrocession, de façon à assurer le maintien des
règles posées dans l'acte de concession.

Remarquons toutefois que le gouvernement n'a jamais considéré qu'il n'eût pas le droit de faire une
concession directe, dans le cas où la demande lui en
serait adressée; peu importe qu'il s'agisse de concession
sur des routes nationales ou des concessions sur des
chemins vicinaux.

Projets de loi relatifs aux chemins de fer
d'intérêt local.

484. — La loi du 12 juillet 1865 compte quatorze
années d'existence, nous lui devons certainement plu-

sieurs chemins de fer d'intérêt local conçus dans des
proportions modestes et sagement administrés ; mais il
faut bien aussi reconnaître qu'elle a été loin de réaliser
toutes les espérances qu'avaient conçues ses auteurs.
Nous sommes convaincus que la faute en est moins à la
loi elle-même qu'à la manière dont elle a été appliquée,
et nous n'hésitons pas à dire que les désastres financiers, amenés par les lignes d'intérêt local, ont été le
résultat des témérités dont les administrateurs ont fait
preuve, en construisant et en exploitant avec un luxe
exagéré, avec des subventions insuffisantes et le plus
souvent aussi avec des majorations scandaleuses augmentant outre mesure le prix de revient.

« Il faudra désormais, et avant tout, dit avec raison
M. René Brice, député, pour la construction des chemins
de fer d'intérêt local, se tenir avec le plus grand soin
à l'écart de tout luxe, de toute dépense qui ne serait pas
rigoureusement nécessaire et se bien pénétrer de cette
idée : qu'allié, auxiliaire et non point ennemi des grandes
lignes, le chemin de fer d'intérêt local doit vivre à côté
d'elles en bon voisinage, les aidant, recevant parfois
d'elles un appui précieux, contribuant en même temps
qu'elles par les mêmes moyens, mais avec des procédés
sur plus d'un point différents, au développement de la
richesse publique. Pour lui, point de ces gares coûteu-
ses qui ne sont faites que pour les grandes compagnies
et pour les grandes villes ; pas de prodigalités dans l'exploitation, mais un personnel absolument restreint ; ni
trains de nuit, ni trains de grande vitesse. Véritable
service d'omnibus, il doit exploiter avec une extrême
parcimonie ; s'efforcer d'appliquer toujours des tarifs
semblables à ceux des grandes lignes ; réduire en toutes choses ses dimensions de façon à ce qu'elles soient
proportionnées au travail qu'il a à faire. »

408. — Nos chambres législatives sont actuellement
saisies, sur l'initiative du Gouvernement, de deux pro-

jets de lois ; le premier relatif aux chemins de fer d'intérêt local, le second relatif aux voies ferrées établies
sur les voies publiques. Présentés au Sénat par M. de
Freycinet, ministre des travaux publics (Voir *J. officiel*
du 12 mai 1878), ces deux projets de loi ont été votés
conformément aux conclusions des rapports de M. Labiche (*J. officiel* du 8 décembre 1878), et de M. Hérold
(*J. officiel*, 1879, p. 579 et suiv.) ; soumis en ce moment à
la chambre des députés, les deux projets votés par le
Sénat ont fait l'objet, le 17 juillet 1879, d'un rapport de
M. René Brice (*J. officiel*, 1879, p. 8305 et suiv.), et seront sans doute discutés prochainement.

486. — D'après M. Brice, les deux projets adoptés
par le Sénat, doivent être réunis et ne former qu'une
seule loi ; mais dans les deux chambres, l'on semble
d'accord pour admettre que la nouvelle loi devra avoir
pour objet d'assurer, par l'initiative des départements
et des communes, l'exécution des lignes à construire
dans certaines conditions de simplicité et d'économie,
et destinées uniquement à servir d'affluent au réseau
d'intérêt général ou à créer des relations vicinales à
l'aide de voies ferrées. Une seconde modification fonda-
mentale, édictée par le projet de loi, consisterait dans la
substitution d'une garantie d'intérêt, subordonnée à certaines conditions, à la subvention du capital promis par
l'article 5 de la loi de 1865, cette garantie d'intérêt devant déterminer le concours des capitalistes et sauve-
garder l'exécution des engagements pris envers les
départements.

Nous appelons tout particulièrement l'attention de
MM. les conseillers généraux sur la nouvelle législation
des chemins de fer d'intérêt local que le gouvernement
soumet à leur appréciation. Quant à nous, sans être
les admirateurs aveugles de la législation de 1865, qui
est certes bien loin d'être complète, il nous semble que
la législation nouvelle serait plus désastreuse encore

que l'ancienne; et la *garantie d'intérêt*, remplaçant la subvention en capital, ne nous paraît être encore qu'un ingénieux moyen d'allécher les bailleurs de fonds en donnant une extension plus grande non pas aux réseaux de chemins de fer mais aux jeux de bourse.

Pour nous, la réforme vraiment utile consiste moins dans la forme de la subvention accordée par l'Etat, les départements ou les communes, que dans la manière dont ces différents pouvoirs administratifs autoriseront, concéderont et surveilleront l'exécution des chemins de fer d'intérêt local, et à cet égard, voici quelques indications pratiques, relevées dans les travaux d'hommes compétents qui nous paraissent utiles de rappeler aux conseillers généraux.

487. — Notre vicinalité ferrée doit, pour rendre les services qu'on peut en espérer, revêtir les formes les plus diverses, et les dépenses à effectuer devront scrupuleusement être en rapport avec les recettes probables à recueillir. « Tel département, dont le sol est fertile et l'industrie prospère, a des ressources qui lui permettent de dépenser 70, 80 ou 100,000 francs par kilomètre pour donner un plus large écoulement à ses produits, tandis que tel autre avec un centime d'un moindre rapport ou des charges plus lourdes, n'y peut employer que 40 ou 50,000 francs, et que, pour un troisième, une dépense kilométrique de 20 à 25,000 francs est l'extrême limite de ce qu'il peut supporter; ou bien, dans le premier, le pays est plat, le terrain peu cher, le produit de la ligne évident; dans le second, la vallée à parcourir est étroite, le prix du sol élevé, le trafic restreint; dans le troisième, un chemin à travers champs entraînerait la construction de tunnels, de ponts, de travaux d'art, dont le coût serait hors de proportion avec son utilité; il est clair que le premier de ces départements se décidera facilement à concéder une ligne à travers champs, à voie de 1 mètre 44, prête à recevoir les véhicules des grands réseaux ; l'ambition du second doit se borner à un chemin à voie étroite de 1 mètre ou de 75 centimètres ; le troisième se contentera de placer des rails sur l'accotement de ses routes et sur ces rails un matériel approprié aux dispositions de la voie et aux besoins du trafic. Tous les trois, quel que soit le mode qu'ils adoptent, n'en auront pas moins, quand leurs projets seront exécutés, un véritable chemin de fer leur procurant des avantages de même nature, offrant sous trois aspects différents le même instrument de locomotion et de transport, représentant trois espèces d'un même genre. »

488. — Il est également bon de se mettre en garde contre le préjugé qui consiste à dédaigner les chemins de fer à voie étroite. Ces voies ferrées, tout en rendant les mêmes services que les voies larges, permettent de réaliser de suite, dès les premières années de l'exploitation, une économie considérable sur les transports. Quant au transbordement qu'on leur reproche d'imposer aux marchandises qu'ils conduisent aux grandes lignes ou qu'ils reçoivent d'elles, on en a singulièrement exagéré l'importance. « Même sur les grandes lignes, les marchandises qui ne voyagent pas par wagons complets subissent le transbordement quand d'une ligne transversale elles passent sur une voie principale ; le transbordement se fait presque toujours à la rencontre de deux grandes compagnies, chaque compagnie ayant le plus grand intérêt à conserver ses wagons parce que la location qui lui est payée par les compagnies étrangères sur les réseaux desquels ils circulent n'est pas en rapport avec les bénéfices qu'elle peut obtenir elle-même de leur usage ; il se fait le plus souvent à la rencontre des grandes compagnies avec les compagnies secondaires qui, pour l'éviter, seraient tenues d'avoir un matériel roulant beaucoup trop considérable. Il est enfin aisé d'en réduire notablement les frais par aménagements spéciaux et particuliers, »

489. — Nous croyons devoir, en terminant ce chapitre, donner le texte du projet de loi qui va être soumis aux délibérations de la chambre des députés; en voici la teneur :

ARTICLE PREMIER. — Les chemins de fer d'intérêt local peuvent être établis soit à travers champs, soit en empruntant pour tout ou partie le sol des voies dépendant du domaine public de l'Etat, des départements ou des communes.

Ils sont à moteurs mécaniques ou à traction de chevaux.

Leur établissement est soumis aux dispositions suivantes :

ART. 2. — La concession est accordée par l'Etat, lorsque la ligne doit être établie en tout ou en partie sur une voie dépendant du domaine public de l'Etat. Cette concession doit être faite aux villes ou départements intéressés avec faculté de rétrocession.

La *concession est accordée par le conseil général* du département, lorsque la ligne est établie soit à travers champs, soit pour tout ou partie sur une route départementale, un chemin de grande communication ou un chemin d'intérêt commun. Le *conseil général arrête*, après instruction préalable par le préfet, *la direction de ces chemins, le mode et les conditions de leur construction, ainsi que les traités et les dispositions nécessaires pour en assurer l'exploitation*, en se conformant aux clauses et conditions du cahier des charges type, approuvé par le conseil d'Etat.

Si la ligne doit s'étendre sur plusieurs départements, il y aura lieu à l'application des articles 89 et 90 de la loi du 10 août 1871.

S'il s'agit de chemins à établir par une commune sur son territoire, soit à travers champs, soit sur un chemin vicinal ordinaire ou sur un chemin rural, les attributions confiées au conseil général par le paragraphe 2 du présent article seront exercées par le conseil municipal dans les mêmes conditions et sans qu'il soit besoin de l'approbation du préfet.

Le département pourra accorder la concession à l'Etat ou à la commune avec faculté de rétrocession; une commune pourra agir de même à l'égard de l'Etat ou du département.

Les projets de chemins de fer d'intérêt local, départementaux ou communaux ainsi arrêtés, sont soumis à l'examen du conseil général des ponts et chaussées et du conseil d'Etat. Si le projet a été arrêté par un conseil municipal, il sera accompagné de l'*avis du conseil général*.

L'utilité publique est déclarée, et l'exécution est autorisée par une loi.

ART. 3. — Aucune concession ne peut être faite qu'après une enquête dont les formes seront déterminées par un règlement d'administration publique et dans laquelle les *conseils généraux des départements* et les conseils municipaux des communes dont la voie doit traverser le territoire seront entendus, lorsqu'il ne leur appartiendra pas de statuer sur la concession.

ART. 4. — L'autorisation législative obtenue, les projets d'exécution sont approuvés par le ministre des travaux publics, après avis du conseil général intéressé, lorsque la concession est accordée par l'Etat.

Lorsque la concession a été accordée par un département, le préfet, après avoir pris l'avis de l'ingénieur en chef du département, *soumet ses projets au conseil général qui statue définitivement.*

Néanmoins, dans les deux mois qui suivent la délibération, le ministre des travaux publics, sur la proposition du préfet, peut, après avoir pris l'avis du conseil général des ponts et chaussées, *appeler le conseil général à délibérer de nouveau* sur lesdits projets.

Si la ligne doit s'étendre sur plusieurs départements et s'il y a *désaccord entre les conseils généraux*, le ministre statuera. Lorsque la concession est accordée par une commune, le préfet, après avoir pris l'avis de l'ingénieur en chef, adresse les projets au maire qui les soumet au conseil municipal dont a délibération est sujette à l'approbation du préfet.

ART. 5. — Les expropriations nécessaires pour l'établissement d'un chemin de fer d'intérêt local seront faites conformément à la loi du 3 mars 1841.

Toutefois, lorsqu'il y aura lieu à expropriation, soit pour l'élargissement, soit pour une déviation accessoire d'un chemin vicinal, cette expropriation sera opérée conformément à l'article 16 de la loi du 21 mai 1836 sur les chemins vicinaux et à l'article 2 de la loi du 8 juin 1864.

ART. 6. — L'acte de concession détermine les droits de péage et les prix de transport que le concessionnaire sera autorisé à percevoir pendant toute la durée de sa concession.

Les taxes perçues dans les limites du maximum fixé par le cahier des charges sont homologuées par le ministre des travaux publics dans le cas où la concession est faite par l'Etat, dans celui où la ligne s'étend sur plusieurs départements, et dans le cas de tarifs communs à plusieurs lignes.

Elles sont homologuées par le préfet dans les autres cas.

ART. 7. — Les concessionnaires des chemins de fer établis sur les routes et chemins de toute espèce sont tenus d'entretenir constamment en bon état toute la portion de voie publique comprise entre les rails et, en outre, de chaque côté, une zone dont la largeur est déterminée par le cahier des charges.

Ils ne sont pas soumis à l'impôt des prestations établi par l'article 3 de la loi du 21 mai 1836, à raison des voitures et des bêtes de trait exclusivement employées à l'exploitation du chemin de fer.

Le département ou les communes ne peuvent exiger des concessionnaires une redevance ou un droit de stationnement qui n'aurait pas été stipulé expressément dans l'acte de concession.

Art. 9. — Le cahier des charges détermine :

1° Les droits et les obligations du concessionnaire pendant la durée de la concession ;

2° Les droits et les obligations du concessionnaire à l'expiration de la concession ;

3° Les cas dans lesquels l'inexécution des conditions de la concession peut entraîner la déchéance du concessionnaire, ainsi que les mesures à prendre à l'égard du concessionnaire déchu.

La déchéance est prononcée, dans tous les cas, par le ministre des travaux publics, sauf recours au conseil d'Etat par la voie contentieuse.

Art. 10. — Aucune concession ne pourra faire obstacle à ce qu'il soit accordé des concessions concurrentes, à moins de stipulation contraire dans l'acte de concession.

Art. 11. — La durée de la concession ne dépassera jamais cinquante ans, quelles que soient les stipulations de l'acte.

Art. 12. — A l'expiration de la concession, l'Etat, le département ou la commune de qui émane la concession, est substitué à tous les droits qui avaient été accordés au concessionnaire sur les voies publiques, lesquelles doivent lui être remises en bon état d'entretien, y compris les déviations construites en dehors du sol des routes et chemins.

L'administration peut exiger que les voies ferrées qu'elle avait concédées soient supprimées en tout ou en partie, et que les voies publiques soient remises en bon état de viabilité aux frais du concessionnaire.

Le cahier des charges règle les droits et obligations du concessionnaire en ce qui concerne les autres objets mobiliers ou immobiliers servant à l'exploitation de la voie ferrée.

Art. 13. — Toute concession totale ou partielle de la concession, tout changement de concessionnaire, la substitution de l'exploitation directe à l'exploitation par concession, l'élévation des tarifs au-dessus du maximum fixé ne pourront avoir lieu qu'en vertu d'un décret délibéré en conseil d'Etat, rendu sur l'*avis conforme du conseil général* ou du conseil municipal, s'il s'agit de lignes concédées par les départements ou les communes.

Les autres modifications, s'il s'agit de lignes concédées par l'Etat, pourront être faites par le ministre des travaux publics; s'il s'agit de lignes concédées par les départements, par le *conseil général* statuant conformément aux articles 48 et 49 de la loi du 10 août 1871 ; s'il s'agit de lignes concédées par les communes, par le conseil municipal dont la délibération devra être approuvée par le préfet.

En cas de cession, l'inobservation des conditions qui précèdent entraîne la nullité et peut donner lieu à la déchéance.

ART. 14. — La fusion des concessions ou des administrations de lignes appartenant, soit à l'Etat et à des départements ou à des communes, soit à des départements différents, soit à des communes différentes, ne peut avoir lieu qu'en vertu d'un décret délibéré en conseil d'Etat et rendu après l'*avis conforme des conseils généraux* et des conseils municipaux qui sont intervenus dans la concession.

ART. 15. — A toute époque, un chemin de fer d'intérêt local peut être distrait du domaine public départemental ou communal et classé par une loi parmi les chemins de fer d'intérêt général.

Dans ce cas, l'Etat est substitué aux droits et obligations du département ou de la commune à l'égard des entrepreneurs ou concessionnaires, tels qu'ils résultent des conventions légalement autorisées.

En cas d'éviction du concessionnaire, de rachat, de suppression ou de modification d'une partie du tracé, si les droits du concessionnaire ne sont pas réglés par un accord préalable ou par un arbitrage établi soit par le cahier des charges, soit par une convention postérieure, l'indemnité peut lui être due et liquidée par une commission spéciale qui fonctionne dans les conditions réglées par la loi du 28 mai 1845. Cette commission sera instituée par décret et composée de neuf membres, dont trois désignés par le ministre des travaux publics, trois par les concessionnaires et trois par l'unanimité des six membres déjà désignés. Faute par eux de s'entendre, dans le mois de la notification à eux faite de leur nomination, les choix de ceux des trois membres qui n'auront pas été désignés à l'unanimité sera fait par le premier président et les présidents réunis de la cour d'appel de Paris.

En cas de désaccord entre l'Etat et le département ou la commune, les indemnités ou dédommagements qui peuvent être dus par l'Etat sont déterminés par un décret délibéré en conseil d'Etat.

ART. 16. — Les ressources créées par la loi du 21 mai 1836 peuvent être appliquées, en partie, à la dépense des chemins de fer d'intérêt local par les communes qui ont assuré l'exécution de leur réseau subventionné et l'entretien de tous leurs chemins classés.

ART. 17. — Quand un chemin de fer d'intérêt local, desservi par des locomotives et destiné au transport des marchandises en même temps qu'au transport des voyageurs, s'étend sur le territoire de plusieurs communes, l'Etat peut s'engager, en cas d'insuffisance du produit brut pour couvrir : 1° les dépenses d'exploitation ; 2° l'intérêt et l'amortissement effectif du capital de premier établissement, tel qu'il est prévu par l'acte de concession et augmenter, s'il y a lieu, des insuffisances constatées jusqu'au 31 décembre de l'année qui suit la mise en exploitation ; à subvenir pour partie au payement de cette insuffisance, à la condition qu'une partie au moins égale sera payée par le département ou par les communes, avec ou sans le concours des intéressés.

Cette garantie d'intérêt ne peut être accordée par l'acte qui autorise l'exécution de la ligne que dans les limites fixées, pour chaque année, par la loi de finances. L'intérêt et l'amortissement effectifs du capital de premier établissement seront calculés respectivement d'après le taux moyen des négociations qui auront été faites depuis l'acte de concession jusqu'à la mise en exploitation de la ligne concédée.

Jusqu'au règlement définitif de ce taux, on appliquera provisoirement le taux de 5,75 p. 100. La charge annuelle imposée au Trésor ne doit en aucun cas dépasser 2,875 francs par kilomètre exploité et 400,000 francs pour l'ensemble des lignes situées dans un même département.

La participation de l'Etat sera suspendue quand la recette brute annuelle atteindra 10,000 francs pour les lignes établies de manière à recevoir les véhicules des grands réseaux, et 8,000 francs pour les autres lignes.

ART. 18. — Dans le cas où le produit brut de la ligne pour laquelle une garantie d'intérêt a été payée devient suffisant pour couvrir les frais d'exploitation et l'intérêt à 7 p. 100 du capital de premier établissement, tel qu'il a été prévu par l'acte de concession, la moitié du surplus de la recette est partagée entre l'Etat, le département, les communes et les autres intéressés, s'il y a lieu, dans la proportion des avances faites par chacun d'eux, jusqu'à concurrence du complet remboursement de ces avances sans intérêts.

ART. 19. — Un règlement d'administration publique déterminera :

1° Les justifications à fournir par les concessionnaires pour établir les recettes et les dépenses annuelles ;

2° Les conditions dans lesquelles seront fixés, en exécution des articles 18 et 19 de la présente loi, le chiffre de la garantie d'intérêt due par l'Etat, le département ou les communes pour chaque exercice, et, lorsqu'il y aura lieu, la part revenant à l'Etat, au département, aux communes ou aux autres intéressés, à titre de remboursement de leurs avances sur le produit de l'exploitation.

ART. 20. — Les lignes qui auront reçu une garantie d'intérêt du Trésor pourront être assujetties envers l'Etat à un service gratuit ou à une réduction du prix des places.

ART. 21. — Aucune émission d'obligations, pour les entreprises prévues par la présente loi, ne pourra avoir lieu qu'en vertu d'une autorisation donnée par le ministre des travaux publics, après avis du ministre des finances.

En aucun cas, il ne pourra être émis d'obligations pour une somme supérieure au montant du capital-actions, qui sera fixé à la moitié, au moins, de la dépense jugée nécessaire pour le complet établissement et la mise en exploitation des voies ferrées ; et ce capital-actions devra être effectivement versé sans qu'il puisse être tenu compte des actions libérées ou à libérer autrement qu'en argent.

Aucune émission d'obligations ne doit être autorisée avant que les quatre cinquièmes du capital-actions aient été versés et employés en achats de terrains, travaux, approvisionnements sur place ou en dépôt de cautionnement.

Toutefois, les concessionnaires pourront être autorisés à émettre des obligations lorsque la totalité du capital-actions aura été versée, et s'il est dûment justifié que plus de la moitié de ce capital-actions a été employée dans les termes du paragraphe précédent ; mais les fonds provenant de ces émissions anticipées devront être déposées à la caisse des dépôts et consignations et ne pourront être mis à la disposition des concessionnaires que sur l'autorisation formelle du ministre des travaux publics.

Les dispositions des paragraphes 2, 3 et 4 du présent article ne seront pas applicables dans le cas où la concession de la ligne serait faite à une compagnie déjà concessionnaire de chemins de fer ou d'autres lignes en exploitation, si le ministre des travaux publics reconnaît que les revenus nets de ces entreprises sont suffisants pour assurer l'acquittement des charges résultant des obligations à émettre.

ART. 22. — Le compte rendu détaillé des résultats de l'exploitation, comprenant les dépenses d'établissement et d'exploitation et les recettes brutes, sera remis tous les trois mois, pour être publié au préfet, *au président de la commission départementale* et au ministre des travaux publics.

Le modèle des documents à fournir sera arrêté par le mitre des travaux publics.

ART. 23. — Par dérogation aux dispositions de la loi du 15 juillet 1845 sur la police des chemins de fer, le préfet peut dispenser de poser des clôtures sur tout ou partie du chemin ; il peut également dispenser de poser des barrières au croisement des chemins peu fréquentés.

ART. 24. — La construction, l'entretien et les réparations des voies ferrées avec leurs dépendances, l'entretien du matériel et le service de l'exploitation seront soumis au contrôle et à la surveillance des préfets, sous l'autorité du ministre des travaux publics.

Les frais de contrôle seront à la charge des concessionnaires. Ils seront réglés par le cahier des charges, ou, à défaut, par les préfets, s'il s'agit de lignes concédées par les départements ou les communes ; par le ministre des travaux publics, s'il s'agit de lignes concédées par l'Etat.

ART. 25. — Les dispositions de l'article 23 de la présente loi seront également applicables aux concessions de chemins de fer industriels destinés à desservir des exploitations particulières.

ART. 26. — Un règlement d'administration publique déterminera :

1° Les conditions spéciales auxquelles doivent satisfaire, tant par leur construction que par la circulation des voitures et des trains, des chemins de fer dont l'établissement sur le sol des voies publiques est autorisé.

2° Les rapports entre le service de ces chemins et les autres services intéressés.

ART. 27. — Sur la proposition des conseils généraux ou municipaux intéressés, et après adhésion des concessionnaires la substitution aux subventions en capital promises en exécution de l'article 5 de la loi de 1865, de la garantie d'intérêt stipulée par la présente loi, pourra, par décret délibéré en conseil d'Etat, être autorisée en faveur des lignes d'intérêt local actuellement déclarées d'utilité publique et non encore exécutées.

Ces lignes seront soumises, dès lors, à toutes les obligations résultant de la présente loi.

ART. 28. — La loi du 12 juillet 1865 est abrogée.

TABLE DES MATIÈRES

CONTENUES DANS LE PREMIER VOLUME.

INTRODUCTION.

CHAPITRE PREMIER.

CHAPITRE II.

DES ÉLECTIONS AU CONSEIL GÉNÉRAL.

CHAPITRE III.

DURÉE DU MANDAT ET DES DÉMISSIONS.

CHAPITRE IV.

QUI PEUT ÊTRE CONSEILLER GÉNÉRAL.

CHAPITRE V.

DES SESSIONS DES CONSEILS GÉNÉRAUX.

www.ingramcontent.com/pod-product-compliance
Lightning Source LLC
Chambersburg PA
CBHW050451270326
41927CB00009B/1702